FRANCIS BACON

Neues Organon

Teilband 1

Herausgegeben und
mit einer Einleitung von
WOLFGANG KROHN

Lateinisch – deutsch

FELIX MEINER VERLAG
HAMBURG

PHILOSOPHISCHE BIBLIOTHEK BAND 400a

Bibliographische Information der Deutschen Nationalbibliothek

Die Deutsche Nationalbibliothek verzeichnet diese Publikation in der Deutschen Nationalbibliographie; detaillierte bibliographische Daten sind im Internet abrufbar über ‹http://portal.dnb.de›.
ISBN 978-3-7873-4009-5
ISBN eBook: 978-3-7873-3199-4

2. Auflage

INHALT

FRANCIS BACON

Instauratio Magna
Große Erneuerung der Wissenschaften

Novum Organum
Das Neue Organon oder die wahre Anleitung
zur Interpretation der Natur

Teilband 2 (PhB 400 b)

EINLEITUNG

1. Kontroverse Beurteilungen des „Novum Organum"

Mit Francis Bacons „Novum Organum" beginnt die philosophische Literatur der Neuzeit*. Die Ideen und Ideale seiner Aphorismen boten Anknüpfungspunkte nicht nur für John Locke und die englische Schule des Empirismus[1], sondern auch für die durch Descartes und Leibniz begründete rationalistische Tradition des Kontinents[2]. Naturwissenschaftler wie Robert

* Zitierweise: Das „Novum Organum" wird nach den Aphorismen zitiert, Buch I mit a, Buch II mit b bezeichnet.
De Augmentis Scientarum = D.A.
Advancement of Learning = Adv. L.
Alle anderen Belege nach der Werkausgabe J. Spedding (Hg.), J. Spedding, R. Ellis, D. Heath: Francis Bacon of Verulam: The works of Francis Bacon, London 1857–1874, Faks.-Neudr., Stuttgart-Bad Cannstadt, Frommann, 1961–1963. Die Bandnummern werden in römischen Ziffern angegeben.
[1] Vergl. K. Fischer: Francis Bacon und seine Schule, Bd. X der Gesch. d. neueren Philosophie, Heidelberg 1904. (Erstaufl. 1856); A. Faggi: Bacone e Locke, Atti dell' Accademia delle Scienze di Torino, 1922–1923; N. Wood: The Baconian character of Locke's 'essay', Studies in History and Philosophy of Science, Vol. 6, 1975.
[2] Vergl. A. Lalande: Sur quelques textes de Bacon et de Descartes, Revue Metaphysique et de Morale, No. 3, 296–311, 1911; G. Milhaud: Descartes et Bacon, Rivista di Scienza, Vol. XXI, 185–197, 1917; G. Sortais: La Philosophie moderne depuis Bacon jusqu'à Leibniz, Paris 1922.

Boyle, Robert Hooke und Isaac Newton fanden in diesem Werk ihre erkenntnistheoretischen oder methodologischen Grundlagen[3], nicht anders als der Geschichtsphilosoph Giambatista Vico[4]. Die Aufklärer Voltaire und Etienne Condillac fühlten sich seinem Geist verpflichtet[5]. Denis Diderot und Jean d'Alembert verehrten ihn als den „größten, umfassendsten und eloquentesten der Philosophen"[6] und führten in ihrer Enzyklopädie das Stichwort „Baconismus" ein. Nicht zuletzt war es Immanuel Kant, der Bacon die Ehre zuerkannte, die entscheidende Wende zur „Revolution der Denkart"[7] vollzogen zu haben, die die wissenschaftliche Vernunft auf die Bahn ihrer neuzeitlichen Entwicklung lenkte. In den Philosophiegeschichten seit den Zeiten Hegels und Kuno Fischers ist diese Rolle anerkannt (wenn auch bei Hegel mehr mit Widerwillen gegen diesen „Chef … der Erfahrungsphilosophen")[8]. Wenn man auf irgendein einzelnes Werk weisen wollte, das zum Symbol des Aufbruchs in die Neuzeit geworden ist und in dieser säkularen Funktion die Schriften des Aristoteles ablöste – man hätte kaum eine andere Wahl als das „Novum Organum" – erschienen im Jahre 1620.

Aber mehreres stimmt skeptisch. Dieses Werk tritt dem Leser nicht als ein neues System entgegen, sondern als ein Ka-

[3] Vergl. P. Florian: De Bacon a Newton. L'œuvre de la Societe Royale de Londres, Revue de philosophie I, 150–168, 381–407, 481–486, 1914; Ch. Webster: The great instauration. Science, medicine and reform 1626–1660, New York 1975.

[4] Vergl. J. Barnouw: Vico and the continuity of science: the relation of his epistemology to Bacon and Hobbes, ISIS, Vol. 71, 1980.

[5] Vergl. Voltaire: Philosophische Briefe, Frankfurt, Berlin, Wien 1985, 12. Brief, 47–51; E. de Condillac: Essai sur l'origine des connaissances humaines, 1746. Introduction. In: Œuvres complètes, Paris 1821–1822, Nachdruck Genf 1970, Bd. I, 57.

[6] J. d'Alembert: Œuvres, Paris 1821–1822, Nachdruck Genf 1967, Bd. I, 63 ff.

[7] I. Kant, Kritik der reinen Vernunft, Vorrede B XIII.

[8] G. F. W. Hegel: Vorlesungen über die Geschichte der Philosophie, Werke in 20 Bänden, Bd. 20, 74, Frankfurt a. M. 1971.

leidoskop geschliffener Formulierungen in offenen und wechselnden Zusammenhängen. Und wenn man ansetzt, den unzweifelhaften Einflüssen Bacons einzelne Leistungen seiner Philosophie zuzuordnen, dann findet man zunächst wenig: Im Gegensatz zu seinen naturwissenschaftlichen Zeitgenossen Galilei, Kepler, Harvey verdanken wir ihm keine Entdeckung, Erfindung oder Gesetzesformulierung von Rang. Verglichen mit den Konstruktionen von Descartes und Locke fehlt seiner Erkenntnistheorie die Stringenz. Die einzige Leistung, für die seine Originalität anerkannt ist, die Entwicklung der induktiven Methode der Forschung, gilt in der von ihm konzipierten Form als inpraktikabel. Die Bedeutung der Mathematik hat Bacon offensichtlich unterschätzt; und nicht einmal Parteigänger der heliozentrischen Hypothese des Copernicus ist er gewesen. Statt dessen hat die philosophiehistorische Forschung herausgearbeitet, wie stark seine inhaltlichen Vorstellungen der Gedankenwelt der Renaissance verhaftet sind, in deren später Phase Aristotelismus, Platonismus, hermetische, okkulte und alchemische Traditionen sich zu Überzeugungen mischten, deren Abstand zur Neuzeit unüberbrückbar erscheint[9]. Wie groß kann das Mißverhältnis zwischen der Zuschreibung einer historischen Funktion und deren inhaltlicher Begründung in einer Philosophie sein?

Der erste Kritiker, der aus dieser Sachlage die Konsequenz zog, Bacons Einfluß auf die Wissenschaft und Philosophie der Neuzeit für ungerechtfertigt zu halten und letztlich mit einer Denkfigur zu erklären, deren Erfinder ironischerweise Bacon selbst ist, nämlich durch die Ideologiekritik, war Joseph de

---

[9] Vergl. S. J. Linden: Francis Bacon and alchemy: the reformation of vulcan, Journal of the History of Ideas, Vol. 35, 547–560, 1974; G. Rees: Francis Bacon's semi-Paracelsian cosmology and the great instauration, Ambix 22:3 1975, 161–173; D. P. Walker: Francis Bacon and spiritus. In: Science, Medicine and Society in the Renaissance, Festschrift für W. Pagel, hg. von A. Debus, Heinemann, London, Vol. II, 121–130, 1972; V. K. Whitaker: Bacon and the Renaissance Encyclopedists, Palo Alto (Calif.) 1933.

Maistre. In seinem „Examen de la Philosophie de Bacon“ (1836) kam er zu dem Ergebnis, in seinen Werken hätten „leere Poetik“, „glückliche Bilder“, „amüsante Fabeln“, „den größten Feind der Wissenschaft beherrscht, der je existiert hat“[10]. Die Philosophen D. Brewster[11], G. Lasson[12], E. Cassirer[13] ebenso wie der einflußreiche Chemiker J. Liebig[14] bauten diese Kritik aus. Gegen Ende des 19. Jahrhunderts wurde die Verkleinerung seiner intellektuellen Leistungen festgeschrieben und die Substanz seiner Philosophie nur noch wenig diskutiert. Wo ist der blinde Fleck: bei Newton, Leibniz, Kant oder bei den späteren Experten der Philosophiegeschichte?

2. Philosophie und Wissenschaftspolitik

Der Forschung zu Bacon haben Autoren eine neue Richtung gegeben, für die eine soziologische Analyse seiner Wirkung zugleich Wegweiser für die Erkenntnis ihrer Bedeutung war. Der englische Marxist Benjamin Farrington hat diese Wende 1953 mit dem provozierenden Aufsatz „On Misunderstanding the Philosophy of Francis Bacon“ eingeleitet[15], der wenig später der Renaissancespezialist Paolo Rossi die nötige historische Ab-

---

[10] J. de Maistre: Examen de la philosophie de Bacon, ou l'on traite differents questions de philosophie rationelle, Paris, Lyon, 1836, 338.

[11] Vergl. D. Brewster: Memoirs of the life, writings, and discoveries of Sir Isaac Newton, Edinburgh 1855, New York, Nachdruck 1965, Vol. 2, 400 ff.

[12] Vergl. A. Lasson: Über Bacons von Verulam wissenschaftliche Prinzipien, Berlin 1860.

[13] Vergl. E. Cassirer: Das Erkenntnisproblem in der Philosophie und Wissenschaft der Neueren Zeit, 1922, Nachdr. 1971, Bd. II, 11 ff.

[14] Vergl. J. Liebig: Über Francis Bacon von Verulam und die Methode der Naturforschung, München 1863.

[15] Vergl. B. Farrington: On Misunderstanding the Philosophy of Francis Bacon, Festschrift für Charles Singer: Science, Medicine and History, Vol. 1, 439–450, 1953.

sicherung gab[16]. Der Kontext und die Ziele der baconischen Philosophie sind nach Farrington *Politik*; man muß sie in diesem Kontext und unter diesen Zielen begreifen. Und in der Tat, Bacons Leben war ein politisches Leben. In einer Zeit, in der die Wissenschaftler und Philosophen ihr Geschick darauf verwenden mußten, den Verfolgungen von Kirche und Staat zu entgehen, plädierte Bacon, wo immer ihm seine politischen Ämter dafür Gelegenheiten boten, dafür, die Naturerkenntnis zu einer wissenschaftspolitischen Angelegenheit von nationalen, wenn nicht internationalen Ausmaßen zu machen. Auch wenn ihm hierin zu Lebzeiten kein Erfolg beschieden war: dieses Ziel war etwas anderes als die Forderung nach Toleranz für riskante Theorien, deren Erfüllung Giordano Bruno das Leben gerettet und Galilei Prozeß und Widerruf erspart hätten.

Als das „Novum Organum" erschien (1620), war Bacon als Lord High Chancellor Inhaber des höchsten Staatsamtes Englands. Wenige Tage vor Auslieferung des Buches schrieb er an König James I.: „Dieses Werk ist ein Körper aus Ton, in den Ihre Majestät durch Ihre Gunst und Unterstützung Leben hauchen möge" (XVI, 120). Dieses zunächst eigentümliche Ansinnen an einen König, ein Werk der Philosophie zu beleben, spezifiziert Bacon in der Widmung nach einer Entschuldigung dafür, in den Diensten des Königs für dieses Werk Zeit abgezweigt zu haben: „Übrig ist, eine Bitte auszusprechen, ... die mehr als alles andere das berührt, was hier zur Sache steht ... nämlich Sorge zu tragen für eine Natur- und Experimentalgeschichte, wahr und streng (keine Philologie), so geordnet, daß daraus eine Philosophie hervorgebracht und vollendet werden kann, wie ich sie an gegebenem Ort beschreibe ..." (I, 12). Ein ähnliches Gesuch hatte Bacon im Jahre 1605, zwei Jahre nach der Krönung von James I. mit der Veröffentlichung von „Proficience and Advancement of Learning" verbunden. Den König einrahmend durch Vergleiche mit Hermes Trismegistos, dem

---

[16] Vergl. P. Rossi: Francesco Bacone. Dalla magia alla scienza, 1957, 1974.

„dreimalgrößten" Weisen im mythischen Reich der Alchimie (III, 263) und mit Caesar, dem Vorbild der tatkräftigen Politik (III, 327), ermunterte er ihn, Instrumentensammlungen, Experimentierlabors und botanische Gärten einzurichten, die Lehrpläne zu verändern, ein „freies Kollegiat" zu gründen, in denen die Künste und Wissenschaften die professorale Gelehrsamkeit (professory learning) abzulösen hätten, sowie eine „fraternity in learning and illumination" für den Austausch von Erfahrungen über nationale Grenzen hinweg zuzulassen (vergl. III, 323 ff.).

Noch einmal 13 Jahre früher, als Parlamentarier und mit einem privilegierten Zugang zur Königin Elizabeth I., hatte er in einer Rede zur Feier des Krönungsjahrestages 1592 verwandten Plänen Ausdruck gegeben (vergl. VIII, 125) und seinem Onkel, dem Schatzkanzler Lord Burghley, vorgeschlagen, ihm eine Position zu verschaffen, die ihm „commandment of more wits than man's own" (Verfügung über den Verstand von mehr Köpfen als dem eigenen) gewähre, (VIII, 24) – eben zu denselben Zwecken der Begründung einer neuen Philosophie auf der Basis von Erfindungen und Entdeckungen.

Aus dem Kontext dieser wissenschaftspolitischen Impulse ist seine Philosophie nicht herauszulösen. Aber welche Bedeutung haben sie *in* seiner Philosophie – in seiner Erkenntnistheorie, Methodologie und Naturphilosophie? An dieser Frage entscheidet sich, ob Bacon – ehrenhaft genug – nur politisch für eine neue Philosophie agierte oder auch eine neue Philosophie für eine neue Philosophie erarbeitet hat. Die Selbstbegründung und Kohärenz der baconischen Philosophie muß wieder Thema werden, wenn diese, wie Kant es sah, zu der „Revolution der Denkart" beigetragen hat, mit der die Philosophie der Neuzeit ansetzt.

3. Eine Philosophie der Forschung

Die paradoxe Formulierung einer neuen Philosophie für eine neue Philosophie wird die hier vorgelegte Interpretation weit-

gehend bestimmen. In den dargestellten wissenschaftspolitischen Initiativen Bacons ist der gemeinsame Kern seine Vision einer arbeitsteilig betriebenen und sukzessiv verfahrenden Forschung – eine *Philosophie der Forschung*. Eine solche Philosophie ist zwangsläufig doppelbödig: Sie beschreibt etwas, das in der Zukunft liegt, aber nur dann in der Zukunft liegt, wenn die Beschreibung als Weg der Verwirklichung verstanden und benutzt wird. Sie ist eine Philosophie der Landkarte, nicht der Landschaft.

Von hier aus wird nicht nur ein Zugang zu einigen Aspekten seiner Erkenntnistheorie und Methodologie eröffnet, sondern auch zum Aufbau des Werkes selbst. Mit den Mitteln der Stilanalyse läßt sich zeigen, daß Bacon sich seiner paradoxen Lage bewußt war. Er hat viele Jahre damit experimentiert, für sein Unternehmen die angemessene Darstellungsform zu finden, und das Ergebnis ist alles andere als zufällig.

Die Wissenschaft der Zukunft soll „scientia activa" (I, 134), handelnde Wissenschaft sein. Ihre Methodik muß auf einer Verbindung der „experimentellen und der rationalen Fähigkeit" des Geistes beruhen (a 95), die weder im Empirismus der Mechaniker, Mediziner und Alchemisten (a 5) noch im Dogmatismus der Schulphilosophie besteht. „Die Empiriker gleichen den Ameisen, sammeln und verbrauchen nur", d. h. sie verarbeiten ihre Ergebnisse nicht zu Theorien. „Die aber die Vernunft überbetonen, gleichen den Spinnen, schaffen die Netze aus sich selbst", d. h. ihre Theorien bestehen allein in der Abstraktion und logischen Verknüpfung der Begriffe, und sie führen nicht zu neuen Erfahrungen. „Das wahre Werk" der neuen Philosophie gleicht dem der Biene: „sie zieht den Saft aus den Blüten der Gärten und Felder, behandelt und verdaut ihn aber aus eigener Kraft." (a 95) Wie immer diese Metapher aufzulösen ist – Bacon spricht mit ihr das moderne Selbstverständnis der wissenschaftlichen Forschung an, in der die „Kraft" der Theorien nicht allein mit Beobachtungen, sondern mit aus experimentellen *Tätigkeiten* erzeugten Naturerkenntnissen koordiniert werden muß. Die Durchformulierung dieser Idee war

für Bacon mit einer Reihe von Schwierigkeiten verbunden. Sein Ziel war, diesen Begriff der Forschung als einen neuen *Grundbegriff* einzuführen, von dem aus die Beziehung von „experimenteller und rationaler Fakultät" nicht länger als Zusammenfügung von (aristotelisch) Verschiedenem, sondern als Differenz einer Identität zu verstehen ist. Forschung ist eine einheitliche Tätigkeit, die in der Koordination ihrer rationalen und experimentellen (handelnden) Aspekte besteht. Bacons Methodologie ist nicht eine neue Logik des Schließens, sondern ein neues Verfahren der Forschungstätigkeit. Zur Bezeichnung dieser Tätigkeit benutzt Bacon eine Reihe mehr oder weniger gleichwertiger Ausdrücke wie inquisitio, ratio inveniendi, explorare und experiri. Ihre gemeinsame Bedeutung erschließt sich aus ihrer Abgrenzung gegen die aristotelische Tradition.

Überall im „Novum Organum" betont Bacon, daß Forschung „interpretatio" und „operatio", „facere" und „intelligere", „scientia" und „potentia", „contemplatio" und „operatio", „detegere" und „producere" (vergl. a 1, 3, b 3) ist. Damit wird die traditionelle Spannung zwischen Wahrnehmung und Begriff ersetzt durch die zwischen Handlung und Begriff, und es ist zu klären, wie der innere Zusammenhang zwischen Interaktion mit der Natur und Interpretation der Natur aussieht.

Der zentrale Ausgangspunkt ist die Neuordnung der Beziehungen zwischen den Begriffen der *Naturkausalität* und der *Handlungsregel*. Bacon stellt die Äquivalenz auf, daß die Erkenntnis eines Ursache-Wirkung-Zusammenhangs in der Natur als Regel der Hervorbringung einer Wirkung dienen kann (a 3), und umgekehrt, daß die Hervorbringung eines Effektes durch eine Regel die Angabe einer Kausalität ermöglicht (b 4). Wie leicht zu sehen ist, kann diese Äquivalenz nicht deskriptiv gemeint sein. Denn die Beurteilung der Kausalität unterliegt dem Kriterium richtig-falsch, die der Regularität dem von erfolgreich-erfolglos. Geht man von der aristotelischen Ursachenlehre aus, dann kann man Ursachen kennen, die nicht zum Handeln befähigen (z. B. in der Lehre der natürlichen Örter, bei denen Ziele Ursachen sind, oder in der von den Fa-

kultäten, in denen „Vermögen" etwas bewirken). Bacon will also nicht beschreiben, sondern ein Postulat aufstellen, dem gemäß Handlung und Wissen im Prozeß der Erkenntnis einander entgegengeführt werden sollen. Daher findet sich bei ihm nirgendwo die ebenso anrüchige wie unhaltbare Aussage „Wissen ist Macht", sondern die sorgfältig gewählte „scientia et potentia humana in idem coincidunt" (a 3), sie „treffen in demselben zusammen". (Nur Farrington übersetzt pointiert und mit der nötigen Sensibilität die parallele Stelle I, 144 „the twin goals, human science and human power, come in the end together"[17].) Diese Forderung kann nur erfüllt werden, wenn nur ein Wissen bestimmter Art zugelassen und gesucht wird, nämlich die Kenntnis der Bewirkung von Effekten durch die Einrichtung von Ausgangsbedingungen, i. e. Kausalzusammenhänge, denen Experimente zugeordnet werden können. Bacon fordert von der Erkenntnistätigkeit, daß alle theoretischen Erkenntnisse, insbesondere die allgemeiner und abstrakter werdenden, auch neuen Operationalisierungen zugeführt (i. e. in neue „Werke", opera übersetzt) werden können müssen. Im Gegensatz zu Aristoteles, bei dem der Erkenntnisweg von sinnlichen Erfahrungen zu abstrakten Prinzipien führt, die nicht „zur Entdeckung neuer Werke beitragen" können (a 24), soll der Weg der Interpretation auf jeder Stufe der Verallgemeinerung zur Entdeckung neuer „Einzelheiten" (a 24) zurückführen. Heute ist diese Konzeption, auch wenn sie wissenschaftstheoretisch immer noch nicht leicht zu erfassen ist, beinahe selbstverständlich. (Die Theorie der chemischen Elemente führt zur Entdeckung neuer Elemente; und andersherum: die Entdeckung von Fossilien führt zu Theorien der Evolution.) Bacon hat einige Mühe darauf verwendet, nicht nur ihre zentrale Bedeutung, sondern auch ihre Implikationen zu erfassen. Eine unmittelbare Folge seines Ausgangspunktes ist die Auf-

[17] Vergl. B. Farrington: On Misunderstanding the Philosophy of Francis Bacon, Festschrift für Charles Singer: Science, Medicine and History, Vol. 1, 1953, 443.

gabe des aristotelischen Gegensatzes zwischen natürlichen und künstlichen Gegenständen, zwischen „naturalia" und „artificalia" (D.A., I, 496), zwischen „natura libera" und „natura constricta et vexata" (Distributio operis, I, 141). Nur unter Aufgabe der Annahme, daß dieser Gegensatz prinzipiell ist, ist es möglich, die durch Handlungen bewirkten *Veränderungen* der Natur (Experimente) für die *Erkenntnis* der Natur zu benutzen. Bei Aristoteles würde dieses Verfahren eben nicht zur Erkenntnis der Natur an sich, der gegebenen Natur, sondern nur der Technik, der mit Kunst überlisteten Natur führen[18]. Bacons grundlegendes Gegenargument ist, daß der Mensch letztlich nichts anderes tun kann, als bewegend in die Natur einzugreifen, also nur auf der Basis der Wirkkausalität zu handeln. „Das Übrige bewirkt die Natur von innen" (a 3, vergl. auch b 50). Der „interpres" der Natur, der Theoretiker, kann in diesem Sinne nur Bescheidenes leisten, er bleibt ihr „minister", ihr Diener. Die naturphilosophischen Auswirkungen der Gleichordnung von Natur und Technik sind erheblich: Die Natur ist für Bacon nicht mehr das Gegebene, sondern das nach Gesetzen Mögliche, „intra terminos Possibilis" (b 1), „servatis legibus materiae" (b 4). Dieser neue Begriff des Gesetzes wird noch in enger Anlehnung an den aristotelischen Formbegriff entwickelt (vergl. bes. a 51, 75, b 2, 4), aber andererseits wird die Form (in Anlehnung an die Alchimie) als dasjenige bezeichnet, was es durch das Werk („opus") zu entdecken („invenire") gilt, um auf dieser Basis „neue Naturen" („novae naturae") zu erzeugen. Formen läßt Bacon nur gelten, wenn sie „Gesetze der Tätigkeit" (a 51) sind. Damit hat Bacon eine klare Vorstellung darüber entwickelt, daß die von Gott geschaffene Natur und die künstlich geschaffene des Menschen auf dasselbe „Alphabet" zurückzuführen sind (vergl. a 121), dessen (letztendliche) Erkenntnis den freien Übergang zwischen beiden gewährt. Auf dieser Grundlage begründet Bacon das Dictum „quod in ope-

---

[18] Vergl. z. B. Aristoteles, De gen. anim. 735 a f.; Physik 193 a, 14 ff.; sowie Probl. Mech. 847 a ff.

rando utilissimum in sciendo verissimum", was in der Handlung am nützlichsten ist, ist im Wissen am wahrsten (b 4). Es bleibt anzumerken, daß der nach Bacon im 17. Jahrhundert sich einspielende Gesetzesbegriff[19] ganz aus dem aristotelischen Kontext der Formanalyse herausgelöst wird, um schließlich nurmehr die Kovarianz von Größen, nicht deren „Erkenntnis" zu betreffen. Gerade aber Bacons Orientierung an dem noch an die Kausalverknüpfung gebundenen Regelbegriff ermöglicht den Übergang von der Formerkenntnis zur Gesetzesformulierung. Denn die Regel gibt an, welche Faktoren oder Bedingungen zur Erzeugung eines Effektes herangezogen werden müssen *und* wie deren Variation sich auswirkt, was durchaus auf das Schema einer modernen Schreibweise gebracht werden kann: $f(a, b, c) = y$. Für Bacon ist diese Äquivalenz das Schema einer „Transformationsregel" der Formen a, b, c. Sie ist zugleich eine Erklärung der Form y durch einfachere Naturen[20].

Eine weitere Konsequenz der Verknüpfung von Handlung und Erkenntnis betrifft das Verhältnis der Wissenschaft zur Zeit. Ist die Erkenntnis verpflichtet, ihre Theoreme an die Entdeckung und Erfindung neuer „Einzelheiten" („particularia") zurückzubinden, muß mit Verzögerungen gerechnet werden. Denn zum einen stellt der Entwurf und die Durchführung von Experimenten (oder auch schon von geeigneten Beobachtungen) vor methodische Probleme, die der Theoretiker reiner Begriffssysteme nicht kennt; zum anderen ist man Überraschungen durch die „Einzelheiten" ausgesetzt, außer sie sind altbe-

---

[19] Vergl. E. Zilsel: Die sozialen Ursprünge der neuzeitlichen Wissenschaft, 66–97, Frankfurt a. M. 1976; W. Krohn: Zur Geschichte des Gesetzesbegriffs in Naturphilosophie und Naturwissenschaft. In: M. Hahn, H. J. Sandkühler (Hg.), Gesellschaftliche Bewegung und Naturprozeß. Köln 1982, 61–70.

[20] Vergl. M. B. Hesse: Francis Bacon's philosophy of science. A Critical History of Western Philosophy, New York 1964; reprinted in Vickers ed., Essential Articles for the study of Francis Bacon, 114–139, Connecticut 1968; T. Kotarbinski: The development of the main methodology of Francis Bacon, Studia Philosophica I (1935), 107–117.

kannt. Bacon hat eine ebenso einfache wie folgenreiche Lösung: Wissenschaft muß so angelegt sein, daß sie in der Zeit fortgesetzt werden kann; die der Gegenwart muß auf vorhergehender aufbauen und selbst Grundlage für spätere sein. Mit anderen Worten: Die Idee des Fortschritts ist Bedingung verzeitlichter Erkenntnistätigkeit. Bacon hat sie formuliert in einer Zeit, die noch überwiegend eine Orientierung in die Vergangenheit hatte: Die religiösen, politischen und philosophischen Ideale der Renaissance lagen im Frühchristentum, in der römischen Republik, bei Platon und Aristoteles oder wo auch immer – jedenfalls nicht in der Zukunft. Und wenn auch im 16. Jahrhundert die Humanisten, Architekten und Ingenieure längst nicht mehr an eine schlichte Wiedergeburt der Antike glaubten[21], zu sehr war inzwischen der Blick für die Unterschiedlichkeit der historischen Bedingungen geschärft, so war eine kompromißlose Verlegung der Ideale der Gesellschaft in die Zukunft vor Bacon nicht formuliert worden: „Die Verehrung der Antike hat die Menschen verzaubert und sie am Fortschritt in den Wissenschaften gehindert." (a 84, vergl. D.A., I, 456–459). „Man kann von unserer Zeit, wenn sie nur ihre Kräfte erkennen, erproben und steigern wollte, weit mehr erwarten als von den alten Zeiten, ist sie doch für die Zeit der Welt die ältere und um unzählige Experimente und Beobachtungen vermehrt und bereichert." (a 84)

Wohlgemerkt, nicht schon die eigene Zeit ist die bessere, sondern die Entwicklung der eigenen Kräfte begründet Erwartungen an die Zukunft, für die keine Vergangenheit mehr Modell steht. In dieser allgemeinen Philosophie der historischen Zeit – eine der großen und einflußreichen Leistungen der baconischen Philosophie[22] – konzipiert Bacon wissenschaftliche Erkenntnis als zeitabhängige Forschungstätigkeit, oder in aller Schärfe:

[21] Vergl. W. Krohn: Die „Neue Wissenschaft" der Renaissance. In: G. Böhme, W. van den Daele, W. Krohn: Experimentelle Philosophie, Frankfurt a. M. 1977, 39 ff.
[22] Vergl. J. B. Bury: The Idea of Progress. An inquiry into its Origin and Growth, New York 1932. Neudruck: New York 1955;

Wahrheit als „Tochter der Zeit" (a 84). Im Gegensatz zum Selbstverständnis der philosophischen Traditionen, die sich immer nur ihrer historischen Herkunft – „wir sind Zwerge auf dem Rücken von Riesen", heißt es wieder und wieder[23] –, nicht ihrer historischen Zukunft bewußt waren, lehrt Bacon, daß die Prinzipienerkenntnis, die Axiome und deren „höchstes Gesetz" (D.A., I, 567), erst am Ende einer Forschungsreise ins Ungewisse erkannt werden (wenn überhaupt). Durch dieses Prinzip, nicht von Prinzipien auszugehen (ein weiteres Beispiel der Doppelbödigkeit seiner Philosophie), sondern diese als Ergebnisse der Zukunft zu erwarten, wird die Interpretation der Erkenntnis als ein über Generationen sich erstreckender Prozeß möglich. Zwar hat schon Aristoteles den Unterschied gemacht zwischen dem, was uns zunächst in der Erkenntnis einsichtiger ist, und dem, was durch den Erkenntnisprozeß später der Sache nach das erste ist; aber bei ihm ist dieser Weg von der Beobachtung zum Prinzip im Rahmen einer begrifflichen Analyse zügig zu durchschreiten, um auf die Prinzipien zu stoßen, die den „Anfang der Naturwissenschaft" bilden[24]. Bacon besitzt nicht nur diese Hoffnung nicht, sondern hält sie für den eigentlichen Trug des Aristotelismus (a 20–30). Seine ganz andere Einstellung kommt in einer kleineren Schrift „De Coeli" zum Ausdruck, die von seinem vergeblichen Versuch berichtet, eine klare Entscheidung für oder gegen die kosmologischen Hypothesen über den Aufbau des Universums zu treffen. Er konstatiert die Vorläufigkeit seiner Ansichten und beendet die Schrift mit dem Satz „So sehe ich die Dinge an, an der Grenze stehend zwischen Naturbeschreibung und Philosophie; und je mehr man sich in die Naturbeschreibung hineinbegeben wird, desto mehr wird man beweisen. Ich bezeuge aber, daß ich mich

R. Jones: Ancients and moderns, a study of the rise of the scientific movement in seventeenth-century England, St. Louis, Washington University Studies 1961.

[23] Vergl. R. Merton: Auf den Schultern von Riesen, Frankfurt a. M. 1983.

[24] Vergl. Physik, Buch 1, 184 a 10 ff.

nicht an diese (Ansichten) gebunden fühle. Hier nämlich, wie sonst auch, bin ich mir meines Weges sicher, nicht meines Standpunktes" (III, 780).

Neben die Verzeitlichung des Forschungsprozesses durch die Verknüpfung von Handlung und Erkenntnis tritt eine zweite Bedingung: die Kooperation der Forscher. Bacons Initiativen für neue Forschungsinstitute und -organisationen sind von der Überzeugung getragen, daß nur arbeitsteilig organisierte Forschung sein Programm zum Erfolg führen kann. Dies klingt heute zu selbstverständlich, als daß die darin enthaltenen Zumutungen an die Zeitgenossen sofort nachvollzogen werden können. Eine dieser Zumutungen ist die Ausklammerung religiöser Überzeugungen aus der Wissenschaft als Bedingung der Kooperation von Protestanten und Katholiken, Christen und Juden, Religiösen und Atheisten. Nach Bacon kann uns die Naturerkenntnis niemals über Gottes Absichten aufklären, sondern nur seine Werke entziffern (vergl. D.A., I, 830). Da der Streit der Bekenntnisse aber über die *Absichten* Gottes geht, ist ein Verzicht auf die Untersuchung der Finalursachen hinreichende Bedingung für die Ausgrenzung der Religion aus der Wissenschaft (vergl. a 62, 65, 79, 89, und bes. D.A., I, 569f., 830). Aber diese Forderung, erhoben nicht etwa nur für die Mechanik, sondern für die gesamte Forschung, eingeschlossen Biologie und Sozialwissenschaft (vergl. a 127) war deutlich zu radikal; nur wenige Nachfolger, vor allem Hobbes, der zeitweilig Bacons Sekretär war, haben sie streng zu befolgen gesucht[25]. Dennoch gilt: Dort und insoweit die Analyse von „intentiones" der Natur unterbleibt, kann religiöser Streit kaum aufkommen.

Wie können Platoniker, Aristoteliker, Demokritianer, Averroisten und andere in der Forschung zusammenarbeiten? Der entscheidende Gesichtspunkt ist schon genannt worden: Philo-

---

[25] Es sei erinnert an Descartes' Absicherung der Erkenntnis über einen Gottesbeweis; Leibniz' Theodizee; Boyle's Erwartung einer Glaubensstärkung durch die Naturerkenntnis; Newton's Einbeziehung Gottes in die Erhaltung der Bewegungsgröße.

sophische Prinzipien gehören sachlich gesehen an das Ende des Forschungsprozesses. Am Anfang sind sie nicht Prinzipien, sondern in Bacons Sprache „Antizipationen", hypothetische Unterstellungen. In der baconischen Idee der Forschung können die fundamentalen Differenzen zwischen den philosophischen Schulen keinen anderen Status erhalten als den von theoretischen Hypothesen, zwischen denen man, das ist die Hoffnung, durch die Entdeckung neuer empirischer Realitäten wird entscheiden können. Atomismus versus Kontinuität der Materie; Heliozentrismus versus Geozentrismus; die Angeborenheit der Ideen versus ihren Erwerb, und ähnlichen Kontroversen gegenüber empfiehlt Bacon eine „bewegliche Gelassenheit" (mobilis constantia) (D.A., I, 830), die keineswegs stoischer Gleichgültigkeit, sondern dem Optimismus des Entdeckers entspringt (vergl. a 126). Voraussetzung ist allerdings, daß die Ergebnisse der Forschung, auch wenn sie abhängig von der Einnahme philosophischer Grundüberzeugungen gewonnen wurden, unabhängig von diesen zusammengesetzt werden können. Genau für diesen Zweck ist Bacons Methodologie der Forschung konzipiert. „Denn die Menschen werden erst dann anfangen, ihre Kräfte zu erkennen, wenn nicht unzählige dasselbe tun, sondern jeder anderes zustande bringt." (a 113)

Bacon wußte, daß diese Einladung zur Kooperation, betrachtet aus der Position anderer philosophischer Systeme, leicht unterlaufen werden kann. Denn von dort aus ist sie der Anspruch auf eine neue Konkurrenz, die man aus der Perspektive der eigenen Prinzipien zu beurteilen hat. Die Behauptung, daß Prinzipienstreit zunächst aufgeschoben und später durch Tatsachen erledigt werden könne, ist genau ein Prinzip von der Art, mit der neue Schulen sich zu etablieren versuchen. Bacon sah das Problem und wiederholte mehrfach die Versicherung, keine eigene „Sekte" oder Schule gründen zu wollen (z. B. Praefatio, I, 154, a 117). Aber er wußte, daß er rein theoretisch wenig gute Argumente hatte. Denn nach seiner eigenen Auffassung liegt die Rechtfertigung seiner Absichten in der Zukunft; in der Gegenwart bleibt nur Hoffnung auf Erfolg (a 108). Das

beste Argument, das er Gegnern und Zauderern entgegenhalten konnte, ist eine Vorwegnahme der Pasqualschen Wette über den Glauben an das ewige Leben: „Man müßte sich zu dem Versuch (der neuen Wissenschaft) entschließen, ... denn das Unterlassen und der Mißerfolg sind von ganz ungleicher Gefahr; beim Unterlassen steht ein unermeßliches Gut, beim Mißlingen ein geringer Aufwand menschlicher Arbeit auf dem Spiel." (a 114)

4. Die experimentelle Methode

In Bacons Unternehmen, zwischen der „rationalen und empirischen Fakultät eine legitime Ehe" (I, 131) zu stiften, spitzt sich alles zu auf die Forschungstätigkeit, auf die Methode der Forschung. Wenn irgendwo, muß es hier möglich sein, Gründe für die Legitimität und besser noch zugleich die Fruchtbarkeit der Ehe zu finden. Im Ergebnis wird auch dies eine Enttäuschung werden – aber wieder aus derselben, von Bacon selbst reflektierten Struktur: Nicht einmal die Methode der Forschung kann unabhängig von der tatsächlich durchgeführten Forschung konzipiert werden, jedenfalls nicht über beliebig weite Strecken. Denn Methode ist für Bacon nicht wie bisher ein Instrument zur Organisation des Wissens und Schließens, sondern eine Wegbahnung für Erfahrungen in unbekanntem Gelände. Die Planung dieses Weges macht man besser abhängig von den gesammelten Erfahrungen (vergl. a 130); Bacon betont dies häufig[26].

Seine Methodologie ist seit dem 19. Jahrhundert vor allem als Beitrag zur induktiven Logik gelesen worden[27]; dies hat zu schweren Mißverständnissen geführt. Sie ist dagegen in erster Linie ein Instrument der Forschung, wofür Bacon die Begriffe „organum" und „machina" (I, 630) gebraucht. Während das zentrale Problem der logischen Induktion die *Rechtfertigung*

[26] Vergl. Filum labyrinthi, III, 635 ff.; Cogitata et visa, III, 610; Adv. L., III, 392; D. A. I, 636.

[27] So vor allem J. St. Mill: A system of logic, ratiocinative and

allgemeiner Sätze aus einzelnen Beobachtungen oder Behauptungen ist, ist das zentrale Problem der induktiven Methode die *Entdeckung* neuer Tatsachen aus der Aufstellung von theoretischen Sätzen und deren weitere Generalisierung aufgrund neuer Tatsachen, so daß diese Generalisierung wiederum zu neuen Tatsachen führt. Nicht der Beweis der Sätze durch Argumente, sondern die Entdeckung neuer Realitäten ist das Ziel: „... aus den Werken und Experimenten die Ursachen und Grundsätze, und aus diesen wieder neue Werke und Experimente ... zu entnehmen" (a 117). Argumentation im Sinne der Logik oder Dialektik nach aristotelischem Vorbild führt zur *Konsistenz von Aussagesystemen*, nicht zum *Beweis neuer Tatsachen* (vergl. a 24). Dies ist letztlich der Grund, warum der Kanon des alten „Organon" (die Zusammenfügung der logischen Schriften des Aristoteles) durch ein neues ersetzt werden muß. Natürlich hofft Bacon auf „allgemeine oder fehlerfreie Theorien". Aber: „Die Zeit scheint mir dafür noch nicht reif zu sein." (a 116)[28]

Um diese Lesart seiner Methode als einer Forschungsstrategie anstatt eines Rechtfertigungsverfahrens zu stützen, gibt es einen einfachen Weg: der modellhafte Entwurf einer eingespielten Forschungspraxis in der Utopie „Neu-Atlantis". Hier stellt man fest, daß in einer großen Anzahl von Labors auf allen zentralen Gebieten der Wissenschaft und Technik gleichzeitig gearbeitet wird (u. a. Materialforschung für künstliche Stoffe, Dünger und Treibstoffe, Meteorologie, Züchtungsforschung [einschließlich künstlichem Leben], Pharmazie, Nahrungsmittelforschung, Optik, Akustik, Linguistik, Mechanik, mathematische Instrumente), ohne daß viel Sorge darauf verwendet wird,

inductive, London 1843; T. Kotarbinski: s. Anm. 20; L. J. Cohen: The implications of induction, 1970; H. Risse: Die Logik der Neuzeit, Stuttgart-Bad Cannstadt 1964–1970, Bd. I.

[28] Wenn man diese und die Metapher von der Wahrheit als Tochter der Zeit zusammenzieht, kommt man auf das Ergebnis, daß die gegenwärtige Zeit noch nicht wirklich wahrheitsfähig ist. Die Verschiebung in die Zukunft ist unvermeidlich.

ob die Theorien in einer hierarchischen Ordnung zueinander
stehen. Um so mehr Wert wird darauf gelegt, daß alle
„Früchte" der Forschung auch für die Erweiterung des theoretischen Wissens verwendet werden, um hieraus wieder „neue Experimente festzulegen, vom höheren Licht aus, um tiefer als
bisher in die Natur einzudringen" (III, 165, vergl. hierzu a 121:
lichtbringende und fruchtbringende Experimente). Für diese
Aufgabe unterscheidet Bacon neun Funktionsgruppen von
Wissenschaftlern (vergl. III, 165). Das Charakteristikum der
Forschung in Neu-Atlantis ist also die durchgestaltete Arbeitsteilung, eingefangen in eine Methode, die ständige Gleichzei-
tigkeit und Rückkopplung von Theorie und Experiment ermöglicht und erfordert. Man sieht leicht, daß das in der Utopie
entworfene Modell der wissenschaftlichen Kooperation Züge
der zeitgenössischen Manufaktur trägt und nicht hinreichend
flexibel ist. Aber diese Kritik berührt nicht die Genauigkeit,
mit der Bacon seine Idee der Erkenntniserweiterung durch Forschung durchgestaltet hat.

Besonders unvereinbar mit der Praxis in Neu-Atlantis ist die
mit Locke beginnende Auslegung der baconischen Philosophie[29], nach der die Erkenntnis mit einfachen oder unbezwei-
felbaren Sinneseindrücken beginnen und von hier aus schritt-
weise sich zu Begriffen größerer Allgemeinheit hocharbeiten
müsse. Die Praxis in Neu-Atlantis belegt dagegen: wie immer
der Stand des erreichten Wissens ist, – hier kann fortgesetzt werden, gleichgültig, wie abgesichert dieses Wissen ist. Denn die
experimentelle Methode steigert sowohl die Verläßlichkeit wie
auch die Unzuverlässigkeit der Ausgangspunkte. Auch Bacons
eigener Versuch, seine Methode an dem Beispiel der Analyse
der Wärme zu demonstrieren, belegt dies (b 11–20). Ausgangspunkte bilden Tafeln des Auftretens und Nichtauftretens von
Wärme und eine dritte Tafel der Vergleichung. Die Tafeln sind
eine „wilde" Zusammenstellung aus allen möglichen Quellen
wie Alltagsbeobachtungen, Berichten über fremdartige Phä-

[29] Vergl. Lit. Anm. 1.

nomene, fabulöses Hörensagen, gezielten Experimenten und
theoretischen Konstrukten. Bacon räumt dies sogar ein und be-
dauert den erbärmlichen Zustand der „Naturgeschichte", auf
die er zurückgreifen muß (b 14). Aber ein unheilbarer Mangel
ist dies nicht, wenn man sich an das Verfahren hält, die aus diesen fragwürdigen Quellen abgeleiteten Ursachenerkenntnisse
wiederum neuen Operationalisierungen zuzuführen. Beobachtet man Bacons Vorgehensweise von der Seite der Hypothesen-
bildung aus, geht es zunächst ähnlich „wild" zu: Er „gestattet"
dem Verstand die Formulierung von wenig begründeten Hypothesen (b 20); denn deren Wahrheit oder Irrtum wird sich durch
das weitere Verfahren von selbst steigern. Solche Hypothesen,
wenn man nur deren Stellenwert nicht vergißt, sind sogar notwendig, „denn die Wahrheit geht leichter aus dem Irrtum als
aus der Verwirrung hervor" (b 20).

Die „inductio legitima et vera" (b 10) ist also offenbar alles
andere als ein durchgeregeltes logisches Verfahren, und die Kritiker aus dem Lager der induktiven Logik, die Bacon die Inkon-
sistenz seines Vorgehens vorhalten, beginnen auf einer falschen
Grundlage. Was Bacon tatsächlich im zweiten Buch des
„Novum Organum" vorstellt, ist dagegen eine reichhaltige
Topik der Forschungstechnik zum Auffinden neuer Tatsachen
nach Maßgabe von Interpretationen, deren Endgültigkeit während des Erkenntnisweges nicht feststeht (b 18). Statt dessen
muß der Geist immer die erreichten „Grade der Gewißheit" re-
flektieren und damit rechnen, daß das, wovon man jeweils aus-
geht, vom späteren abhängt (b 19). Bacon äußert seine Ansicht,
„daß die Kunst des Erfindens mit den Erfindungen wachsen
kann" (a 130), in anderen Schriften gerade dort, wo er seine Methode explizit nach der Idee der Topik aufbaut[30].

Dieser Methodologie ist häufig vorgehalten worden[31], daß

[30] Vergl. zur Topik D. A. I, 634, 636–639; Descriptio globi intellectualis, III, 736.
[31] Vergl. P. Rossi: Francis Bacon: from magic to science. Aus
dem Italienischen, Chicago 1968, 156 ff., 214 ff., der in der Topik

die Errungenschaften des 17. Jahrhunderts von Galilei, Descartes, Huyghens und Newton nicht auf ihrer Basis erreicht worden sind, sondern durch ein Instrument, das er sträflich vernachlässigte: die Mathematik. Obwohl diese Wissenschaftler eine solche Differenz nicht besonders stark und jedenfalls nicht als eine grundsätzliche empfunden haben (insbesondere, weil Bacon, wenn nicht die Mathematik, so doch die quantitative Analyse überall fordert, u. a. b 6), muß man den Einwand ernst nehmen. Denn er verweist darauf, daß Bacons Methode von Erkenntniszielen bestimmt ist, wie sie in „Neu-Atlantis" beschrieben werden und nur in einer öffentlichen organisierten Forschung erreicht werden können. Farrington hat eins seiner Bücher zu Bacon „Philosopher of Industrial science" betitelt und trifft hiermit trotz der modernisierenden Wendung eine wichtige Komponente seines Denkens. Zwar hätte Bacon (wie auch Farrington) der Einengung auf eine nur produktorientierte Forschung widersprochen. Aber die heutige Koexistenz und Verflechtung von Industrieforschung und akademischer Wissenschaft gibt dennoch ein besseres Anschauungsmaterial für die Intentionen Bacons als die solitär forschenden Persönlichkeiten des 17. Jahrhunderts. Noch seinen Interpreten im 19. Jahrhundert kam es verwegen vor, in den neuen Dimensionen der industriellen Revolution die Visionen Bacons für eine Kombination von „operatio" und „interpretatio" wirklich werden zu sehen. Allein Spedding hat einen vorsichtigen Versuch unternommen, Bacon aus dieser Perspektive zu interpretieren, tut dieses aber unter dem ganzen Druck des hohen Ansehens von Grundlagenforschung und reiner Wissenschaft im 19. Jahrhundert (vergl. I, 369 ff.)[32].

allerdings die Aufgabe des methodologischen Programmes sieht; ähnlich Ellis, I, 83.

[32] Vergl. J. Spedding, Bd. III, 171 ff.

5. Bacon als Experimentator mit Stilformen

Das Stichwort „Wissenschaftliche Revolution" leitet auf die Frage, wie Bacon den epistemologischen Bruch seiner Erkenntnistheorie mit der philosophischen Tradition philosophisch bearbeitet hat. Der Bruch besteht darin, daß er nicht nur eine neue Philosophie neben die alten stellen, sondern eine neue Ebene des Philosophierens erreichen wollte, deren Verwirklichung und Rechtfertigung eine Sache der gemeinsamen Zukunft der Forscher ist. Dies wirft Kommunikationsprobleme auf.

Bacon war der erste Philosoph, der für sein Unternehmen den Begriff der „Revolution" verwandt hat, nicht ganz in der modernen Bedeutung der politischen Umwälzung, aber auch nicht mehr in der alten der Umwälzung des Immergleichen, die im Titel von Copernicus' „De Revolutionibus Orbium Coelaestium" gemeint ist: „... so als ob die Durchdringung und Durchleuchtung der Welt (Anspielung auf die Entdeckung Amerikas) und die Vermehrung der Erkenntnis in dasselbe Zeitalter zu fallen bestimmt seien ... da nun unsere Zeiten an Wissen jenen zwei vorhergehenden Perioden oder Revolutionen (die eine bei den Griechen, die andere bei den Römern) nicht viel nachstehen, ja ihnen in Wahrheit in einigem weit überlegen sind" (I, 514, vergl. a 78, 79). Zugleich sieht Bacon, daß die „Vermehrung" eine Veränderung einschließt, die die Kontinuität der Entwicklung zerreißt: „Da wir nämlich weder in den Prinzipien noch in der Beweisführung übereinstimmen, entfällt jede Argumentation" (a 61). In der Terminologie von Kuhns „Struktur wissenschaftlicher Revolutionen"[33] konstatiert Bacon hiermit die Inkommensurabilität verschiedener Paradig-

---

[33] Hierzu zählen die Schriften Temporis partus masculus (1603); Valerius terminus (1603); De interpretatione naturae prooemium (1603); Cogitationes de natura rerum (1606); Cogitationes de scienta humana (1606); Cogitata et visa de interpretatione naturae sive scientia operativa (1607); Redargutio philosophiarum (1608). Die Datierungen sind zum Teil unsicher.

mata. Aber: Blockiert sich der Versuch, andere von etwas revolutionär Neuem zu überzeugen, nicht selbst, wenn kein gemeinsamer Boden existiert? Oder zwingt er unausweichlich in die Rhetorik und Propaganda? Bacon hat dieses Problem ernst genommen und ist es im Geist seiner eigenen Philosophie angegangen: *experimentell*. Er hat in der Zeit zwischen 1603 und 1608 eine Reihe bemerkenswerter Fragmente verfaßt, in denen er Experimente mit Stilformen anstellte, um das Kommunikationsproblem zu lösen[34]. In der Schrift „Zurückweisung der Philosophien" (Redargutio Philosophiarum) heißt es: „Ich arbeite an einer Widerlegung der Philosophien, aber ich weiß nicht, wie ich es anstellen soll, weil der Weg, der anderen bei solchen Auseinandersetzungen offen steht, mir versperrt ist" (III, 557). Der Redner findet keinen Ausgangspunkt für seine Argumentation, weil er die Prinzipien jener Philosophien nicht anerkennen will und doch andererseits weiß, daß er bei diesen anknüpfen muß, wenn er verstanden werden will. Denn „auf einer Tafel kann man nur etwas Neues schreiben, wenn man das Alte ausgelöscht hat; im Geist kann man das Alte nur auslöschen, wenn man etwas Neues hineingeschrieben hat" (III, 558). Mit anderen Worten, der *revolutionäre Bruch* kann gar nicht vollzogen werden, wenn nicht zugleich die *Kontinuität* des Wissens gewahrt bleibt, auf dessen Untergrund eine *Transformation* der Erkenntnis angewiesen ist. Der Weg, den Bacon in dieser Schrift einschlägt und im „Novum Organum" in ausgefeilter Form vorlegt, ist der der Wissenssoziologie oder Ideologiekritik, seine sogenannte Idolenlehre (vergl. a 39–69). Er entwirft ein Indikatorensystem (signa), über das man in die Lage versetzt wird, die eigene und die anderen Philosophien gleichsam „von außen" zu betrachten, um damit, unabhängig von den Wahrheitsüberzeugungen, die hinter ihnen stehenden historischen *Bedingungen*, sachlichen *Ziele* und *Ideale der*

---

[34] Die Rekonstruktion beruht auf den Angaben von Spedding in der Werkausgabe und der Einleitung von Fowler in seiner Ausgabe des „Novum Organum".

Erklärung zu entschlüsseln, auch und gerade dort, wo sie den beteiligten Autoren nicht explizit zugänglich sind. Obwohl dieser Weg bis heute wegen seiner Selbstreferenz (man hat dann auch seine eigene Philosophie in einer Philosophie über diese Philosophien zu thematisieren) umstritten geblieben oder besser: nicht zu Ende gegangen ist, hat er Bacon auf eine neue Reflexionsstufe der Philosophie geführt: Das Bewußtsein des Wandels der Philosophie schließt die Geschichtlichkeit ihrer Wahrheit ein, „Veritas Temporis filia" (a 84).

In der Komposition des „Novum Organum" hat sich diese Reflexivität niedergeschlagen. Als Angelpunkt dient ein stilistischer Tatbestand, den man nur in seiner systematischen Bedeutung für Bacons Philosophie ernst zu nehmen hat: der fragmentarische Charakter seines Hauptwerkes. Genauer betrachtet ist dieses Hauptwerk ein kompliziert geschachtelter Bau von Fragmenten, der kurz dargestellt werden soll, bevor eine Erklärung versucht wird.

Zunächst ist davon auszugehen, daß das „Novum Organum" nur Teil des sehr viel umfangreicher konzipierten Werkes „Instauratio Magna" ist, es ist ursprünglich auch unter diesem Titel veröffentlicht worden. Die Instauratio ist ein Fragment, besitzt aber einen *vollständigen Plan*, die „Distributio Operis". Der Plan weist sechs Teile aus; das „Novum Organum" ist Teil zwei. Zu vier anderen Teilen gibt es mehr oder weniger ausgeführte Vorarbeiten, Fragmente oder Ersatzstücke. Die tabellarische Zusammenfassung auf S. XXXII ff. gibt einen Überblick über die „Instauratio Magna", so wie er sich aus verschiedenen Hinweisen Bacons ergibt[35].

Warum ist der Plan der „Instauratio" von Bacon nicht durchgeführt worden? Die erste Antwort liegt auf der Hand: Die Ausführung ist unmöglich – jedenfalls, wenn sie nicht allein Wortwissenschaft, sondern auch Experimentalwissenschaft sein soll. Da Bacon dies gewußt hat, ist es unwahrscheinlich,

---

[35] Vergl. Th. Kuhn: Die Struktur wissenschaftlicher Revolution, Frankfurt a. M. 1967.

Instauratio Magna: Distributio operis (1620 P), Vorarbeiten, Ausarbeitungen

Vorarbeiten	Distributio operis	Spätere Arbeiten
Proficience and Advancement of Learning (1605 P) III, 260–491 Descriptio globi intellectualis (1612) III, 727–768	*1. Teil* *Partitiones scientiarum* *Die Einteilungen der Wissenschaften*	De Dignitate et augmentis Scientiarum.(1623 P)
Temporis partus masculus (~1603) III, 527–540 Valerius Terminus of the interpretation of Nature (~1603) III, 215–258 Redargutio philosophiarum (~1608) III, 557–587 Cogitata et visa (~1607) III, 588–62 (bes. zum 1. T. des N. O.) Filum labyrinthi sive formula inquisitionis (~1607) III, 587–620 engl., ähnl. C. et v. Partis instaurationis secundae delineatio et argumentum (~1608) III, 543–557 Redargutio philosophiarum (~1608) III, 557–585	*2. Teil* *Novum organum sive indicia de interpretatione naturae* *Anleitungen zur Interpreatation der Natur (1620 P)*	

Filum labyrinthi sive inquisitio
legitima de motu III, 625–631
(~1608) (bes. zum 2. T. des
N. O.)

Phaenomena universi (nach 1608) III, 685–712	*3. Teil* *Phenomena universi sive historia naturalis et experimentalis ad condendam philosophiam* Natur und Experimentalgeschichte *als Grundlage der Philosophie*	Parasceve ad historiam naturalem et experimentalem (1620 P) I, 391–411 Historia ventorum (1622 publ. unter dem Titel Historia naturalis et experimentalis . . .) II, 7–88 Historia vitae et mortis (1623 P) II, 101–226 Historia densi et rari (–1623) II, 241–305 Sylva Sylvarum or a natural history (1627 P) II, 332–680
	4. Teil *Scala intellectus* *Die Leiter der Erkenntnis*	Scala intellectualis sive filum labyrinthi (?) II, 687–689 Prodromi sive anticipationes philosophiae secundae (?) II, 690–692

Fortsetzung S. XXXIV

Vorarbeiten	Distributio operis	Spätere Arbeiten
Cogitationes de natura rerum (~1604) III, 15–35 Cogitationes de scientia humana (~1604) III, 193–198 Thema Coeli (1612) III, 768–780 De fluxu et refluxu maris (1616) III, 47–61 De prinicipiis atque originibus secundum fabulas cupidinis et coeli (?) III, 79–118	*5. Teil* *Prodromi sive anticipationes philosophiae secundae* *Vorläufer oder Antizipationen der zweiten Philosophie*	
	6. Teil *Philosophia secunda sive scientia activa* *Zweite Philosophie oder aktive Wissenschaft*	

Die Übersicht zeigt, daß der Schwerpunkt der Arbeiten Bacons sich von der Erarbeitung der Methode, die im „Novum Organum" 1620 ihren Abschluß gefunden hat, auf die Natur- und Experimentalgeschichte verlagert hat. Ein P hinter der Jahreszahl steht für Publikation. Alle anderen Schriften hat Bacon nicht veröffentlicht.

daß er sich einfach übernommen hat. Die zweite Antwort ist, Bacon wollte durch den Plan der „Instauratio" demonstrieren, daß dieser zwar ausführbar ist, aber nicht durch seinen Autor allein. Am Ende des Vorwortes zur „Instauratio" spielt er mit der auch im deutschen vorhandenen Doppeldeutigkeit des Begriffs „opus", Werk. „Um der verhandelten Sache willen bitten wir, daß die Menschen erkennen, daß diese nicht eine Meinung, sondern ein Werk sei." (I, 132) (Vergl. die deutsche Übersetzung, die „opus" im literarischen Sinn nimmt [„als ein ernstes Werk anerkennen"], während die englische der Werkausgabe sich für „a work to be done" [IV, 21] entscheidet.) Gleich darauf wird den Lesern für die Durchführung dieses Werkes Mut gemacht: Sie sollen sich „in ihrem Geist unsere ‚Instauratio' nicht als etwas Unendliches und Übermenschliches vorstellen" (I, 133), ein Zuspruch, den Leser ja wohl nur brauchen, wenn sie als Mitarbeiter an dem neuen Werk infrage kommen; bei der Beurteilung der übersteigerten Ambitionen eines Autors helfen ihm seine eigenen Versicherungen auch nicht mehr viel. Also verfolgt das Hauptwerk, zweierlei plausibel zu machen: Seine Angewiesenheit auf Durchführung durch andere *und* die Durchführbarkeit.

Aber für diese Ziele hätte ein Plan genügt. Bacon hat sich aber darüber hinaus auf viele zweifelhafte Versuche eingelassen, Teile des großen Werkes doch selbst zu beginnen oder fertigzustellen. Seine Absicht war zu zeigen, daß man überall und jederzeit anfangen kann, an dem Werk zu arbeiten. Er wollte „die universelle Arbeit an der ‚Instauratio Magna' lieber an vielen Stellen vorantreiben, als in nur wenigen zu vollenden" (II, 15). Im Vorwort zu Bacons letztem Werk, „Sylva Sylvarum", schrieb sein Sekretär Rawley: „Ich habe seine Lordschaft klagen hören, daß seine Lordschaft (die glaubt, die Rolle des Architekten für dieses Bauwerk zu verdienen) zum Handwerker und Arbeiter gezwungen sei, und den Ton auszugraben und Ziegelsteine zu brennen … Denn er wußte, daß, wenn er nichts tun würde, nichts getan werden würde" (II, 306). Aber auch dies wußte er: Man kommt nicht weit – man endet in Fragmen-

ten oder Vorarbeiten. Dennoch signalisieren diese die Machbarkeit und Fortsetzbarkeit, wenn nur andere mitarbeiten. So ist es wichtig, daß mit Ausnahme des gar nicht begonnenen sechsten Teils alle anderen in Fragmenten und provisorischen Darstellungen bearbeitet sind: Die „Instauratio" kann nach Neigung und Interesse überall fortgesetzt werden, wenn nur die Forschungsmethode für eine *organische* Arbeitsteilung sorgt.

Bacon hat seine Stärke – neben seiner nicht ganz unbescheidenen Funktion als „Architekt" des Gesamtplans[36] – auf methodologischem Gebiet gesehen. Vielleicht hat er auch eine Zeitlang geglaubt, dieser Teil sei von allen der wichtigste; aber nach der Fertigstellung des „Novum Organum" hat er deutlich festgestellt, daß vor einer weiteren Verfeinerung der Methode der dritte Teil, die Natur- und Experimentalgeschichte, erstellt werden muß[37]. Doch auch dieser Teil ist ein geplantes Fragment, also ein Fragment im Fragment (der „Instauratio"). Bacon entwarf für die gesamte Methode dreizehn Stufen oder Ebenen, von denen die ersten vier vorgeführt werden (vergl. b 11, 12, 13, 20). Von den übrigen neun (vergl. b 21) wird nur noch die erste Stufe durchgespielt; sie nimmt fast den Rest des Werkes ein und umgreift 27 Typen mit zum Teil zahlreichen Unterarten von Experimentier- und Interpretierschritten (vergl. b 21–52). Überraschend heißt es dann: „Damit übergebe ich endlich, wie ein rechtschaffener und treuer Verwalter den Menschen ihr Vermögen, jetzt, wo ihr Geist befreit und gleichsam mündig geworden ist" (b 52). In der Erstausgabe folgte dann ein vorbereitendes Kapitel auf die Natur- und Experimentalgeschichte („Parasceve ad Historiam Naturalem et Experimentalem" (I, 391–411), das aus zehn Aphorismen und einem Katalog von 130 Forschungsfeldern besteht. Im Vorwort heißt es „Eine Geschichte, wie ich sie hier entwerfe und dann beschreibe, wird äußerst umfangreich sein, und kann nicht ohne große Arbeiten und Kosten ausgeführt werden; sie erfordert die Arbeit vieler

[36] An anderer Stelle nennt er sich bescheidener „buccinator", Trompeter, D.A., I, 579.
[37] Vergl. Vorwort zu Hist. Vent. II, 15 f.

und ist (wie ich woanders festgestellt habe) gleichsam ein königliches Werk (opus regium)" (I, 393).

Im Kontext der Analyse des *Systems als Fragment* ist ein letzter Punkt des Stils zu berühren: Warum schreibt Bacon in Aphorismen? In den Vorarbeiten zum „Novum Organum" hat er eine Reihe von Darstellungsformen durchprobiert, um schließlich eine Entscheidung zugunsten des Aphorismus zu treffen. In „De Augmentis" gibt er als Grund an, daß Aphorismen die Unfertigkeit und Zukunftsoffenheit ihres Inhalts signalisieren: „Solange die Erkenntnis in Aphorismen und Beobachtungen besteht, wächst sie. Wenn sie erst einmal in zusammenfassende Methoden gepreßt worden ist, kann sie vielleicht noch aufpoliert und geschmückt werden, nimmt aber an Umfang und Substanz nicht mehr zu" (III, 292). Hier verwendet Bacon den Begriff Methode im Sinne der schulischen Lehrstofforganisation und macht deutlich, daß er das Gegenteil will: der Leser soll das Recht und die Pflicht haben, weiterzuarbeiten und vielleicht auch nicht allzu lange Zeit auf die Interpretation des Textes, sondern besser auf die Durchführung offener Aufgaben zu verwenden[38]. So sind also auch alle Aphorismen des „Novum Organum" kleine Fragmente, die der weiteren Bearbeitung offenstehen sollen.

Die Analyse des stilistischen Aufbaus der baconischen Philosophie ist unter der Leitfrage aufgeworfen worden, wie Bacon ein von ihm als revolutionär eingeschätztes neues Erkenntnisunternehmen dem Verständnis für Leser öffnen will, deren geistige Tafel aufgefüllt ist mit unvereinbarem Traditionsgut, ohne daß er eine neue fertige Lehre als Alternative anbieten kann. Es ist hier nicht zu entscheiden, ob ihm seine Aufgabe gelungen ist. Aber es sollte deutlich geworden sein, daß Bacons „Hauptwerk" mit Absicht und guten Gründen seine eigene Unabgeschlossenheit eingeplant hat, als ein Mittel, den Leser in seine Verwirklichung einzuschließen.

---

[38] Parallele Erörterungen zum Aphorismus in Adv. of Learning III, 292, Cogitata III, 593, D. A., I, 460.

6. Von der Reform der Wissenschaften
zur Reform der Gesellschaft

Die baconische Philosophie bezieht ihren letzten Impuls aus der Vision einer Reform der Gesellschaft: Philosophie im Dienste der materiellen Wohlfahrt der Menschheit. Es läßt sich ja leicht fragen, aus welchen Gründen man sich dem neuen Erkenntnisunternehmen anschließen sollte, und die Antwort kann nicht erkenntnistheoretischer, sondern nur politisch-ethischer Natur sein. Gerade weil Bacon im Rahmen seines wisssenssoziologischen Ansatzes überzeugt ist, daß zwischen Erkenntnissystemen keine Entscheidung erzwungen werden kann, müssen die Gründe für die Option aus einem Diskurs über die Berechtigung der *Ziele* der Erkenntnis gezogen werden. Bacons zentrales Argument ist einfach und schlagend: Eine Wissenschaft, die auf die Herrschaft über die Natur in Werken, d. i. auf Technik zielt und die Natur nach diesem Ziel erkennt, bietet die *Möglichkeit*, allen zu nutzen, ohne einigen zu schaden. „Die Wohltaten der Erfindungen können sich über das gesamte Menschengeschlecht erstrecken, die politischen nur auf Menschen an bestimmten Orten. Auch dauern diese nur einige Zeit, jene dagegen für alle Zeiten. Auch vollzieht sich eine Verbesserung des politischen Zustandes meistens nicht ohne Gewalt und Unrecht; aber die Erfindungen beglücken und schaffen Wohltaten, ohne jemandem ein Unrecht oder Leid zuzufügen" (a 129)[39]. Man muß nicht im 20. Jahrhundert leben, um dies mit Skepsis aufzunehmen. Unter den drei Insignien der Neuzeit, die Bacon anführt, ist neben dem Buchdruck und dem Kompaß auch das Schießpulver (vergl. a 109, 110). Blindes Vertrauen in die Wohltaten des Fortschritts hatte Bacon nicht. In Neu-Atlantis diskutiert er die Möglichkeiten, das neue Wissen kontrolliert zum Nutzen der Gesellschaft zu verwenden. Hier unterliegen alle Wissenschaftler des „Hauses Salomon" einem

[39] Dieser Gedanke ist von Descartes aufgenommen worden. Vergl. „Von der Methode", Hamburg 1960, Teil 1, 5, S. 3 und am Ende Teil 6, 12, S. 63.

gemeinsam beschlossenen ethischen Kodex: „Auch ist es bei uns üblich, genau zu erwägen, was von unseren Erfindungen und Versuchsergebnissen zu veröffentlichen angebracht ist, was dagegen nicht. Ja, wir verpflichten uns durch einen Eid, das geheimzuhalten, was wir geheimzuhalten beschlossen haben. Wenn wir auch einiges davon mit allgemeiner Zustimmung zuweilen dem König oder dem Staat enthüllen, so halten wir anderes doch völlig innerhalb unserer Gemeinschaft" (III, 165). Sicherlich ist dieser Grundsatz der Geheimhaltung kein geeignetes Mittel, jedenfalls nicht außerhalb eines auf seine Isolation bedachten Inselstaates und erst recht nicht unter den Bedingungen moderner Öffentlichkeit. Aber an der Notwendigkeit, Nutzen und Schaden „neuer Werke" abzuwägen, führt kein Weg vorbei, wenn das Ziel des *allgemeinen* Nutzens verbindlich sein soll.

Bacon unterschied drei „Grade des Ehrgeizes", unter denen Wissenschaftler ihre Ziele verfolgen können: eigene Macht und Ansehen im Vaterland zu mehren, die Macht und Herrschaft des Vaterlandes über das Menschengeschlecht zu erweitern und die Macht und Herrschaft des Menschengeschlechts über die Natur zu erneuern (vergl. a 129). Stellt man sich unter das dritte Ziel, „gesünder und ehrenhafter als die anderen", dann wird auch „die rechte Vernunft und die gesunde Religion die Anwendung (des Wissens) lenken" (a 129).

Nach den Erfahrungen des 20. Jahrhunderts sind diese schönen Maximen den Zerstörungen des freigesetzten technologischen Fortschrittsoptimismus hilflos ausgeliefert. Problematisch ist vor allem die scharfe Trennung von Menschheit und Natur, die vor Bacon zwar selten strikt formuliert, nach ihm im 17. Jahrhundert aber geradezu festgeschrieben wurde. Auch das elitistische Vertrauen auf die professionelle Ethik der Wissenschaft ist geschwunden. Weiter hat die Erwartung an eine religiöse Einbindung, die ohnehin nicht mehr verbindlich zu machen wäre, getrogen. Aber Bacons Philosophie entstand in einer Zeit, in der die Natur eine noch übermächtige Gewalt über die Menschen besaß. Wenn die Wahrheit eine Tochter der

Zeit ist, dann muß Bacons Philosophie an den materiellen Bedingungen seiner, nicht unserer Zeit gemessen werden. Zu seiner Zeit die Philosophie in die Waagschale zu werfen für das Ziel, „durch verschiedene Arbeiten (gewiß nicht durch Disputationen oder eitle magische Formeln) schließlich und einigermaßen dem Menschen sein Brot zu gewähren, d. h. dem Nutzen des menschlichen Lebens zu dienen" (Ende des „Novum Organum" b 52), kann nicht geringgeachtet werden. Wenn andererseits eben diese Philosophie ihre eigene Offenheit für die Zukunft in Abhängigkeit von den Erfahrungen, zu denen sie führt, konstatiert, steht wohl auch fest, daß ihre anstehende Umarbeitung noch nicht gelungen ist.

Mit dieser zweisprachigen Edition des „Novum Organum" wird eine philologisch verläßliche und für die philosophische Arbeit geeignete Ausgabe vorgelegt. Der *lateinische Original-text* ist aus dem Band I der maßgeblichen Werkausgabe von James Spedding, Robert Leslie Ellis, Douglas Denon Heath (1858) übernommen worden; der Seitenumbruch ist im fortlaufenden Text durch einen senkrechten Strich gekennzeichnet und die Paginierung im Kolumnentitel oben innenstehend angegeben. Damit kann aus der vorliegenden Ausgabe auf international übliche Weise zitiert werden. Bei dem *deutschen Text* mußte aus Kostengründen die Anfertigung einer Neuübersetzung ausscheiden. Unter den vorliegenden Übersetzungen von Anton D. Brück (1830), J. H. von Kirchmann (1870) und Rudolf Hoffmann (Ausgabe Manfred Buhr, 1962) fiel die Entscheidung zugunsten der letzten. Dem Akademie-Verlag sei für die Überlassung der Abdruckrechte gedankt. Die Übersetzung von Kirchmanns ist zwar in ihrer Detailgenauigkeit gelegentlich vorzuziehen, aber ihre sprachliche Gestaltung ist so stark dem 19. Jahrhundert verhaftet, daß fast schon wieder eine Übersetzung der Übersetzung notwendig wäre. Demgegenüber zeichnet sich die Übersetzung von Hoffmann durch prägnante Kürze aus, erkauft vielleicht durch gelegentlich gefährliche Modernisierungen. Es ist der Sinn zweisprachiger Ausgaben, den unvermeidlich interpretativen Gehalt der Übersetzung am Original überprüfen zu können. Hoffmann hat sich

in seiner Übersetzung gelegentlich für eine vom Original abweichende Absatzeinteilung entschieden. Die Übersetzung von von Kirchmann ist herangezogen worden für die in der Ausgabe von Buhr fehlende Widmung an König Jacob (James I).

Auf eine vollständige Übernahme des Fußnotenapparates der Ausgabe von Spedding, Ellis und Heath ist verzichtet worden. Trotz ihres fraglosen Wertes sind viele der Kommentare von Ellis und Spedding zeitgebunden und würden heute anders ausfallen. Hinzu kommt, daß der Leser, der eine umfangreiche Kommentierung sucht, ohnehin auf die lateinische Ausgabe von Th. Fowler (1878) zurückgreifen muß, die hier schon aus Gründen des Umfangs nicht eingearbeitet werden konnte. Der Fußnotenapparat dieser Ausgabe beschränkt sich neben der Angabe einiger Textkonjekturen auf den Nachweis direkter und indirekter Zitate Bacons. Für die Erstellung dieses Apparates sind natürlich die genannten Ausgaben herangezogen worden; soweit die Nachweise Vermutungscharakter haben, ist auf Spedding (Sp.) bzw. Fowler (F) verwiesen worden.

Das „Novum Organum" erschien 1620 unter dem Titel „Instauratio Magna" zusammen mit den Abschnitten „Parasceve ad historiam naturam et experimentalum" und „Catalogus historam particularum". Auf den Nachdruck dieser Texte ist hier verzichtet worden, weil sie in das Gebiet der „Naturgeschichte" gehören, das als Teil 3 der Instauration konzipiert ist. Nach Auskunft von Bacons langjährigem Sekretär (und Beichtvater) Rawley hat Bacon seit ca. 1606–1607 kontinuierlich an dem Manuskript gearbeitet und es ungefähr einmal jährlich umgestaltet. Direkte Zeugnisse früherer Manuskriptfassungen sind allerdings nicht bekannt, wohl dagegen Vorarbeiten. Im 17. Jahrhundert wurde das Werk mehrfach aufgelegt, zum Teil in Werkausgaben, zum Teil in Einzelausgaben. Die Textquelle ist immer dieselbe. Die älteste deutsche Übersetzung (nur Buch 1) stammt aus dem Jahr 1793.

Für diese Edition wurde mehrfach die vom Herausgeber verfaßte Gesamtdarstellung „Francis Bacon" (1987) herangezogen. Dem Verlag C. H. Beck sei für die Erlaubnis gedankt.

ZEITTAFEL ZU LEBEN UND WERK
FRANCIS BACONS

1561	22. Januar, Francis Bacon geboren als Sohn des Groß-siegelbewahrers Sir Nicholas Bacon and Lady Ann.
1573	Besuch des Trinity College in Cambridge.
1576	Einschreibung an der Rechtsschule „Gray's Inn".
1577–8	Mit dem Botschafter Sir Amias Paulet in Frankreich.
1579	Tod des Vaters und Rückkehr nach England.
1581	(wahrscheinlich) Erster Sitz im Parlament.
1582	Zulassung als Rechtsanwalt (Utter Barrister).
1584	Vertritt Melcombe Regis im Parlament – seitdem Parlamentarier.
1585	Schreibt „Temporis partus maximus" (nicht erhalten).
1587	Exekution von Mary Stuart.
1588	Zerstörung der spanischen Armada.
1589–94	Expertisen zur Lage der Kirche, zur politischen Situation Englands und zum Recht.
1597	Erste Auflage der „Essays" und „Meditationes Sacrae".
1598	(oder früher) „Learned Counsel" der Königin Elisabeth.
1601	Exekution seines ehemaligen Gönners und Freundes, des Earl of Essex.
1601	Tod seines Bruders Anthony.
1603	Tod der Königin Elisabeth.
1603	Krönung von James I.
1603	Schreibt „Valerius Terminus" und „Advancement of Learning"; in den folgenden Jahren kleinere Schriften zur Reform der Philosophie und der Wissenschaften.

1603   Zum Ritter geschlagen.
1606   Heirat mit Alice Barnham.
1607   Zweiter Kronanwalt (Solicitor-General).
1609   Veröffentlicht „De Sapientia Veterum".
1613   Erster Kronanwalt (Attorney-General).
1616   Geheimer Staatsrat (Privy Councillor).
1617   Großsiegelbewahrer (Lord Keeper).
1618   Lordkanzler (Lord High Chancellor).
1618   Ernennung zum Baron Verulam.
1620   Veröffentlichung der „Instauratio Magna" („Novum Organum" und „Parasceve").
1621   Ernennung zum Viscount St. Alban.
1621   Anklage wegen Bestechlichkeit.
1621   Rücktritt als Lordkanzler.
1621   Verurteilung und (kurze) Kerkerhaft im Tower.
1622   Veröffentlicht „Die Geschichte von Henry VII".
1622   Arbeitet an Teilen der „Historia Naturalis".
1623   Veröffentlicht „De Augmentis Scientiarum".
1625   Tod von König James I.
1626   9. April, Tod.

LITERATURVERZEICHNIS

1. Werke

Francis Bacon: The works of Francis Bacon, coll. and ed. by
J. Spedding, R. L. Ellis, D. D. Heath, London 1857–1874;
Nachdruck, Bd. 1–14, Stuttgart 1961–1963.
- The philosophical works of Francis Bacon, ed. with an introd.
by J. M. Robertson, Freeport, N. Y. 1905; Nachdruck 1970.
- Das neue Organon, übers. von R. Hoffmann, hg. von M.
Buhr, Berlin 1962.
- Franz Bacon's Neues Organon, übers. und hg. von J. H. von
Kirchmann, Leipzig 1870.
- Neues Organ der Wissenschaften, übers. und hg. v. A. Th.
Brück, 1830; Nachdruck: Darmstadt 1971.
- Novum Organum, ed. by Th. Fowler, Oxford 1878.
- The New Organon and related writings, ed. by F. Anderson,
Indianapolis 1979.
- Über die Würde und den Fortgang der Wissenschaften, übers.
und mit dem Leben des Verfassers und einigen historischen
Anmerkungen hg. v. J. H. Pfingsten, 1783; Nachdruck:
Darmstadt 1966.
- Kleinere Schriften, übers. und erl. von J. Fürstenhagen, Leip-
zig 1884; Nachdruck: Frankfurt o. J.
- Der utopische Staat. Utopia – Sonnenstaat – Neu-Atlantis,
hg. von J. Heinisch, Reinbek 1960.
- Neu-Atlantis. Eingeleitet und mit Anmerkungen versehen
von F. A. Kogan-Bernstein, Berlin 1959.
- Valerius Terminus (engl.-dt.), übers. von F. Traeger und H.
Traeger, Würzburg 1984.

– Essays oder praktische und moralische Ratschläge, übers.
  von E. Schücking, hg. von L. Schücking, Stuttgart 1970.
– Essays, and colours of good and evil, ed. W. A. Wright, 1862,
  Repr. New York 1972.
– The essayes or counsels, civil and morall, ... Newly enlarged
  1625, Repr. Menston 1971.
– Aus der Staats- und Lebensweisheit des Baco von Verulam:
  aus dessen Schrift „Fideles sermones etc." übers. von Bone,
  Freiburg 1877.
– The history of the reign of King Henry the seventh, ed. F. J.
  Levy, Indianapolis 1972.

2. Hilfsmittel

Gibson, R. W.: Francis Bacon: a bibliography of his works and
  of Baconia to the year 1750, Oxford 1950.
Rossi, P.: Per una bibliografia degli scritti su F. Bacone, Rivista
  critica di storia della filosofia, 76–89, 1957.
Schneiders, W.: Einige Bemerkungen zum gegenwärtigen Stand
  der Bacon-Forschung, Zeitschrift für philosophische Forschung, Bd. 16, S. 450 ff.

3. Biographisches

Abbott, E. A.: Bacon and Essex. A sketch of Bacon's earlier life,
  London 1877.
Anderson, F. H.: Francis Bacon: his career and his thought, Los
  Angeles 1962.
Audrey, J.: Brief lives, ed. O. L. Dick, London 1968.
Boas, M.: Bacon and Gilbert, Journal of the History of Ideas,
  Vol. 12, 3, 466–467, 1950.
Bowen, C. D.: Francis Bacon, the temper of a man, London
  1963.
Crowther, J. G.: Francis Bacon. The first statesman of science,
  London 1977.
Epstein, J. J.: Francis Bacon. A political biography, Athens
  1977.
Fuller, J. O.: Francis Bacon: A biography, London 1981.

Gilbert, H.: Queen Elizabethes Academy, ed. F. J. Furnivall, English Text Society, extra series VIII, 1869.

Hanschmann, A. B.: Palissy und F. Bacon, Leipzig 1903.

Kocher, P.: Bacon and his father, Huntington Library Quarterly, Vol. 21, 133–158, 1957.

Levine, I.: F. Bacon. Viscount of St. Albans, London 1925.

Lewalter, E.: Francis Bacon, Berlin 1939.

Macaulay, Th. B.: Lord Bacon, The Edinburgh Review, 1–104, 1837.

du Maurier, D.: Golden lads, a study of Anthony Bacon, Francis and their friends, Gollancz 1975.

Montagu, B.: The life of F. Bacon, London 1833.

Napier, M.: Lord Bacon and Sir Walter Raleigh, Cambridge 1853.

Negri, L.: Bacone, Campanella e i primi Lincei, La cultura, nn. 2, 7, 8, 1929.

Pelseneer, J.: Gilbert, Bacon, Galilee, Kepler, Harvey et Descartes: leurs relations, ISIS, Vol. XVII, 171–207, 1932.

Quinton, A.: Francis Bacon, Oxford 1980.

Rossi, P.: Bacone e la Bibbia, Archiwum Historii Filozofii, Warsaw 1966.

Spedding, J.: An account of the life and times of F. Bacon, 2 Bände, London 1879.

– Evenings with a reviewer, or Macaulay and Bacon, 2 Bände, London 1848, 1881.

Sturt, M.: Francis Bacon, a biography, London 1932.

White, Sir W. H.: Bacon, London 1927.

4. Philosophische Gesamtdarstellungen

Adam, Ch.: La philosophie de F. Bacon, Paris 1890.

Anderson, F. H.: The philosophy of Francis Bacon, Chicago 1948; Nachdruck: New York 1971, 1975.

Broad, C. D.: The Philosophy of Francis Bacon, Cambridge 1926.

De Luc, J. A.: Precis de la philosophie de Bacon, 2 Bde., Paris 1802.

De Maistre, J.: Examen de la philosophie de Bacon, ou l'on traite differents questions de philosophie rationelle, Paris, Lyon 1836.

Ducasse, C. J.: Francis Bacon's philosophy of science, Structure, Method and Meaning, 115–144, 1951.

Eisely, L.: Francis Bacon and the modern dilemma, Lincoln 1962.

Farrington, B.: Francis Bacon, Philosopher of industrial Science, New York 1949; Nachdruck: New York 1979.

– On misunderstanding the philosophy of Francis Bacon, Festschrift für Charles Singer: Science, Medicine and History, Vol. 1, 439–450, 1953.

– The philosophy of Francis Bacon: an essay on its development from 1603 to 1609, Liverpool 1964, 1970.

Fazio-Allmayer, V.: Saggio su F. Bacone, Palermo 1938.

Fischer, K.: Francis Bacon und seine Schule, Bd. X der Geschichte der neueren Philosophie, Heidelberg 1904 (Erstaufl. 1856).

Fowler, Th.: F. Bacon, London 1881.

Hall, R. A.: The scientific revolution 1500–1800, Boston 1966.

Heussler, H.: Francis Bacon und seine geschichtliche Stellung, Breslau 1889.

Krohn, W.: Francis Bacon, München 1987.

Lasson, A.: Über Bacons von Verulam wissenschaftliche Prinzipien, Berlin 1860.

Levi, A.: Il pensiero di F. Bacone considerato in relazione con le filosofie della natura del Rinascimento e col razionalismo cartesiano, Turin 1925.

Lippmann, E. O. von: Bacon von Verulam, Halle 1898.

Rossi, M. M.: Saggio su F. Bacone, Neapel 1935.

Rossi, P.: Francesco Bacone. Dalla magia alla scienza, 1957, 1974.

– Francis Bacon: from magic to science. Aus dem Italienischen, Chicago 1968.

Schuhl, P.-M.: La Pensee de Bacon, Paris 1949.

Vickers, B. W. (Hrsg.): Essential articles for the study of Francis Bacon, Hamden (Conn.) 1968.

5. Naturphilosophie

Allbutt, C.: Palissy, Bacon and the revival of natural science, Proceedings of the British Academy, VI, 223 ff., 1913–1914.

Amboise, P.: Historie Naturelle de Francois Bacon, Baron de Verulam, Vicomte de Saint Alban et Chancelier d'Angleterre, Antoine de Somaville et Andre Sombron, Paris 1631.

Bamberger, H. von: Über Bacon von Verulam, besonders vom medicinischen Standpunkte, Würzburg 1865.

Barthelemy Saint-Hilaire, J.: Étude sur F. Bacon, suivie du rapport a l'Academie des sciences morales et politiques sur le concours ouvert par le prix Bordin, Paris 1890.

Bowers, R. H.: Bacon's Spider Simile, Journal of the History of Ideas, Vol. 17, 132–135, 1956.

Brandt, R.: Über die vielfältige Bedeutung der Baconschen Idole, Philosophisches Jahrbuch, 83. Jg., München/Freiburg 1976, insb. S. 46–48.

Crane, R. S.: The relation of Bacon's Essays to his programme for the advancement of learning, Schelling Anniversary Papers, 87–105, 1923; reprinted in Vickers ed., Essential articles for the study of Francis Bacon, 272–292, Connecticut 1968.

Fisch, H.: Bacon and Paracelsus, Cambridge Journal, Vol. 5, 752–758, 1952.

Frost, W.: Bacon und die Naturphilosophie, München 1927.

Hesse, M. B.: Francis Bacon's philosophy of science, a critical history of western philosophy, New York 1964; reprinted in Vickers ed., Essential articles for the study of Francis Bacon, 114–139, Connecticut 1968.

Jung, C.: Causa finalis. Eine Baconstudie, Gießen 1894.

Kirsch, I.: Demonology and science during the scientific revolution, Journal of the History of the Behavioral sciences, Vol. 16, 359–368, 1980.

Kosman, L. A.: The aristotelian backgrounds of Bacon's Novum Organum, Harvard 1964 (unpublished Ph. D. diss.).

Lalande, A.: Quid de mathematica senserit Baconus Verulamius, Paris 1889.

– L'interpretation de la nature dans le Valerius Terminus de Bacon, Congres International D'Histoire Comparee, (Ve Section) Histoire des Sciences, Paris 1900.

Larsen, R. E.: The aristotelianism of Bacon's Novum Organum, Journal of the History of Ideas, Vol. 23, 435–450, 1962.

Linden, S. J.: Francis Bacon and alchemy: the reformation of

vulcan, Journal of the History of Ideas, Vol. 35, 547–560, 1974.

Minkowsky, H.: Einordnung, Wesen und Aufgaben der Heilkunst in dem philosophisch-naturwissenschaftlichen System des F. Bacon, Sudhoffs Archiv für Geschichte der Medizin, Leipzig 1934.

Park, K.; Daston, L. J.: Unnatural conceptions: the study of monsters in sixteenth- and seventeenth-century France and England, Past and Present, Vol. 92, 20–54, 1981.

Primack, M.: Francis Bacon's philosophy of nature, and teleology and mechanism in the philosophy of Francis Bacon, Baltimore 1962 (unpublished Ph. D. diss.).

Prior, M. E.: Bacon's man of science, Journal of the History of Ideas, Vol. 15, 348–370, 1954; reprinted in Vickers ed., Essential Articles for the study of Francis Bacon, 140–163, Connecticut 1968.

Rees, G.: Francis Bacon's semi-paracelsian cosmology and the great instauration, Ambix 22, 3, 161–173, 1975.

– Matter theory: a unifying factor in Bacon's natural philosophy? Ambix 24, 2, 110–125, 1977.

Rossi, P.: Il mito di Prometeo e gli ideali della nuova scienza, Rivista di filosofia, 2, 1955.

Snow, R. E.: The problem of certainty: Bacon, Descartes and Pascal, Indiana 1967 (unpublished Ph. D. diss.).

Walker, D. P.: Francis Bacon and spiritus. In: Science, Medicine and Society in the Renaissance, Festschrift für W. Pagel, hg. von A. Debus, Vol. II, 121–130, London 1972.

Werner, F.: Über den baconischen und den cartesianischen Zweifel, Heidelberg 1903.

West, M.: Notes on the importance of alchemy of modern science in the writings of Francis Bacon and Robert Boyle, Ambix, 9, 2, 102 f., 1961.

Wheeler, H.: The invention of modern empiricism: Juridical foundations of Francis Bacon's philosophy of science, Law Library Journal, Vol. 76, 78–120, 1983.

Whitaker, V. K.: Bacon and the renaissance encyclopedists, Palo Alto (Calif.) 1933.

6. Methodologie

Blunt, H. W.: Bacon's method of science, Proceedings of the Aristotelian Society, 4, 16–31, 1903–1904.

Cohen, L. J.: Some historical remarks on the Baconean conception of probability, Journal of the History of Ideas, Vol. 41, 219, 1980.
– The implications of induction, London 1970.
– The probable and the provable, Oxford 1977.

Cohen, M. R.: Bacon and the inductive method, Studies in Philosophy and Science, 99–106, 1949.

Finch, A. E.: On the inductive philosophy, including a parallel between Lord Bacon and A. Comte as philosophers, London 1872.

Furlani, G.: Die Entstehung und das Wesen der baconischen Methode, Archiv für Geschichte der Philosophie, XXXII, 189 ff., XXXIII, 23 ff., 1920.

Gilbert, N. W.: Renaissance concepts of method, New York et al. 1983.

Gniffke, F.: Problemgeschichtliche Studien zur neuen Methode Bacons, Diss. Würzburg 1968.

Grüninger, K.: Liebig vider Bacon, Basel 1866.

Hattaway, M.: Bacon and knowledge broken – limits for scientific method, Journal of the History of Ideas, Vol. 39, 183–197, 1978.

Horton, R.: Bacon and "knowledge broken": an answer to Michael Hattaway, Journal of the History of Ideas, Vol. 43, 487, 1982.

Kotarbinski, T.: The development of the main methodology of Francis Bacon, Studia Philosophica I (1935), 107–117.

Liebig, J.: Über Francis Bacon von Verulam und die Methode der Naturforschung, München 1863.

Maccio, M.: A proposito dell'atomismo nel „Novum Organum" di Bacone, Rivista critica di storia della filosofia, 17, 188–196, 1962.

Mill, J. St.: A system of logik, ratiocinative and inductive, London 1843.

Popper, K. R.: Logik der Forschung, Tübingen 1982.

Risse, W.: Die Logik der Neuzeit, Stuttgart 1964.

Schüling, H.: Die Geschichte der axiomatischen Methode im 16. und beginnenden 17. Jahrhundert, Hildesheim 1969.

Sigwart, C.: Ein Philosoph und ein Naturforscher über Francis Bacon von Verulam, Preußische Jahrbücher, Bd. 12, 93–129, Berlin 1863.

Snow, V.: Francis Bacon's Advice to Fulke Greville on research techniques, Huntington Library Quarterly, Vol. 23, 369–378, 1960.

Wightman, W. P. D.: Quid sit Methodus? Journal of the History of Medicine and Allied Sciences, XIX, 360–376, 1964.

7. Historischer Hintergrund

Barnes, H. E.: The historical background of the philosophy of Bacon, Scientific Monthly, 475–495, Mai 1924.

Biringuccio, V.: Pirotechnia, Cambridge, Mass. 1959.

Boas, M.: The scientific renaissance 1450–1630, New York 1966.

Buck, A. (Hg.): Zu Begriff und Problem der Renaissance, Darmstadt 1969.

Debus, A. G.: The Chemical Dream of the Renaissance, Cambridge 1968.

Dürer, A.: Schriften und Briefe, Leipzig 1978.

Edgerton, S. jr.: The renaissance rediscovery of linear perspektive, New York 1975.

Garin, E.: Der italienische Humanismus, Bern 1947.

Gille, B.: Ingenieure der Renaissance, Wien, Düsseldorf 1968.

Keller, A.: A renaissance humanist looks at "new" inventions. The Article "Horologium" in Giovanni Tortelli's De Orthographia, Technology and Culture, Vol. 11, 345–365, 1970.

Kessler, E.: Theoretiker humanistischer Geschichtsschreibung, München 1971.

Krohn, W.: Die „Neue Wissenschaft" der Renaissance. In: G. Böhme, W. van den Daele, W. Krohn: Experimentelle Philosophie, Frankfurt 1977.

Luciani, V.: Bacon and Guicciardini, Publications of Modern Language Association of America (PMLA), Vol. 62, 96–113, 1947.

– Bacon and Machiavelli, Italica, Vol. 24, 26–40, 1947.

Mommsen, Th.: Der Begriff des „finsteren Zeitalters" bei Petrarca, 1942. In: Buck (Hg.): Zu Begriff und Problem der Renaissance, Darmstadt 1969.

Olschki, L.: Geschichte der neusprachlichen wissenschaftlichen Literatur, 3 Bände, Leipzig u. Halle 1919–1927.

Orsini, G. N. G.: Bacone e Machiavelli, Genua 1936.

Palissy, B.: Œuvres, ed. A. France, Paris 1880.

Rossi, P.: Philosophy, technology, and the arts in the early modern aera, New York 1970.

Vasari, G.: Le Vite, ed. Bettariui – Barocchi, Firenze 1966.

Weisinger, H.: Ideas of history during the renaissance, Journal of the History of Ideas, 415 f., 1945.

Woodward, W. H.: Studies in education during the age of the renaissance 1400–1600, Cambridge 1906.

Zilsel, E.: Die Entstehung des Geniebegriffs, Tübingen 1926.

8. Puritanismus und wissenschaftliche Revolution

Allen, J. W.: English political thought 1603–1660, London 1938.

Burstyn, H. L.; Hand, R. S.: Puritanism and science reinterpreted, Actes du XIe Congres International d'Histoire des Sciences II, 140–142, 1967.

Clark, G.: Science and social welfare in the age of Newton, 2nd edition 1949, Reprint: Oxford 1970.

van den Daele, W.: Die soziale Konstruktion der Wissenschaft. In: G. Böhme, W. van den Daele, W. Krohn: Experimentelle Philosophie, Frankfurt a. M. 1977.

Dillenberger, J.: Protestant thought and natural science: a historical interpretation, ISIS, 61, 1961.

Griffiths, P.: A licence to trade: the history of the English chartered companies, 1974.

Hall, R.: Merton revisited or science and society in the seventeenth century, History of Science 2, 1–16, 1963.

Hill, Ch.: The intellectual origin of the Royal Society: London or Oxford? Notes and Records of the Royal Society 23, 144–156, 1968.

– Reformation to industrial revolution. The Pelican Economic History of Britain, Vol. II, London 1969.

– Puritanism and revolution, London 1958.

Jacob, J.: Restoration, reformation and the origin of the Royal Society, History of Science 13, 155–176, 1975.

Jones, R.: Ancients and moderns, a study of the rise of the scien-

tific movement in seventeenth-century England, St. Louis 1961.

Kellenbenz, H.: Technology in the Age of the Scientific Revolution 1500–1700, Cipolla, C. (ed.), The Fontane Economic History of Europe, Bd. 2, Glasgow 1974.

Kingsbury, G. M. (ed.): Records of the Virginia Company of London, Washington D. C. 1915.

Mason, S. F.: The scientific revolution and the protestant reformation, Annals of Science, IX, 65, 68, 1935.

Merton, R.: Science, technology and society in seventeenth-century England, Osiris 4, 1938, 2. Aufl. mit neuem Vorwort, New York 1970.

Morgan, J.: Puritanism and science: a reinterpretation, The Historical Journal 22 (3), 535–560, 1979.

Nef, J. U.: Industry and commerce in France and England 1540–1640, Ithaca, New York 1957.

Ornstein, M.: The role of scientific societies in the seventeenth century, 3. Aufl. 1938, Nachdruck: London 1963.

Rabb, T. K.: Puritanism and the rise of experimental science in England, Journal of World History VII, 47, 1962.

Rattansi, P. M.: The social interpretation of science in the seventeenth century, Science and Society, 1–32, 1972.

– Paracelsus and the puritan revolution, Ambix 11, 24 ff., 1963.

Shapiro, B.: Latitudinarianism and science in seventeenth century England, Past and Present 40, 16–41, 1968.

Skinner, Q.: The foundations of modern political thought, Cambridge 1978.

Stearns, R. P.: The scientific spirit in England in early modern times (c. 1600), ISIS, XXXIV, 296–297, 1942–1943.

Stimson, D.: Puritanism and the new philosophy in 17th century England, Bulletin of the Institute of the History of Medicine, III, 321–324, 1935.

Webster, C. (ed.): Samuel Hartlib and the advancement of learning, London 1970.

– English medical reformers of the puritan revolution: a background to the "Society of Chymical Physicians", Ambix 14, 16–41, 1967.

Webster, Ch.: The great instauration. Science, medicine and reform 1626–1660, New York 1975.

Yates, F.: Aufklärung im Zeichen des Rosenkreuzes, Stuttgart 1975.
Weber, M.: Die protestantische Ethik, hg. von J. Winckelmann, München 1972.

9. Wirkungsgeschichte

Barnouw, J.: Vico and the continuity of science: the relation of his epistomology to Bacon and Hobbes, ISIS, Vol. 71, 1980.
Birch, Th.: The history of the Royal Society of London for improving of natural knowledge 1756–57, 4 Bände, Nachdruck: Hildesheim 1968.
Brown, H.: The utilitarian motive in the age of Descartes, Annals of Science, 182, 1936.
Bury, J. B.: The idea of progress. An inquiry into its origin and growth, New York 1932. Neudruck: Dover, New York 1955.
Cochrane, R. C.: Bacon in early eighteenth century English literature, Philological Quarterly, Vol. 37, 58–79, 1958.
– Francis Bacon and the use of the mechanical arts in eighteenth century England, Annals of Science, 12, 137–156, 1956.
Dieckmann, H.: The influence of Francis Bacon on Diderot's Interpretation de la Nature, Romanic Review, 24, 4, 303–330, 1943.
Faggi, A.: Bacone e Locke, Atti dell' Accademia delle Scienze di Torino, 1922–1923.
Feingold, G.: An early critique of Bacon's "Sylva Sylvarum": Edmund Chilmead's treatise on sound, Annals of Science 139, 145, 1983.
Florian, P.: De Bacon a Newton. L'œuvre de la Societe Royale de Londres, Revue de philosophie I, 150–168, 381–407, 481–486, 1914.
Gouk, P.: Music in the natural philosophy of the early Royal Society, 1982 (unpublished Ph. D. diss., University of London).
– Acoustics in the early Royal Society, 1600–1680, 36 Notes and Records of the Royal Society of London, 158, 1982.
Grimm, E.: Zur Geschichte des Erkenntnisproblems von Bacon zu Hume, Leipzig 1890.
Hahn, R.: The anatomy of a scientific institution, the Paris Academy of Science, 1666–1803, Berkeley, London 1971.

Harnack, A. v.: Geschichte der Preußischen Akademie der Wissenschaften. 3 Bände, Akademie der Wissenschaften, Berlin 1900 f.

Lalande, A.: Sur quelques textes de Bacon et de Descartes, Revue de Metaphysique et de Morale, No. 3, 296–311, 1911.

McRae, R.: The problem of the unity of science. Bacon to Kant, Toronto 1961.

Metz, R.: Bacon's part in the intellectual movement of his time, seventeenth-century studies presented to Sir Herbert Grierson, Oxford 1938.

Milhaud, G.: Descartes et Bacon, Rivista di Scienza, Vol. XXI, 185–197, 1917.

Mondolfo, R.: Germi in Bruno, Bacone e Spinoza del concetto marxistico della storia, Civiltà moderna, 1931.

Sortais, G.: La philosophie moderne depuis Bacon jusqu'à Leibniz, Paris 1922.

Sprat, Th.: History of the Royal Society (1667), ed. with critical apparatus by J. Cope and H. W. Jones, Washington University Studies, St. Louis, Missouri 1958.

Wood, N.: The Baconian character of Locke's 'essay', Studies in History and Philosophy of Science, Vol. 6, 1975.

Yates, F.: Giordano Bruno and the Hermetic Tradition, London 1964.

INSTAURATIO MAGNA

Große Erneuerung der Wissenschaften

Gegenüberstehend: Titelbild der „Instauratio Magna"
in der Erstausgabe 1620.

FRANCISCI
DE VERULAMIO,
Summi Angliæ
CANCELLARII,
Instauratio
magna.
Multi pertransibunt & augebitur scientia.
LONDINI
Apud Joannem Billium
Typographum
Regium.
Anno
1620

FRANCISCUS DE VERULAMIO
SIC COGITAVIT;
TALEMQUE APUD SE RATIONEM INSTITUIT,
QAM VIVENTIBUS ET POSTERIS NOTAM
FIERI IPSORUM INTERESSE PUTAVIT

CUM illi pro comperto esset intellectum humanum sibi ipsi negotium facessere, neque auxiliis veris (quae in hominis potestate sunt) uti sobrie et commode; unde multiplex rerum ignoratio et ex ignoratione rerum detrimenta innumera: omni ope connitendum existimavit, si quo modo commercium istud Mentis et Rerum (cui vix aliquid in terris, aut saltem in terrenis, se ostendit simile) restitui posset in integrum, aut saltem in melius deduci. Ut vero errores qui invaluerunt, quique in aeternum invalituri sunt, alii post alios (si mens sibi permittatur) ipsi se corrigerent, vel ex vi intellectus propria vel ex auxiliis atque adminiculis dialecticae, nulla prorsus suberat spes; propterea quod notiones rerum primae, quas mens haustu facili et supino excipit recondit atque accumulat (unde reliqua omnia fluunt), vitiosae sint et confusae et temere a rebus abstractae; neque minor sit in secundis et reliquis libido et inconstantia; ex quo fit, ut universa ista ratio humana, qua utimur quoad inqui-

FRANZ VON VERULAM
HAT FOLGENDES ÜBERDACHT UND FOLGENDE
ÜBERLEGUNG ANGESTELLT, DEREN KENNTNIS IM
EIGENEN INTERESSE DER LEBENDEN
WIE DER NACHFAHREN LIEGT

Ich erkannte, daß des Menschen Verstand ihm selbst viel Last bereitet und er wahre Hilfsmittel, die an sich im menschlichen Bereich liegen, nicht weise und erfolgbringend zu nützen vermag. Daraus entsteht vielfältige Unkenntnis der Dinge und infolgedessen ungemessener Nachteil.

So glaubte ich, alle Kraft müsse darauf gerichtet sein, auf irgendeine Weise die Verbindung zwischen dem Geist und den Dingen in der richtigen Weise wieder herzustellen oder zumindest zu einer besseren Beschaffenheit zu führen, als sie jetzt ist. Kaum etwas auf der Erde, auch nur Ähnliches findet sich, das soviel Nutzen bringen könnte, wie die auf dies Ziel gerichtete Mühe.

Daß aber Irtümer, die wie Unkraut gewuchert sind und bis in alle Zeiten hinein wuchern werden, einer nach dem andern sich selbst verbessern könnten, wenn der Geist nur ans Werk geht, war eine hoffnungslose Sache, soweit man sich dabei auf die eigene Kraft des Verstandes oder auf die Hilfsmittel und Stützen der Dialektik verließ.

So bleiben die obersten Begriffe der Dinge, die der Verstand leicht und oberflächlich aufnimmt, behält und aufspeichert – woraus denn alles andere sich herleitet – fehlerhaft, ungeordnet und wenig gründliche Abstraktionen. In den zweiten und folgenden Begriffen herrscht die gleiche Willkür und Unbeständigkeit. Deshalb bleibt das ganze Verfahren, das wir zur Er-

sitionem naturae, non bene congesta et aedificata sit, sed tanquam moles aliqua magnifica sine fundamento. Dum enim falsas mentis vires mirantur homines et celebrant, veras ejusdem quae esse possint (si debita ei adhibeantur auxilia, atque ipsa rebus morigera sit, nec impotenter rebus insultet) praetereunt et perdunt. Restabat illud unum ut res de integro tentetur melioribus praesidiis, utque fiat scientiarum et artium atque omnis humanae doctrinae in universum Instauratio, a debitis excitata fundamentis. Hoc vero licet aggressu infinitum quiddam videri possit ac supra vires mortales, tamen idem tractatu sanum invenietur ac sobrium, magis quam ea quae adhuc facta sunt. Exitus enim hujus rei est nonnullus. In iis vero quae jam fiunt circa scientias, est vertigo quaedam et agitatio perpetua et circulus. Neque eum | fugit quanta in solitudine versetur hoc experimentum, et quam durum et incredibile sit ad faciendam fidem. Nihilominus, nec rem nec seipsum deserendum putavit, quin viam quae una humanae menti pervia est tentaret atque iniret. Praestat enim principium dare rei quae exitum habere possit, quam in iis quae exitum nullum habent perpetua contentione et studio implicari. Viae autem contemplativae viis illis activis decantatis fere respondent; ut altera, ab initio ardua et difficilis, desinat in apertum; altera, primo intuitu expedita et proclivis, ducat in avia et praecipitia. Quum autem incertus esset quando haec alicui posthac in mentem ventura sint; eo potissimum usus argumento, quod neminem hactenus invenit qui ad similes cogitationes animum applicuerit; decrevit prima quaeque quae perficere licuit in publicum edere. Neque haec

forschung der Natur einsetzen, nicht gut eingerichtet. Es gleicht einem äußerlich prächtigen Bau ohne sicheres Fundament. Denn, indem die Menschen falsch geleitete Kräfte des Verstandes bewundern und preisen, gehen sie an dem wirklich Wertvollen zerstörend vorüber, welches in ihrem Bereich liegt, wenn sie nur dem Geist die nötige Hilfe gewähren und ihn der Natur unterordnen würden, statt vergeblich zu versuchen, sie zu beherrschen. Abhilfe konnte nur so kommen, daß man an die Dinge mit neuen Methoden in der lauteren Absicht heranging, zu einer vollständigen Erneuerung der Wissenschaften und Künste, überhaupt der ganzen menschlichen Gelehrsamkeit, auf gesicherten Grundlagen zu kommen.

Es könnte scheinen, als ob das zu einer immerwährenden Umwälzung führen müsse, die weit über Menschenkraft hinausginge. Bei der Ausführung wird es sich aber als gesünder und maßvoller erweisen als alles, was bisher geschehen ist. Denn hier sieht man ein Ziel vor Augen, während in der Art, wie jetzt die Wissenschaften betrieben werden, sich alles im Kreise dreht und ein ständiges Schwanken besteht.

Und obwohl ich weiß, wie einsam ich bei diesem Unternehmen stehe und wie hart und unwahrscheinlich es ist, hier Zutrauen zu gewinnen, bin ich doch entschlossen, weder den Gegenstand noch mich selbst aufzugeben. Ich will einen Weg finden, der für den menschlichen Geist gangbar ist.

Ist es doch wertvoller, einen Anfang zu machen, der vielleicht Erfolg und Aufstieg in sich birgt, als seine Kräfte an Aussichtslosem zu zerreiben. Die Wege der Betrachtung entsprechen den beiden so oft besungenen Wegen des Lebens. Der eine führt – am Anfang wohl steil und mühselig – in die Ebene, der andere, anscheinend zunächst leicht und glatt, führt in wegelose Abgründe. Weil nun aber nicht abzusehen ist, wann jemand späterhin solche Gedanken aufnehmen würde und da ich bisher niemand getroffen habe, der sich damit beschäftigt hätte, so habe ich gemeint, meine Gedanken der Öffentlichkeit

festinatio ambitiosa fuit, sed sollicita; ut si quid illi humanitus accideret, extaret tamen designatio quaedam ac destinatio rei quam animo complexus est; utque extaret simul signum aliquod honestae suae et propensae in generis humani commoda voluntatis. Certe aliam quamcunque ambitionem inferiorem duxit re quam prae manibus habuit. Aut enim hoc quod agitur nihil est, aut tantum, ut merito ipso contentum esse debeat nec fructum extra quaerere.

zugänglich machen zu sollen. Die Eile, mit der es geschieht, beruht nicht auf falschem Ehrgeiz, sie ist in ernster Sorge begründet. Sollte mir doch etwas Menschliches alsbald widerfahren, wäre dann wenigstens das niedergelegt und aufgezeichnet, was mich bewegt hat. Das sollte zugleich ein Dokument meines ehrlichen Willens sein, dem Wohle der Menschheit nach Kräften zu dienen. Allerdings erschien mir jeder andere Ehrgeiz armselig im Vergleich mit dem Werk, das ich in meinen Händen hielt, denn entweder ist der vorliegende Gegenstand wertlos, oder er ist so groß und bedeutsam, daß er in einer gewissen Genugtuung nicht nach anderem zu suchen braucht.

SERENISSIMO POTENTISSIMOQUE
PRINCIPI AC DOMINO NOSTRO,
JACOBO,
DEI GRATIA MAGNAE BRITANNIAE,
FRANCIAE, ET HIBERNIAE REGI,
FIDEI DEFENSORI, ETC.

Serenissime Potentissimeque Rex,

POTERIT fortasse Majestas tua me furti incusare, quod tantum temporis quantum ad haec sufficiat negotiis tuis suffuratus sim. Non habeo quod dicam. Temporis enim non fit restitutio; nisi forte quod detractum fuerit temporis rebus tuis, id memoriae nominis tui et honori saeculi tui reponi possit; si modo haec alicujus sint pretii. Sunt certe prorsus nova; etiam toto genere: sed descripta ex veteri admodum exemplari, mundo scilicet ipso, et natura rerum et mentis. Ipse certe (ut ingenue fatear) soleo aestimare hoc opus magis pro partu temporis quam ingenii. Illud enim in eo solummodo mirabile est, initia rei et tantas de iis quae invaluerunt suspiciones alicui in mentem venire potuisse. Caetera non illibenter sequuntur. At versatur proculdubio casus (ut loquimur) et quiddam quasi fortuitum non minus in iis quae cogitant homines quam in iis quae agunt aut loquuntur. Verum hunc casum (de quo loquor) ita intelligi volo, ut si quid in his quae affero sit boni, id immensae misericordiae et bonitati divinae et foelicitati temporum tuorum tribuatur: cui et vivus integerrimo affectu servivi, et mortuus fortasse id

SEINEM ALLERHÖCHSTEN, GROSS-
MÄCHTIGSTEN FÜRSTEN UND HERRN
JACOB,
DURCH GOTTES GNADE,
KÖNIGE VON GROSSBRITANNIEN,
FRANKREICH UND IRLAND,
VERTHEIDIGER DES GLAUBENS U.S.W.

Allergnädigster, Großmächtigster König,

Deine Majestät könnte vielleicht mich des Diebstahls be-
schuldigen, weil ich die zu diesem Werke nötige Arbeit Deinem Dienst entzogen habe. Ich weiß darauf nichts zu sagen;
denn die verflossene Zeit ist unwiederbringlich. Vielleicht ist,
was an Zeit Deinem Dienst entzogen worden, dem Andenken
Deines Namens und dem Ruhme Deines Jahrhunderts zugelegt
worden, sofern nämlich diese Arbeit einigen Wert hat. Sie ist
wenigstens neu; selbst der ganzen Art nach, obgleich sie von
einem sehr alten Exemplar abgeschrieben worden, nämlich von
der Welt selbst und von der Natur der Dinge und des menschlichen Geistes. Ich wenigstens, wie ich offen gestehen will, halte
das Werk mehr für eine Geburt der Zeit als des Geistes. Nur
das Eine ist daran wunderbar, daß der Gedanke dazu und der
Verdacht gegen alles bis jetzt für wahr Gehaltene Jemand hat
beikommen können. Alles Andere ergiebt sich dann leicht. Es
waltet unzweifelhaft der Zufall, wie man sagt, oder ein Ungefähr sowohl in dem, was die Menschen denken, als in dem, was
sie tun und sprechen. Diesen Zufall, wie ich es nennen will,
möchte ich aber so verstanden haben, daß, wenn in dem, was
ich hier darbringe, etwas Gutes enthalten ist, es der unermeßlichen Gnade und göttlichen Liebe und dem Glücke Deiner Zeiten zugeschrieben werde. Dir habe ich in meinem Leben mit

effecero, ut illa posteritati, nova hac accensa face in | philosophiae tenebris, praelucere possint. Merito autem temporibus regis omnium sapientissimi et doctissimi Regeneratio ista et Instauratio scientiarum debetur. Superest petitio, Majestate tua non indigna, et maxime omnium faciens ad id quod agitur. Ea est, ut quando Salomonem in plurimis referas, judiciorum gravitate, regno pacifico, cordis latitudine, librorum denique quos composuisti nobili varietate, etiam hoc ad ejusdem regis exemplum addas, ut cures Historiam Naturalem et Experimentalem, veram et severam (missis philologicis), et quae sit in ordine ad condendam philosophiam, denique qualem suo loco describemus, congeri et perfici: ut tandem post tot mundi aetates philosophia et scientiae non sint amplius pensiles et aëreae, sed solidis experientiae omnigenae, ejusdemque bene pensitatae, nitantur fundamentis. Equidem Organum praebui; verum materies a rebus ipsis petenda est. Deus Opt. Max. Majestatem tuam diu servet incolumem.

Serenissimae Majestati tuae
Servus devinctissimus,
et devotissimus,

Franciscus Verulam,
Cancellarius.

reinster Hingebung gedient, und wenn ich tot bin, habe ich es vielleicht erreicht, daß diese Zeiten den Nachkommen glänzend voranleuchten, nachdem diese neue Fackel für die in der Philosophie herrschende Finsternis angezündet worden. Mit Recht verdient die Zeit des weisesten und gelehrtesten Königs diese Wiedererzeugung und Erneuerung der Wissenschaften.

Es bleibt mir noch eine Bitte, welche Deiner Majestät nicht unwert und für das Unternehmen von höchster Bedeutung ist. Sie geht dahin, daß Du, der Du Salomo in so Vielem, in dem Ernst Deiner Urteile, in dem Frieden Deiner Herrschaft, in der weit reichenden Milde Deines Herzens, in der edlen Mannigfaltigkeit der von Dir verfaßten Bücher gleichst, auch darin noch dem Beispiel jenes Königs nachfolgest, daß Du für die Ausarbeitung und Vollendung jener auf Versuche sich stützenden Naturbeschreibung sorgest, jener wahren und strengen, unter Fernhaltung der Sprachgelehrten, welche die Unterlage der Philosophie bildet, und welche ich an ihrem Orte näher beschreiben werde; damit endlich nach so vielen Jahrhunderten Philosophie und Wissenschaft nicht mehr in den Lüften schweben, sondern sich auf die sicheren Grundlagen einer Alles umfassenden und wohldurchdachten Erfahrung stützen. Ich habe das Werkzeug dargeboten; der Inhalt muß aber von den Dingen selbst entnommen werden.

Möge der gnädige und allgütige Gott Deine Majestät noch lange unversehrt erhalten.

Deiner Erhabenen Majestät
treuester und
untertänigster Knecht

Franz Verulam
Kanzler.

FRANCISCI DE VERULAMIO
INSTAURATIO MAGNA

Praefatio

*De statu scientiarum, quod non sit foelix aut majorem in
modum auctus; quodque alia omnino quam prioribus
cognita fuerit via aperienda sit intellectui humano, et
alia comparanda auxilia, ut mens suo jure in rerum
naturam uti possit.*

VIDENTUR nobis homines nec opes nec vires suas bene nosse;
verum de illis majora quam par est, de his minora credere. Ita
fit, ut aut artes receptas insanis pretiis aestimantes nil amplius
quaerant, aut seipsos plus aequo contemnentes vires suas in
levioribus consumant, in iis quae ad summam rei faciant non
experiantur. Quare sunt et suae scientiis columnae tanquam
fatales; cum ad ulterius penetrandum homines nec desiderio
nec spe excitentur. Atque cum opinio copiae inter maximas causas inopiae sit; quumque ex fiducia praesentium vera auxilia
negligantur in posterum; ex usu est, et plane ex necessitate, ut
ab illis quae adhuc inventa sunt in ipso operis nostri limine
(idque relictis ambagibus et non dissimulanter) honoris et admi-
rationis excessus tollatur; utili monito, ne homines eorum aut

FRANZ VON VERULAMS
GROSSE ERNEUERUNG DER WISSENSCHAFTEN

Vorrede

Über den Stand der Wissenschaften, der weder glücklich ist, noch zu einer Stärkung der Erkenntnis führt. Dem menschlichen Verstande muß ein ganz neuer, bisher nicht gekannter Weg eröffnet werden. Andere Hilfsmittel müssen beschafft werden, damit der Geist von seinem Recht auf die Natur der Dinge Gebrauch machen kann.

Mir scheint, die Menschen kennen weder ihre Mittel noch ihre Kräfte richtig, von jenen halten sie in der Tat mehr, von diesen weniger als richtig ist. So kommt es, daß sie entweder die vorhandenen Künste unvernünftig überschätzen und nichts über sie hinaus erstreben, oder daß sie sich selbst mehr als berechtigt verachten, ihre Kräfte an unbedeutenden Dingen verzehren, anstatt sie an dem zu erproben, was zum Wichtigsten führt. Daher haben auch die Wissenschaften gleichsam ihre Schicksalssäulen, über die hinauszukommen werden die Menschen weder durch Verlangen noch Hoffnung beflügelt. Da nun vermeintlicher Reichtum zu den Hauptursachen der Armut gehört und im Vertrauen auf die Gegenwart die wahren Hilfsquellen für die Zukunft vernachlässigt werden, ist es dienlich, ja notwendig, daß ich hier an der Schwelle meines Werkes ohne Umschweife und ganz offen das Übermaß an Verehrung und Bewunderung der bisherigen Erfindungen einschränke. Ich will die

copiam aut utilitatem in majus accipiant aut celebrent. Nam si quis in omnem illam librorum varietatem qua artes et scientiae exultant diligentius introspiciat, ubique inveniet ejusdem rei repetitiones infinitas, tractandi modis diversas, inventione prae-occupatas; ut omnia primo intuitu numerosa, facto examine pauca reperiantur. Et de utilitate aperte dicendum est, sapientiam istam quam a Graecis potissimum hausimus pueritiam quandam scientiae videri, atque habere quod proprium est puerorum, ut ad garriendum prompta, ad gene|randum invalida et immatura sit. Controversiarum enim ferax, operum effoeta est. Adeo ut fabula illa de Scylla in literarum statum, qualis habetur, ad vivum quadrare videatur; quae virginis os et vultum extulit, ad uterum vero monstra latrantia succingebantur et adhaerebant. Ita habent et scientiae quibus insuevimus generalia quaedam blandientia et speciosa, sed cum ad particularia ventum sit, veluti ad partes generationis, ut fructum et opera ex se edant, tum contentiones et oblatrantes disputationes exoriuntur, in quas desinunt, et quae partus locum obtinent. Praeterea, si hujusmodi scientiae plane res mortua non essent, id minime videtur eventurum fuisse quod per multa jam saecula usu venit, ut illae suis immotae fere haereant vestigiis, nec incrementa genere humano digna sumant: eo usque, ut saepenumero non solum assertio maneat assertio sed etiam quaestio maneat quaestio, et per disputationes non solvatur sed figatur et alatur, omnisque traditio et successio disciplinarum repraesentet et exhibeat personas magistri et auditoris, non inventoris et ejus qui inventis aliquid eximium adjiciat. In artibus autem mechanicis contrarium evenire videmus; quae, ac si aurae cujusdam

nützliche Mahnung aussprechen, man möge deren Menge und Wert nicht übertreiben noch über Gebühr rühmen. Denn schaut man sich die bunte Mannigfaltigkeit der Bücher genauer an, deren sich Künste und Wissenschaft rühmen, wird man überall finden, daß dieselben Dinge oft wiederholt, längst Gefundenes neu aufgeputzt gebracht wird.

Man stellt bei genauer Prüfung fest, daß zahlenmäßig viel, wertmäßig wenig Neues und Gutes dabei herauskommt. Zur Frage der Nützlichkeit muß man offen gestehen, daß jene Weisheit, die wir besonders den Griechen verdanken, der Kinderstube der Wissenschaft angehört und teilweise das Eigentümliche der Kinder an sich hat. Zum Reden ist sie recht bereit, aber zum Schaffen untauglich und noch nicht reif. Sie ist fruchtbar an Streitfragen, aber arm an Werken. Daher scheint die Fabel von der Scylla genau auf den jetzigen Zustand der Wissenschaften zu passen. Sie hatte den Mund und das Antlitz einer Jungfrau, an ihrem Leib aber hingen und klammerten sich heulende Untiere an. So haben auch die Wissenschaften, die wir gewohnt sind, einige schmeichelnde und blendende Allgemeinheiten; kommt man aber zum Besonderen, gleichsam zu den Zeugungsgebieten, die Frucht und Werke bringen sollen, dann entstehen Streit und kläffender Zank, in welche die Kräfte absinken und das Schöpferische mit sich reißen. Wären diese Art Wissenschaften nicht eine völlig abgestorbene Sache, so hätte es nicht dahin kommen dürfen, daß sie seit vielen Jahrhunderten fast unbeweglich an ihrer Stelle kleben und keine Fortschritte machen, die des Menschengeschlechtes würdig sind. Das geht soweit, daß sehr oft nicht allein eine Behauptung eine unbewiesene Behauptung, sondern auch eine Frage eine offene Frage bleibt, die durch Disputieren nicht gelöst, sondern gefestigt und genährt wird. Die ganze Überlieferung und Folge der Disziplinen bringt nur Lehrer und Schüler hervor, aber keinen Erfinder und keinen, der den vorhandenen Erfindungen etwas Nennenswertes hinzufügen könnte. Das Gegenteil

vitalis forent participes, quotidie crescunt et perficiuntur, et in primis authoribus rudes plerunque et fere onerosae et informes apparent, postea vero novas virtutes et commoditatem quandam adipiscuntur, eo usque, ut citius studia hominum et cupiditates deficiant et mutentur, quam illae ad culmen et perfectionem suam pervenerint. Philosophia contra et scientiae intellectuales, statuarum more, adorantur et celebrantur, sed non promoventur. Quin etiam in primo nonnunquam authore maxime vigent, et deinceps degenerant. Nam postquam homines dediticii facti sint et in unius sententiam (tanquam pedarii senatores) coierint, scientiis ipsis amplitudinem non addunt, sed in certis authoribus ornandis et stipandis servili officio funguntur. Neque illud afferat quispiam, scientias paullatim succrescentes tandem ad statum quendam pervenisse, et tum demum (quasi confectis spatiis legitimis) in operibus paucorum sedes fixas posuisse; atque postquam nil melius inveniri potuerit, restare scilicet ut quae inventa sint exornentur et colantur. Atque optandum quidem esset haec ita se habuisse. Rectius illud et verius, istas scientiarum mancipationes nil aliud esse quam rem ex paucorum hominum confidentia et reliquorum socordia et inertia natam. Postquam enim scientiae per partes diligenter fortasse excultae et tractatae fuerint, tum forte exortus est aliquis, ingenio audax et propter methodi compendia acce|ptus et celebratus, qui specie tenus artem constituerit, revera veterum labores corruperit. Id tamen posteris gratum esse solet, propter

nehmen wir indes bei den mechanischen Künsten wahr: So als
wären sie voll wahrer Lebenskraft, vermehren und vervoll-
ständigen sie sich täglich. Unter den Händen der ersten Erfinder erscheinen sie meist noch roh, ziemlich schwerfällig und
unförmig; hernach aber gewinnen sie neue Vorzüge und be-
quemere Anordnungen und Konstruktionen. Eher erlöschen die
Neigungen und Begierden der Menschen und ändern sich, als daß
sie zum Gipfel der Vollkommenheit gelangten. Die Philosophie
dagegen und die Verstandeswissenschaften werden den Götter-
bildern gleich zwar verehrt und gefeiert, aber nicht vorwärts-
gebracht. Ja zuweilen stehen sie sogar bei ihrem ersten Begründer in schönster Blüte, um dann wieder zu welken. Denn
wenn erst einmal die Menschen vom Urteil eines anderen abhängig geworden sind und auf die Ansicht eines Mannes –
gleich den Senatoren ohne Stimmrecht – schwören, dann mehren sie die Wissenschaft nicht mehr, sondern beschränken sich
darauf, gewisse Schriftsteller zu rühmen und sie in sklavischer
Weise zu umkreisen. Man entgegne mir nur nicht, die Wissenschaften seien allmählich gewachsen, hätten schließlich eine
gewisse Festigkeit erlangt und wären dann erst – gleichsam als
hätten sie den ihnen zustehenden Raum erfüllt – in den Werken einiger weniger fest zur Ruhe gekommen. Da nun nichts
Besseres mehr gefunden werden könnte, bleibe nur übrig, das
bereits Gefundene zu verzieren und zu verehren.

Zu wünschen wäre es freilich, daß es sich so verhalten hätte.
Richtiger und wahrhaftiger ist aber, daß jene angemaßte Herrschaft über die Wissenschaften nichts weiter ist als ein Zustand, der aus dem Selbstvertrauen einiger und aus der Sorglosigkeit und Trägheit der übrigen entstanden ist. Nachdem die
Wissenschaften teilweise entwickelt und aufgebaut waren,
stand etwa ein kühner, durch eine bessere Methode beliebter
und gefeierter Geist auf, der dem Scheine nach ein Kunstwerk
schuf, in Wahrheit aber die Arbeiten der Vorgänger verdarb.
Dergleichen pflegt den Nachfahren willkommen zu sein, weil

usum operis expeditum et inquisitionis novae taedium et impatientiam. Quod si quis consensu jam inveterato tanquam temporis judicio moveatur, sciat se ratione admodum fallaci et infirma niti. Neque enim nobis magna ex parte notum est, quid in scientiis et artibus, variis saeculis et locis, innotuerit et in publicum emanarit; multo minus, quid a singulis tentatum sit et secreto agitatum. Itaque nec temporis partus nec abortus extant in fastis. Neque ipse consensus ejusque diuturnitas magni prorsus aestimandus est. Utcunque enim varia sint genera politiarum, unicus est status scientiarum, isque semper fuit et mansurus est popularis. Atque apud populum plurimum vigent doctrinae aut contentiosae et pugnaces aut speciosae et inanes, quales videlicet assensum aut illaqueant aut demulcent. Itaque maxima ingenia proculdubio per singulas aetates vim passa sunt; dum viri captu et intellectu non vulgares, nihilo secius existimationi suae consulentes, temporis et multitudinis judicio se submiserint. Quamobrem altiores contemplationes si forte usquam emicuerint, opinionum vulgarium ventis subinde agitatae sunt et extinctae. Adeo ut Tempus, tanquam fluvius, levia et inflata ad nos devexerit, gravia et solida demerserit. Quin et illi ipsi authores qui dictaturam quandam in scientiis invaserunt et tanta confidentia de rebus pronuntiant, cum tamen per intervalla ad se redeunt, ad querimonias de subtilitate naturae, veritatis recessibus, rerum obscuritate, causarum implicatione, ingenii humani infirmitate, se convertunt; in hoc

es bequem zum Gebrauch ist, und weil Ekel und Ungeduld sie von einer neuen Untersuchung abhielten. Wollte sich daher jemand durch eine so überalterte Berufung auf das Urteil der Zeit beeinflussen lassen, so wisse er, daß er sich auf einen recht trügerischen und schwachen Grund stützt. Denn es ist uns zum großen Teil unbekannt, was in den Wissenschaften und Künsten in den verschiedenen Jahrhunderten und Ländern erreicht und ins Volk gedrungen sein mag; noch weit weniger wissen wir, was von einzelnen versucht und im stillen betrieben worden ist; also sind weder die Geburten noch die Mißgeburten der Zeit in den Jahrbüchern der Geschichte verzeichnet. Auch ist die erwähnte Einstimmigkeit und ihre lange Dauer keineswegs hoch einzuschätzen. Denn so vielerlei Staatsverfassungen es auch geben mag, so gilt doch im Reiche der Wissenschaft nur eine einzige Verfassung, so war es und wird es immer gebräuchlich bleiben. Bei der Menge haben aber allemal die streit- und kampflustigen oder die blendenden und nichtssagenden Lehren am meisten Aussicht auf Erfolg, da sie sich nämlich die Zustimmung erschleichen oder erschmeicheln. Ohne Zweifel haben deshalb die größten Geister zu allen Zeiten Gewalt erlitten; Männer, die an Fassungskraft und Geistesgaben über dem Durchschnitt standen, beugten sich dennoch um ihres Rufes willen dem Urteil der Zeit und der Menge. Blitzten daher zufällig höhere Gedankengänge auf, wurden sie vom Sturm der öffentlichen Meinung verdunkelt und ausgelöscht. So hat die Zeit, gleich einem Strom, nur das Leichte und Aufgeblasene uns zugeführt, das Gewichtige und Solide aber versinken lassen. Selbst jene Schriftsteller, die sich in den Wissenschaften eine Art von Diktatur angemaßt haben und mit so großem Selbstvertrauen von den Dingen laut redeten, stimmen doch, wenn sie zuweilen Einkehr bei sich selbst halten, in die Klage über die Feinheit der Natur ein, über die Verborgenheit der Wahrheit, über die Dunkelheit der Dinge, über die Verwicklung der Ursachen und über die Schwäche des menschlichen

nihilo tamen modestiores, cum malint communem hominum et rerum conditionem causari quam de seipsis confiteri. Quin illis hoc fere solenne est, ut quicquid ars aliqua non attingat id ipsum ex eadem arte impossibile esse statuant. Neque vero damnari potest ars, quum ipsa disceptet et judicet. Itaque id agitur, ut ignorantia etiam ab ignominia liberetur. Atque quae tradita et recepta sunt ad hunc fere modum se habent: quoad opera sterilia, quaestionum plena; incrementis suis tarda et languida; perfectionem in toto simulantia, sed per partes male impleta; delectu autem popularia et authoribus ipsis suspecta, ideoque artificiis quibusdam munita et ostentata. Qui autem et ipsi experiri et se scientiis addere | earumque fines proferre statuerunt, nec illi a receptis prorsus desciscere ausi sunt, nec fontes rerum petere. Verum se magnum quiddam consequutos putant si aliquid ex proprio inserant et adjiciant; prudenter secum reputantes, se in assentiendo modestiam, in adjiciendo libertatem tueri posse. Verum dum opinionibus et moribus consulitur, mediocritates istae laudatae in magnum scientiarum detrimentum cedunt. Vix enim datur authores simul et admirari et superare. Sed fit aquarum more, quae non altius ascendunt quam ex quo descenderunt. Itaque hujusmodi homines emendant nonnulla sed parum promovent, et proficiunt in melius non in majus. Neque tamen defuerunt, qui ausu majore omnia integra sibi duxerunt, et ingenii impetu usi, priora prosternendo et

Geistes. Dabei werden sie doch nicht bescheidener, denn sie schelten lieber auf die allgemeine Lage der Menschen und der Dinge, als daß sie in bezug auf sich selbst Bekennermut zeigen. Bei ihnen gilt fast als feierlicher Grundsatz: Das, was eine Kunst nicht erreicht hat, ist auf Grund eben dieser Kunst unerreichbar. Freilich kann die Kunst nicht verurteilt werden, wo sie selbst streitet und richtet. Man verfährt deshalb so, um in der Unwissenheit nichts Entehrendes mehr zu finden.

Mit allem, was bisher überliefert und angenommen worden ist, verhält es sich ungefähr so, daß die Leistungen unfruchtbar, die Streitfragen aber zahllos sind; die Fortschritte geschehen langsam und matt; dem Ganzen gibt man den Schein der Vollkommenheit, wo hingegen die einzelnen Teile schlecht ausgeführt sind; man sucht nach Sätzen, die zwar der Menge schmeicheln, den Verfassern hingegen verdächtig bleiben, und eben deshalb werden sie durch mancherlei Kunstgriffe befestigt und anmaßend verkündet. Selbst die, welche beschlossen hatten, selbständig zu forschen, sich den Wissenschaften zu widmen und ihre Grenzen zu erweitern, wagten es nicht, vom Herkömmlichen ganz abzuweichen und die Quellen der Dinge aufzusuchen. Ja, sie meinten, schon etwas Großes geleistet zu haben, wenn sie nur von sich selbst einige Einschiebsel und Zusätze machten; klug bedachten sie, wie man sich im Zustimmen den sicheren Platz im Hintergrund und trotz eigner Zusätze die Freiheit bewahren könne.

Während man so auf Meinungen und Bräuche Rücksicht nimmt, bringt jene so gepriesene Mittelmäßigkeit den Wissenschaften großen Schaden. Denn es ist kaum möglich, Gründer zugleich zu bewundern und zu übertreffen. Es geht hier wie beim Wasser, das nicht höher steigt, als es zuvor hinabstieg. Dergleichen Männer verbessern zwar einiges, aber sie kommen wenig vorwärts, sie verbessern im kleinen ohne den Blick aufs Ganze. Freilich fehlte es auch nicht an solchen, die mit kühnerem Mut alles von neuem anpackten und mit ungestümem Geist

destruendo aditum sibi et placitis suis fecerunt; quorum tumultu non magnopere profectum est; quum philosophiam et artes non re ac opere amplificare, sed placita tantum permutare atque regnum opinionum in se transferre contenderint; exiguo sane fructu, quum inter errores oppositos errandi causae sint fere communes. Si qui autem nec alienis nec propriis placitis obnoxii, sed libertati faventes, ita animati fuere ut alios secum simul quaerere cuperent; illi sane affectu honesti, sed conatu invalidi fuerunt. Probabiles enim tantum rationes secuti videntur, et argumentorum vertigine circumaguntur, et promiscua quaerendi licentia severitatem inquisitionis enervarunt. Nemo autem reperitur, qui in rebus ipsis et experientia moram fecerit legitimam. Atque nonnulli rursus qui experientiae undis se commisere et fere mechanici facti sunt, tamen in ipsa experientia erraticam quandam inquisitionem exercent, nec ei certâ lege militant. Quin et plerique pusilla quaedam pensa sibi proposuere, pro magno ducentes si unum aliquod inventum eruere possint; instituto non minus tenui, quam imperito. Nemo enim rei alicujus naturam in ipsa re recte aut foeliciter perscrutatur; verum post laboriosam experimentorum variationem non acquiescit, sed invenit quod ulterius quaerat. Neque illud imprimis omittendum est, quod omnis in experiendo industria statim ab initio opera quaedam destinata praepropero et intempestivo studio captavit; fructifera (inquam) experimenta, non lucifera, quaesivit; nec ordinem divinum imitata est, qui primo

das Frühere niederrissen und über den Haufen warfen, um sich und ihren Meinungen Platz zu schaffen; doch auch mit solchem Aufruhr ist man nicht weit vorangekommen; denn sie strebten ja gar nicht danach, die Philosophie und die Künste durch Tat und Werk zu erweitern, sondern nur die Meinungen zu wechseln und die Herrschaft über diese Meinungen an sich zu reißen, doch ohne nennenswerten Erfolg, da für die entgegengesetzten Irrtümer die Gründe fast entsprechend sind. Wenn aber auch einzelne weder für fremde noch für eigene Vorurteile eingenommen, sondern von Liebe zur Freiheit so beseelt waren, daß sie forderten, andere sollten mit ihnen gemeinschaftlich forschen, war ihre Absicht wohl löblich, ihre Unternehmungskraft aber schwach. Es scheint, als ob sie nur nach Wahrscheinlichkeitsgründen trachteten; so wurden sie vom Wirbel der Beweise im Kreise herumgedreht und lähmten durch ihr willkürliches Herumwählen nur die Strenge der Untersuchung. Keinen findet man, der gebührenderweise bei den Dingen selbst und der Erfahrung verweilt hätte.

Einzelne wiederum überließen sich den Wellen der Erfahrung, wurden dann fast reine Mechaniker; dennoch gerieten sie bei der Erfahrung in irrige Untersuchungen und mühten sich ohne feste Regel. Die meisten beschränkten sich auf kleinliche Aufgaben und hielten es schon für ein Großes, nur eine winzige Entdeckung herauszufinden; ihr Verfahren war ebenso schwächlich wie unzulänglich. Denn niemand kann die Natur eines Dinges an diesem Dinge allein richtig und wirksam durchforschen; selbst nach einer Vielfalt von mühsamen Versuchen ruht man nicht, sondern stellt fest, daß man weiter suchen muß. Auch ist besonders zu bedenken, daß alle Mühe beim Experimentieren gleich von Anfang an darauf bedacht gewesen ist, in unangebrachter Geschäftigkeit auf ganz bestimmte Ergebnisse sich festzulegen. Nach vorteilhaften – möchte ich sagen –, nicht aber nach lichtbringenden Versuchen hielt man Ausschau; so ahmte man ganz und gar nicht das Beispiel Gottes nach, der

die lucem tantum creavit, eique | unum diem integrum attribuit;
neque illo die quicquam materiati operis produxit, verum
sequentibus diebus ad ea descendit. At qui summas dialecticae
partes tribuerunt atque inde fidissima scientiis praesidia com-
parari putarunt, verissime et optime viderunt intellectum
humanum sibi permissum merito suspectum esse debere.
Verum infirmior omnino est malo medicina; nec ipsa mali
expers. Siquidem dialectica quae recepta est, licet ad civilia et
artes quae in sermone et opinione positae sunt rectissime ad-
hibeatur, naturae tamen subtilitatem longo intervallo non attin-
git; et prensando quod non capit, ad errores potius stabiliendos
et quasi figendos quam ad viam veritati aperiendam valuit.

Quare, ut quae dicta sunt complectamur, non videtur hominibus aut aliena fides aut industria propria circa scientias hactenus foeliciter illuxisse; praesertim quum et in demonstrationibus et in experimentis adhuc cognitis parum sit praesidii. Aedi-
ficium autem hujus universi structura sua, intellectui humano
contemplanti, instar labyrinthi est; ubi tot ambigua viarum,
tam fallaces rerum et signorum similitudines, tam obliquae et
implexae naturarum spirae et nodi, undequaque se ostendunt.
Iter autem sub incerto sensus lumine, interdum affulgente
interdum se condente, per experientiae et rerum particularium
sylvas perpetuo faciendum est. Quin etiam duces itineris (ut
dictum est) qui se offerunt, et ipsi implicantur, atque errorum
et errantium numerum augent. In rebus tam duris, de judicio
hominum ex vi propria, aut etiam de foelicitate fortuita, de-

am ersten Tage nur das Licht schuf und ihm einen ungeteilten
Tag widmete und kein materielles Werk an diesem Tage weiter hervorbrachte, sondern erst an den folgenden Tagen dazu
überging. Diejenigen aber, die der Dialektik die erste Stelle
einräumten und von ihr die zuverlässigste Hilfe für die Wissenschaften zu gewinnen erhofften, haben auch am wahrhaftigsten
und besten erkannt, daß man dem menschlichen Intellekt mit
Recht nicht trauen kann, wenn er sich selbst überlassen bleibt.
Denn das Heilmittel ist gegenüber dem Übel viel zu schwach;
ja, es ist selbst nicht frei vom Übel. Wenn auch die herkömmliche Dialektik für die bürgerlichen Anliegen und Künste, bei
denen es auf Reden und Meinen ankommt, aufs nützlichste
Verwendung findet, so ist sie doch angesichts der Feinheit der
Natur bei weitem unzulänglich. Indem sie nach dem greift, was
sie nicht versteht, taugt sie mehr dazu, Irrtümer zu begründen
und gleichsam festzulegen, als der Wahrheit einen Weg zu
bahnen.

Es scheint also, um das Gesagte zusammenzufassen, daß
weder das Vertrauen auf andere noch die eigene Anstrengung
bis jetzt den Menschen in den Wissenschaften genügend Licht
verschafft hätte; deshalb vor allem nicht, weil man sich auf die
bisherigen Beweise und Versuche nicht eben verlassen kann.
Der Bau des Weltalls aber erscheint seiner Struktur nach dem
Menschengeist, der es betrachtet, wie ein Labyrinth, wo überall
unsichere Wege, täuschende Ähnlichkeiten zwischen Dingen
und Merkmalen, krumme und verwickelte Windungen und
Verschlingungen der Eigenschaften sich zeigen. Dabei muß der
Weg bei dem unzuverlässigen, bald aufleuchtenden und bald
verschwindenden Lichte der Sinne fortwährend durch das
Dickicht von Erfahrungen und einzelnen Dingen gebahnt werden. Ja, auch diejenigen, die sich – wie gesagt – als Führer
anbieten, verirren sich selbst und vermehren so die Zahl der
Irrungen und Irrenden. In so schwierigen Dingen mag man
wohl an der eigenen Kraft des menschlichen Urteils oder am

sperandum est. Neque enim ingeniorum quantacunque excellentia, neque experiendi alea saepius repetita, ista vincere queat. Vestigia filo regenda sunt: omnisque via, usque a primis ipsis sensuum perceptionibus, certa ratione munienda. Neque haec ita accipienda sunt, ac si nihil omnino tot saeculis, tantis laboribus, actum sit. Neque enim eorum quae inventa sunt nos poenitet. Atque antiqui certe, in iis quae in ingenio et meditatione abstracta posita sunt, mirabiles se viros praestitere. Verum quemadmodum saeculis prioribus, cum homines in navigando per stellarum tantum observationes cursum dirigebant, veteris sane continentis oras legere potuerunt, aut maria aliqua minora et mediterranea trajicere; priusquam autem oceanus trajiceretur et novi orbis regiones detegerentur, ne|cesse fuit usum acus nauticae, ut ducem viae magis fidum et certum, innotuisse: simili prorsus ratione, quae hucusque in artibus et scientiis inventa sunt, ea hujusmodi sunt ut usu, meditatione, observando, argumentando, reperiri potuerint; utpote quae sensibus propiora sint et communibus notionibus fere subjaceant; antequam vero ad remotiora et occultiora naturae liceat appellere, necessario requiritur ut melior et perfectior mentis et intellectus humani usus et adoperatio introducatur.

Nos certe, aeterno veritatis amore devicti, viarum incertis et arduis et solitudinibus nos commisimus; et divino auxilio freti et innixi, mentem nostram et contra opinionum violentias et quasi instructas acies, et contra proprias et internas haesitationes et scrupulos, et contra rerum caligines et nubes et undequa-

glücklichen Zufall verzweifeln. Denn weder die höchsten Vorzüge des Geistes noch das so oft wiederholte Würfelspiel der Erfahrung vermögen diese Schwierigkeiten zu besiegen. Die Spuren müssen an einem Faden festgehalten werden: Jeder Schritt muß von der ersten sinnlichen Wahrnehmung an in fester Weise gesichert sein.

Dies ist jedoch nicht so aufzufassen, als wenn in so vielen Jahrhunderten bei so großen Anstrengungen noch gar nichts erreicht worden wäre. Auch reuen uns die bisherigen Erfindungen keineswegs. Ohne Zweifel haben sich die Alten, wo es auf Geist und abstraktes Denken ankam, als bewundernswerte Männer bewährt. Aber wie in früheren Jahrhunderten, als man sich zu Wasser bloß nach der Beobachtung der Sterne richtete, konnte man zwar die Küsten der Alten Welt entlangsegeln und auch wohl einige kleinere und binnenländische Meere durchqueren. Indes zur Fahrt über das Weltmeer und zur Entdeckung der Länder der Neuen Welt mußte zuvor der Gebrauch der Magnetnadel als eines sicheren und zuverlässigen Führers bekannt sein. So ist in ganz ähnlicher Weise das, was bisher in den Künsten und Wissenschaften erfunden worden ist, von der Art, daß es durch Übung, Nachdenken, Beobachtungen und Schlüsse gefunden werden konnte, da es ja den Sinnen näher ist und fast unter die alltäglichen Begriffe fällt. Ehe wir aber zu dem Entlegenen und Verborgenen der Natur gelangen können, ist es erforderlich, eine bessere und vollkommenere Handhabe und Anwendung des menschlichen Geistes und Verstandes einzuführen.

Ich wenigstens habe mich, erfüllt von ewiger Liebe zur Wahrheit, den unsicheren und steilen Wegen und Einöden anvertraut. Gestützt und vertrauend auf göttlichen Beistand, habe ich meinen Geist aufrecht erhalten gegen den Angriff und gegen das gleichsam in Kampffront stehende Heer der Vorurteile, gegen eigenes inneres Zögern und Bedenken, gegen die Nebel und Wolken der Dinge und die mich von allen Seiten um-

que volantes phantasias, sustinuimus; ut tandem magis fida et secura indicia viventibus et posteris comparare possemus. Qua in re si quid profecerimus, non alia sane ratio nobis viam aperuit quam vera et legitima spiritus humani humiliatio. Omnes enim ante nos, qui ad artes inveniendas se applicuerunt, conjectis paulisper in res et exempla et experientiam oculis, statim, quasi inventio nil aliud esset quam quaedam excogitatio, spiritus proprios ut sibi oracula exhiberent quodammodo invocarunt. Nos vero inter res caste et perpetuo versantes, intellectum longius a rebus non abstrahimus quam ut rerum imagines et radii (ut in sensu fit) coire possint; unde fit, ut ingenii viribus et excellentiae non multum relinquatur. Atque quam in inveniendo adhibemus humilitatem, eandem et in docendo sequuti sumus. Neque enim aut confutationum triumphis, aut | antiquitatis advocationibus, aut authoritatis usurpatione quadam, aut etiam obscuritatis velo, aliquam his nostris inventis majestatem imponere aut conciliare conamur; qualia reperire non difficile esset ei, qui nomini suo non animis aliorum lumen affundere conaretur. Non (inquam) ullam aut vim aut insidias hominum judiciis fecimus aut paramus; verum eos ad res ipsas et rerum foedera adducimus; ut ipsi videant quid habeant, quid arguant, quid addant atque in commune conferant. Nos autem si qua in re vel male credidimus, vel obdormivimus et minus attendimus, vel defecimus in via et inquisitionem abrupimus, nihilominus iis modis res nudas et apertas exhibemus, ut errores nostri,

flatternden Gebilde meiner Einbildung. So wollte ich endlich den Zeitgenossen und der Nachwelt zuverlässigere und sichere Beweise verschaffen. Sollte mir dies einigermaßen gelungen sein, dann hat mir nichts anderes dazu den Weg freigemacht als eine wahre und gebührende Demütigung des menschlichen Geistes. Denn alle meine Vorgänger, die sich den Künsten des Erfindens widmeten, warfen nur ein paar flüchtige Blicke auf die Dinge, die Beispiele und die Erfahrung und haben sofort, als wenn das Erfinden nichts anderes denn ein beliebiges Ausdenken wäre, ihren eigenen Geist angerufen, damit er Orakelsprüche von sich gebe. Ich aber habe mich reinen Sinnes dauernd unter den Dingen selbst aufgehalten und habe den Verstand nicht länger den Dingen ferngehalten, als bis der Dinge Bilder und Strahlen – wie es beim Gesichtssinn geschieht – zusammentreffen konnten, wobei den Kräften und der Vortrefflichkeit des Geistes nicht viel zu tun übrigblieb. Wie im Erfinden habe ich auch im Lehren zurückhaltende Bescheidenheit geübt. Denn ich versuche weder durch triumphierende Widerlegungen noch durch Berufung auf das Altertum, noch durch irgendwelche Benutzung einer Autorität, auch nicht durch den Schleier der Dunkelheit, diesen meinen Entdeckungen irgendeinen Anflug von Bedeutung zu verschaffen oder zu vermitteln. All dies wäre einem Menschen nicht schwer gefallen, der versuchen wollte, Licht nicht in die Seelen anderer leuchten zu lassen, sondern es zum Glanz des eigenen Namens zu mißbrauchen.

Keine Gewalt – sage ich – noch List tue ich den Urteilen der Menschen an. Zu den Dingen selbst und deren Verknüpfungen führe ich sie in Wahrheit hin, damit sie selbst sehen, was sie haben, was sie beweisen, was sie hinzufügen und zum Gemeinsamen beitragen. Sollte ich auch selbst irgendwo leichtgläubig gehandelt haben oder eingeschlummert sein und wenig achtgeben oder den Weg verfehlt und die Untersuchung abgebrochen haben, so trage ich trotzdem die Dinge so unverhüllt und

antequam scientiae massam altius inficiant, notari et separari possint; atque etiam ut facilis et expedita sit laborum nostrorum continuatio. Atque hoc modo inter empiricam et rationalem facultatem (quarum morosa et inauspicata divortia et repudia omnia in humana familia turbavere) conjugium verum et legitimum in perpetuum nos firmasse existimamus.

Quamobrem, quum haec arbitrii nostri non sint, in principio operis, ad Deum Patrem, Deum Verbum, Deum Spiritum, preces fundimus humillimas et ardentissimas, ut humani generis aerumnarum memores et peregrinationis istius vitae in qua dies paucos et malos terimus, novis suis eleemosynis, per manus nostras, familiam humanam dotare dignentur. Atque illud insuper supplices rogamus, ne humana divinis officiant, neve ex reseratione viarum sensus et accensione majore luminis naturalis aliquid incredulitatis et noctis animis nostris erga divina mysteria oboriatur: sed potius, ut ab intellectu puro, a phantasiis et vanitate repurgato et divinis oraculis nihilominus subdito et prorsus dedititio, fidei dentur quae fidei sunt. Postremo, ut scientiae veneno a serpente infuso, quo animus humanus tumet et inflatur, deposito, nec altum sapiamus nec ultra sobrium, sed veritatem in charitate colamus.

Peractis autem votis, ad homines conversi, quaedam et salutaria monemus et aequa postulamus. Monemus primum (quod etiam precati sumus) ut homines sensum in officio, quoad divina, contineant. Sensus enim (instar solis) globi terrestris faciem aperit, coelestis claudit et obsignat. Rursus, ne hujusce

offen vor, daß meine Fehler erkannt und beseitigt werden können, ehe sie tiefer in den Stoff der Wissenschaft einzudringen vermögen; auch kann nur so meine Arbeit leicht und angemessen fortgeführt werden. Auf diese Weise glaube ich, zwischen der beobachtenden und denkenden Fähigkeit – deren mürrische und unglückliche Scheidung und Trennung alles in der menschlichen Familie verwirrt hat – eine wahre und rechtmäßige Ehe für alle Zeiten begründet zu haben. Da aber dies nicht in meiner Macht liegt, so richte ich am Anfang des Werkes zu Gott dem Vater, Gott dem Sohne, Gott dem Heiligen Geiste, die innigste und glühendste Bitte, sie mögen der Mühsal des menschlichen Geschlechtes und der Pilgerfahrt dieses Lebens, in dem wir nur wenige und harte Tage zubringen, eingedenk sein und die Güte haben, durch meine Hände die menschliche Familie mit ihren neuen Gaben zu beschenken. Auch darum bitte ich vor allem, daß Menschenwerk den göttlichen Dingen keinen Abbruch tue und daß nicht etwa, wenn ich die Wege des gesunden Sinnes eröffne und das natürliche Licht heller anzünde, Unglauben und eine Verdunklung unserer Gemüter gegenüber den göttlichen Geheimnissen entstehen möge. Vielmehr soll der gereinigte Verstand, von den Einbildungen und der Eitelkeit befreit, den göttlichen Offenbarungen erst recht untertan und wahrhaft gehorsam bleiben und dem Glauben geben, was dem Glauben gebührt. Endlich will ich ehrlich, daß wir, geläutert von dem Gift, das die Schlange einflößte und das den menschlichen Geist nur aufbläht und anschwellt, weder nach zu hohen Dingen trachten noch das rechte nüchterne Maß verlieren, sondern die Wahrheit in Liebe pflegen.

Nach diesem Gebet wende ich mich an die Menschen mit einigen heilsamen Erinnerungen und angemessenen Forderungen. Zuerst erinnere ich sie, worum ich ja auch gebetet habe, die Sinne in Gehorsam gegenüber den göttlichen Dingen zu bewahren. Denn die Sinne vermitteln uns gleich der Sonne das Antlitz der Erdkugel, das des Himmels aber schließen und ver-

mali | fuga in contrarium peccent; quod certe fiet, si naturae inquisitionem ulla ex parte veluti interdicto separatam putant. Neque enim pura illa et immaculata scientia naturalis, per quam Adam nomina ex proprietate rebus imposuit, principium aut occasionem lapsui dedit. Sed ambitiosa illa et imperativa scientiae moralis, de bono et malo dijudicantis, cupiditas, ad hoc ut Homo a Deo deficeret et sibi ipsi leges daret, ea demum ratio atque modus tentationis fuit. De scientiis autem quae naturam contemplantur sanctus ille philosophus pronuntiat, *Gloriam Dei esse celare rem; gloriam regis autem rem invenire*: non aliter ac si divina natura innocenti et benevolo puerorum ludo delectaretur, qui ideo se abscondunt ut inveniantur; atque animam humanam sibi collusorem in hoc ludo pro sua in homines indulgentia et bonitate cooptaverit. Postremo omnes in universum monitos volumus, ut scientiae veros fines cogitent; nec eam aut animi causa petant, aut ad contentionem, aut ut alios despiciant, aut ad commodum, aut ad famam, aut ad potentiam, aut hujusmodi inferiora; sed ad meritum et usus vitae; eamque in charitate perficiant et regant. Ex appetitu enim potentiae angeli lapsi sunt; ex appetitu scientiae, homines; sed charitatis non est excessus; neque angelus aut homo per eam unquam in periculum venit.

Postulata autem nostra quae afferimus talia sunt. De nobis ipsis silemus: de re autem quae agitur petimus, ut homines eam non opinionem sed opus esse cogitent; ac pro certo habeant,

siegeln sie. Umgekehrt möge man nicht aus Furcht vor diesem
Fehler in den entgegengesetzten fallen. Dies wird sicherlich geschehen, wenn man meint, die Erforschung der Natur sei uns
nach irgendeiner Richtung gleichsam durch ein Verbot unter-
sagt. Denn jene reine und unbefleckte Naturerkenntnis, kraft
welcher Adam den Dingen, ihren Eigentümlichkeiten entsprechend, die Namen gab, war keineswegs Grund oder Anlaß des
Sündenfalles. Vielmehr war der Grund und die Art der Ver-
suchung gerade jene ehrgeizige und herrschsüchtige Begierde
nach moralischem Wissen, das über Gutes und Böses entscheidet. Dies führte dazu, daß er von Gott abfiel, um sich selbst
Gesetze zu geben. Von den Wissenschaften aber, welche die
Natur betrachten, verkündet jener heilige Philosoph, die Ehre
Gottes sei es, das Werk zu verhüllen, aber die Ehre des Königs,
das Werk zu entdecken. Es ist, als wenn die göttliche Natur sich
an dem unschuldigen und harmlosen Spiel der Knaben ergötzte,
die sich verstecken, um gefunden zu werden, und als ob sie in
ihrer Nachsicht und Güte gegenüber den Menschen den menschlichen Geist zu ihrem Mitspieler in diesem Spiel auserwählt
hätte.

Endlich will ich alle samt und sonders erinnern, die wahren
Ziele der Wissenschaft zu bedenken; man soll sie nicht des
Geistes wegen erstreben, nicht aus Streitlust, nicht um andere
gering zu schätzen, nicht des Vorteiles, des Ruhmes, der Macht
oder ähnlicher niederer Beweggründe wegen, sondern zur
Wohltat und zum Nutzen fürs Leben; in Liebe sollen sie es
vollenden und leiten. Denn aus Begierde nach Macht sind die
Engel gefallen, aus Begierde nach Wissen die Menschen; aber
in der Liebe gibt es kein Zuviel; weder ein Engel noch ein
Mensch kommt durch sie in Gefahr.

Meine Forderungen, die ich stelle, sind folgende: Von mir
selbst schweige ich; um der Sache willen aber, die erörtert wird,
bitte ich, daß die Menschen sie nicht für eine vorgefaßte Meinung halten, sondern als ein ernstes Werk anerkennen und sich

non sectae nos alicujus aut placiti, sed utilitatis et amplitudinis humanae fundamenta moliri. Deinde ut suis commodis aequi, exutis opinionum zelis et praejudiciis, in commune consulant; ac ab erroribus viarum atque impedimentis, nostris praesidiis et auxiliis, liberati et muniti, laborum qui restant et ipsi in partem | veniant. Praeterea, ut bene sperent; neque *Instaurationem* nostram, ut quiddam infinitum et ultra mortale, fingant et animo concipiant; quum revera sit infiniti erroris finis et terminus legitimus; mortalitatis autem et humanitatis non sit immemor; quum rem non intra unius aetatis curriculum omnino perfici posse confidat, sed successioni destinet; denique scientias, non per arrogantiam in humani ingenii cellulis, sed submisse in mundo majore quaerat. Vasta vero ut plurimum solent esse, quae inania: solida contrahuntur maxime, et in parvo sita sunt. Postremo etiam petendum videtur (ne forte quis rei ipsius periculo nobis iniquus esse velit) ut videant homines, quatenus ex eo quod nobis asserere necesse sit (si modo nobis ipsi constare velimus) de his nostris opinandi aut sententiam ferendi sibi jus permissum putent: quum nos omnem istam rationem humanam praematuram, anticipantem, et a rebus temere et citius quam oportuit abstractam, (quatenus ad inquisitionem naturae) ut rem variam et perturbatam et male extructam rejiciamus. Neque postulandum est ut ejus judicio stetur, quae ipsa in judicium vocatur.

überzeugen, daß ich nicht Grundlagen für irgendeine Sekte oder Lehrmeinung erstrebe, sondern Nutzen für die Größe der Menschheit suche. Hernach möge man, wie es der eigene Nutzen erheischt, den Eifer für Meinungen und Vorurteile ablegen und gemeinschaftlich beratschlagen. Wenn man sich dann durch meinen Schutz und meine Hilfe von den Irrwegen und Hindernissen richtig befreit hat, möge man sich an den verbleibenden Arbeiten ernsthaft beteiligen. Weiterhin mag man guter Hoffnung sein und meine Erneuerung der Wissenschaften nicht als etwas Unendliches und Übermenschliches sich vorstellen und dafür halten. Sie ist doch in Wahrheit das Ende und die rechtmäßige Grenze des unendlichen Irrtums. Aber sie soll nicht vergessen lassen, daß wir sterbliche Menschen sind, sie denke daher gar nicht daran, das Werk könne im Laufe eines Lebens vollendet werden, sondern überlasse dies der Nachwelt. So suche niemand die Wissenschaft vermessen in den Zellen des menschlichen Geistes, sondern bescheiden in der größeren Welt. Das Eitle pflegt meist riesig groß, das wirklich Wertvolle stark zusammengedrängt und im kleinen enthalten zu sein. Endlich scheint auch noch erstrebenswert zu sein – damit nicht etwa jemand zum Schaden der Sache mich ungünstig beurteile –, daß man wohl zusehe, inwiefern man nach dem, was ich zu behaupten für nötig halte – wenn ich mir selbst treu bleiben will –, sich berechtigt fühlen kann, über mein Vorhaben zu urteilen oder zu richten. Denn ich verwerfe gänzlich jenen vorzeitigen, voreiligen und sich von den Dingen unbesonnen und zu früh entfernenden menschlichen Verstand da, wo es um die Erforschung der Natur geht, als ein schwankendes, verwirrtes und schlecht betriebenes Unterfangen. Niemand verlange doch, daß man sich dem Urteile der Untersuchung füge, die selbst vor Gericht geladen ist.

DISTRIBUTIO OPERIS

Ejus constituunter Partes sex.

Prima;   *Partitiones Scientiarum.*
Secunda; *Novum Organum,* sive *Indicia de Interpretatione
            Naturae.*
Tertia;   *Phaenomena Universi,* sive *Historia Naturalis et
            Experimentalis ad condendam Philosophiam.*
Quarta; *Scala Intellectus.*
Quinta; *Prodromi,* sive *Anticipationes Philosophiae Secundae.*
Sexta;   *Philosophia Secunda,* sive *Scientia Activa.*

Singularum Argumenta

Pars autem instituti nostri est, ut omnia, quantum fieri potest, aperte et perspicue proponantur. Nuditas enim animi, ut olim corporis, innocentiae et simplicitatis comes est. Pateat itaque primo, ordo operis atque ratio ejus. Partes operis a nobis constituuntur sex.

Prima pars exhibit scientiae ejus sive doctrinae in cujus possessione humanum genus hactenus versatur, Summam, sive descriptionem universalem. Visum enim est nobis etiam in iis quae

DIE EINTEILUNG DES WERKES

Das Werk hat sechs Teile:

1. Die Einteilung der Wissenschaften
2. Das Neue Organon oder Anleitung zur Interpretation der Natur
3. Die Erscheinungen des Weltalls oder die beobachtende Naturgeschichte als Grundlage der Philosophie
4. Die Leiter der Erkenntnis
5. Die Vorläufer oder Antizipationen der zweiten Philosophie
6. Die zweite Philosophie oder die tätige Wissenschaft

Inhalt der einzelnen Teile

Da es zu meiner Aufgabe gehört, alles so klar und übersichtlich wie möglich darzulegen (denn die Nacktheit der Seele ist heute – wie einst die Nacktheit des Körpers – die Gefährtin der Unschuld und Einfalt), will ich zunächst die Anordnung und Einteilung des Werkes darlegen. Ich gliedere es in sechs Teile.

Der erste Teil gibt eine Zusammenfassung oder allgemeine Beschreibung der Wissenschaften oder Lehren, die das menschliche Geschlecht gegenwärtig besitzt. Denn es ist ratsam, bei

recepta sunt nonnullam facere moram: eo nimirum consilio, ut facilius et veteribus perfectio et novis aditus detur. Pari enim fere studio ferimur et ad vetera excolenda et ad ulteriora assequenda. Pertinet etiam hoc ad faciendam fidem: juxta illud, *Non accipit indoctus verba scientiae, nisi prius ea dixeris quae versantur in corde ejus.* Itaque scientiarum atque artium receptarum oras legere, necnon utilia quaedam in illas importare, tanquam in transitu, non negligemus.

Partitiones tamen Scientiarum adhibemus eas, quae non tantum jam inventa et nota, sed hactenus omissa et debita, complectantur. Etenim inveniuntur in globo intellectuali, quemadmodum in terrestri, et culta pariter et deserta. Itaque nil mirum videri debet, si a divisionibus usitatis quandoque receda|mus. Adjectio enim, dum totum variat, etiam partes earumque sectiones necessario variat: receptae autem divisiones receptae summae scientiarum, qualis nunc est, tantum competunt.

Circa ea vero quae ceu omissa notabimus, ita nos geremus, ut non leves tantum titulos et argumenta concisa eorum quae desiderantur proponamus. Nam siquid inter omissa retulerimus (modo sit dignioris subjecti) cujus ratio paulo videatur obscurior, adeo ut merito suspicari possimus homines non facile intellecturos quid nobis velimus aut quale sit illud opus quod animo et cogitatione complectimur, perpetuo nobis curae erit aut praecepta hujusmodi operis conficiendi aut etiam partem operis ipsius jam a nobis confectam ad exemplum totius subjungere; ut in singulis aut opera aut consilio juvemus. Etenim etiam ad nostram existimationem, non solum aliorum utilitatem, pertinere putavimus, ne quis arbitretur levem aliquam de istiusmodi rebus notionem mentem nostram perstrinxisse, atque esse illa quae desideramus ac prensamus tanquam

dem, was überkommen ist, ein wenig zu verweilen, weil um so leichter dem Alten seine Vollendung und dem Neuen der Eintritt bereitet wird. Ein gleicher Eifer treibt mich, das Alte zu pflegen, wie das Neue zu erwerben. Auch trägt es dazu bei, Vertrauen zu erwecken gemäß dem Ausspruch: „Der Tor hört nicht auf die Worte der Wissenschaft, ehe ihm nicht gesagt wird, was in seinem Herzen vorgeht." Daher werde ich es nicht verachten, die Küsten der überkommenen Wissenschaften und Künste entlangzusegeln und gleichsam im Vorüberfahren manches Nützliche zu übernehmen.

Die Einteilung der Wissenschaften nehme ich so vor, daß sie nicht nur das schon Entdeckte und Bekannte, sondern auch das bisher Übergangene und noch Notwendige umfaßt. Denn man findet auf der Geisteskugel wie auf der Erdkugel sowohl bearbeitete als wüste Gebiete. Es ist deshalb nicht verwunderlich, wenn ich die gebräuchliche Einteilung manchmal verlasse. Denn ein Zusatz, der das Ganze verändert, verändert notwendigerweise auch die Teile und Abschnitte, und die übernommenen Einteilungen der Wissenschaften entsprechen nur dem Stand des Wissens, wie es jetzt ist.

Im Hinblick auf das bisher Übergangene beabsichtige ich nicht, nur leere Bezeichnungen aufzustellen, sondern kurz darzulegen, was gewünscht wird. So oft dabei eine Sache mangelhaft und ihre Natur so dunkel erscheint, daß die Menschen mich oder das Werk, das ich in meinen Gedanken trage, vielleicht nicht verstehen, so werde ich immer, bei allen bedeutenden Angelegenheiten, Sorge tragen, entweder die Anleitung zur Verfertigung solcher Werke oder aber einen Teil des von mir bereits fertiggestellten Werkes zur Veranschaulichung des Ganzen beizufügen, um in jedem Fall durch Rat und Tat Hilfe zu geben. Denn auch die Rücksicht auf meinen eigenen Ruf – nicht nur der Nutzen anderer – verlangt, daß niemand von mir denke, bloß oberflächliche Begriffe von solchen Dingen hätten meinen Geist bewegt. Niemand glaube von mir, daß die Dinge,

votis similia. Ea vero talia sunt, quorum et penes homines (nisi
sibi ipsi desint) potestas plane sit, et nos apud nosmet rationem
quandam certam et explicatam habeamus. Neque enim regio-
nes metiri animo, ut augures, auspiciorum causa: sed intrare,
ut duces, promerendi studio, suscepimus. *Atque haec prima
operis pars est.*

Porro praetervecti artes veteres, intellectum humanum ad
trajiciendum instruemus. Destinatur itaque parti secundae,
doctrina de meliore et perfectiore usu rationis in rerum inquisitione, et de auxiliis veris intellectus: ut per hoc (quantum conditio humanitatis ac mortalitatis patitur) exaltetur intellectus, et
facultate amplificetur ad naturae ardua et obscura superanda.
Atque est ea quam adducimus ars (quam *Interpretationem
Naturae* appellare consuevimus) ex genere logicae; licet plurimum, atque adeo immensum quiddam, intersit. Nam et ipsa
illa logica vulgaris auxilia et praesidia intellectui moliri ac parare
pro tetur: et in hoc uno consentiunt. Differt autem plane a
vulgari rebus praecipue tribus: viz. ipso fine, ordine demonstrandi, et inquirendi initiis.

Nam huic nostrae scientiae finis proponitur, ut inveniantur
non argumenta sed artes, nec principiis consentanea sed ipsa
principia, nec rationes probabiles sed designationes et indica-|
tiones Operum. Itaque ex intentione diversa diversus sequitur
effectus. Illic enim adversarius disputatione vincitur et con-
stringitur, hic natura opere.

die ich fordere und erstrebe, nicht mehr sind als leere Wünsche.
Sie sind im Gegenteil Dinge, die die Menschen, wenn sie nur
wollen, gewiß beherrschen können und von denen ich selbst in
meinem Geist einen klaren und deutlichen Begriff trage. Denn
ich will nicht diese Gebiete des Geistes wie ein Zeichendeuter
nach Wahrzeichen bloß abstecken, sondern ich will sie wie ein
Führer mit der Absicht, mich nützlich zu machen, betreten. Soviel zum ersten Teil des Werkes.

Nachdem ich so an den alten Küsten vorübergesegelt bin,
werde ich den menschlichen Geist zur Fahrt ins offene Meer
vorbereiten. Dem zweiten Teil ist deshalb die Lehre über den
besseren Gebrauch der Vernunft bei der Untersuchung der
Dinge und über die wahren Hilfsmittel des Verstandes vor-
behalten. So soll – soweit das die dem Menschen gesetzte
Grenze und seine Vergänglichkeit gestatten – der Verstand ge-
hoben und mit der Fähigkeit ausgestattet werden, das Schwierige und Dunkle an der Natur zu durchdringen. Die Kunst,
die ich einführe, gehört zur Logik, und ich pflege sie „Interpretation der Natur" zu nennen, obgleich der Unterschied
zwischen ihr und der gewöhnlichen Logik groß, ja ungeheuer
ist. Auch die gewöhnliche Logik verspricht, dem Verstand Hilfe
zu bringen. Darin herrscht Einigkeit zwischen beiden. Dagegen
gibt es drei wesentliche Unterschiede zwischen ihr und meiner
Logik: das Ziel, die Art des Beweisens und der Ausgangspunkt
der Untersuchung.
Denn das Ziel meiner Lehre ist die Entdeckung nicht von
Beweisgründen, sondern von Künsten, nicht von Dingen, die
mit Prinzipien übereinstimmen, sondern von Prinzipien selbst,
nicht von Möglichem, sondern von fest formulierten, gültigen
Aussagen über die Werke. So folgt aus der unterschiedlichen
Zielsetzung unterschiedliches Ergebnis. Wird dort ein Gegner
durch Disputieren besiegt, so soll hier die Natur durch die Tat
unterworfen werden.

Atque cum hujusmodi fine conveniunt demonstrationum ipsarum natura et ordo. In logica enim vulgari opera fere universa circa Syllogismum consumitur. De Inductione vero Dialectici vix serio cogitasse videntur; levi mentione eam transmittentes, et ad disputandi formulas properantes. At nos demonstrationem per syllogismum rejicimus, quod confusius agat, et naturam emittat e manibus. Tametsi enim nemini dubium esse possit quin, quae in medio termino conveniunt, ea et inter se conveniant (quod est mathematicae cujusdam certitudinis): nihilominus hoc subest fraudis, quod syllogismus ex propositionibus constet, propositiones ex verbis, verba autem notionum tesserae et signa sint. Itaque si notiones ipsae mentis (quae verborum quasi anima sunt, et totius hujusmodi structurae ac fabricae basis) male ac temere a rebus abstractae, et vagae, nec satis definitae et circumscriptae, denique multis modis vitiosae fuerint, omnia ruunt. Rejicimus igitur syllogismum; neque id solum quoad principia (ad quae nec illi eam adhibent) sed etiam quoad propositiones medias, quas educit sane atque parturit utcunque syllogismus, sed operum steriles et a practica remotas et plane quoad partem activam scientiarum incompetentes. Quamvis igitur relinquamus syllogismo et hujusmodi demonstrationibus famosis ac jactatis jurisdictionem in artes populares et opinabiles (nil enim in hac parte movemus), tamen ad naturam rerum Inductione per omnia, et tam ad minores propositiones quam ad majores, utimur. *Inductionem* enim censemus eam esse demonstrandi formam, quae sensum tuetur et naturam premit et operibus imminet ac fere immiscetur.

Itaque ordo quoque demonstrandi plane invertitur. Adhuc enim res ita geri consuevit; ut a sensu et particularibus primo

Mit dieser Zielsetzung stimmen auch die Natur und Ordnung der Beweise überein. In der gewöhnlichen Logik wird alle Mühe auf den Syllogismus verschwendet. Über die induktive Methode haben die Dialektiker scheinbar kaum ernsthaft nachgedacht. Mit leichtfertiger Erwähnung geht man darüber hinweg, um zu den Formeln des Disputierens zu jagen. Ich verwerfe die Beweisführung durch Syllogismen, weil sie nur Verwirrung anzurichten vermag und die Natur aus den Händen gleiten läßt. Niemand wird bestreiten, daß die Aussagen, die im Mittelbegriff übereinstimmen, auch untereinander übereinstimmen – das entspricht übrigens mathematischer Gewißheit. Trotzdem ist es trügerisch, weil ja der Syllogismus aus Sätzen besteht, diese aus Worten, die Worte aber die Pfänder und Zeichen der Begriffe sind. Wenn diese Begriffe des Verstandes, welche gleichsam die Seele der Worte und die Grundlagen des ganzen Baues sind, nun selbst unzureichend von den Dingen abstrahiert und unklar, nicht scharf genug bestimmt und umschrieben sind, bricht alles in sich zusammen. Deshalb verwerfe ich den Syllogismus, und zwar nicht nur im Hinblick auf die Prinzipien (weil er dort auch nicht benutzt wird), sondern auch für die Mittelsätze, die der Syllogismus zwar hervorbringt, die aber unfruchtbar und unpraktisch und für den tätigen Teil der Wissenschaften unbrauchbar sind. Ich überlasse deshalb dem Syllogismus und den viel gerühmten und geübten Arten der Beweisführung die Herrschaft über die gebräuchlichen und auf bloße Meinung sich stützenden Künste (mit denen ich nichts zu schaffen habe). Ich benutze deshalb lieber den Weg der Induktion für die Natur der Dinge, und das sowohl in den niederen als auch in den höheren Sätzen. Meine ich doch, daß die Induktion die Form des Beweises bietet, die den Sinnen hilft und der Natur gemäß ist, die den Werken nahesteht, wenn sie nicht sogar an ihnen teilhat.

Dementsprechend wird die Anordnung der Beweisführung vollkommen geändert. Bisher pflegte man so zu verfahren, daß

loco ad maxime generalia advoletur, tanquam ad polos fixos circa quos disputationes vertantur; ab illis caetera per media deriventur: via certe compendiaria, sed praecipiti, et ad naturam impervia, ad disputationes vero proclivi et accommodata. At secundum nos, axiomata continenter et gradatim excitan|tur, ut nonnisi postremo loco ad generalissima veniatur: ea vero generalissima evadunt non notionalia, sed bene terminata, et talia quae natura ut revera sibi notiora agnoscat, quaeque rebus haereant in medullis.

At in forma ipsa quoque inductionis, et judicio quod per eam fit, opus longe maximum movemus. Ea enim de qua dialectici loquuntur, quae procedit per enumerationem simplicem, puerile quiddam est, et precario concludit, et periculo ab instantia contradictoria exponitur, et consueta tantum intuetur, nec exitum reperit.

Atqui opus est ad scientias inductionis forma tali, quae experientiam solvat et separet, et per exclusiones ac rejectiones debitas necessario concludat. Quod si judicium illud vulgatum dialecticorum tam operosum fuerit, et tanta ingenia exercuerit; quanto magis laborandum est in hoc altero, quod non tantum ex mentis penetralibus, sed etiam ex naturae visceribus extrahitur?

Neque tamen hic finis. Nam fundamenta quoque scientiarum fortius deprimimus et solidamus, atque initia inquirendi altius sumimus, quam adhuc homines fecerunt: ea subjiciendo examini, quae logica vulgaris tanquam fide aliena recipit. Etenim dialectici principia scientiarum a scientiis singulis tanquam mut uo sumunt: rursus, notiones mentis primas veneran-

man von den Sinnen und dem Einzelnen zu dem Allgemeinsten
flog, als zu bestimmten festen Polen, um die die Disputationen
sich drehen. Von diesem wurde das übrige durch Mittelbegriffe
abgeleitet. Ein solcher Weg ist zwar kurz, aber gefährlich; er
führt von der Natur fort, aber zum Disputieren ist er bequem
und geeignet. Nach meinem Weg dagegen werden die Lehrsätze ordnungsgemäß und einer nach dem andern aufgestellt
und erst zuletzt gelangt man zu dem Allgemeinsten. Dieses
Allgemeinste ist dann kein leerer Begriff, sondern wohl bestimmt und so, wie es die Natur als ihr zugehörig anerkennen
würde und wie es im Innersten der Dinge steckt.

Aber die größte Veränderung, die ich einführe, betrifft die
Form der Induktion selbst und das daraus abgeleitete Urteil.
Die Form nämlich, von der die Dialektiker sprechen, die durch
einfache Aufzählung voranschreitet, ist eine kindische Sache
und gelangt nur zu unsicheren Schlüssen; sie bleibt der Gefahr
entgegengesetzter Fälle ausgesetzt, berücksichtigt nur das Bekannte und führt zu keinem Ergebnis.

Die Wissenschaften aber brauchen eine solche Form der
Induktion, welche die Erfahrung auflöst und zergliedert und
notwendig durch Ausschließung und Zurückweisung zu einer
richtigen Schlußfolgerung gelangt. Da schon die gewöhnliche
Weise des Urteilens, wie sie durch die Dialektiker geübt wird,
so viel Mühe gemacht und so große Geister beschäftigt hat, wie
viel mehr Mühe muß dann bei dem aufgewandt werden, das
nicht bloß aus den Tiefen des Geistes, sondern aus den Einge-
weiden der Natur herausgezogen werden soll?

Aber das ist noch nicht alles. Denn auch die Fundamente der
Wissenschaften lege ich tiefer und fester; den Anfang der
Untersuchung stecke ich höher, als die Menschen es bisher taten,
indem ich das der Untersuchung unterwerfe, was die gewöhnliche Logik allein dem Glauben nach annimmt. Zunächst borgen
die Dialektiker die Prinzipien der Wissenschaften bei den einzelnen Wissenschaften selbst, dann verbeugen sie sich vor den

tur: postremo, informationibus immediatis sensus bene dispositi acquiescunt. At nos logicam veram singulas scientiarum provincias majore cum imperio quam penes ipsarum principia sit debere ingredi decrevimus, atque illa ipsa principia putativa ad rationes reddendas compellere quousque plane constent. Quod vero | attinet ad notiones primas intellectus; nihil est eorum quae intellectus sibi permissus congessit, quin nobis pro suspecto sit, nec ullo modo ratum, nisi novo judicio se stiterit et secundum illud pronuntiatum fuerit. Quinetiam sensus ipsius informationes multis modis excutimus. Sensus enim fallunt utique, sed et errores suos indicant: verum errores praesto, indicia eorum longe petita sunt.

Duplex autem est sensus culpa: aut enim destituit nos aut decipit. Nam primo, plurimae sunt res quae sensum etiam recte dispositum nec ullo modo impeditum effugiunt; aut subtilitate totius corporis, aut partium minutiis, aut loci distantia, aut tarditate atque etiam velocitate motus, aut familiaritate objecti, aut alias ob causas. Neque rursus, ubi sensus rem tenet, prehensiones ejus admodum firmae sunt. Nam testimonium et informatio sensus semper est ex analogia hominis, non ex analogia universi: atque magno prorsus errore asseritur, sensum esse mensuram rerum.

Itaque ut his occurratur, nos multo et fido ministerio auxilia sensui undique conquisivimus et contraximus, ut destitutionibus substitutiones, variationibus rectificationes suppeditentur. Neque id molimur tam instrumentis quam experimentis. Etenim

obersten Begriffen des Geistes und schließlich beruhigen sie sich bei den unmittelbaren Mitteilungen der gesunden Sinne. Ich meine aber zum ersten, daß die wahre Logik die verschiedenen Gebiete der Wissenschaften ausgerüstet mit einer größeren Macht betreten sollte, als sie den Prinzipien dieser Wissenschaften selbst eigen ist, und daß auch diese vermeintlichen Prinzipien sich zu rechtfertigen haben, bis sie unwiderruflich feststehen. Denn im Hinblick auf die obersten Begriffe des Geistes ist alles verdächtig und keineswegs gefestigt, was der Verstand, wenn er sich selbst überlassen ist, ausgedacht hat, ehe es sich nicht einer neuen Untersuchung unterworfen hat und ein neues Urteil darüber ausgesprochen wurde. Und schließlich prüfe ich die Mitteilung der Sinne auf vielerlei Weisen. Denn es ist gewiß, daß die Sinne täuschen, zugleich aber zeigen sie auch die Mittel an, ihre eigenen Irrtümer zu entdecken. Die Irrtümer sind bereits da, während die Mittel, sie zu heilen, lange gesucht werden müssen.

Die Sinne fehlen auf zwei Arten: entweder lassen sie uns im Stich oder sie täuschen. Zum ersten gibt es vieles, was den Sinnen, selbst wenn sie völlig gesund und nicht beschädigt sind, entgeht, sei es wegen der Feinheit des ganzen Körpers, wegen der Kleinheit der Teile, der Entfernung des Ortes, wegen der Langsamkeit oder Schnelligkeit der Bewegung, der Bekanntheit des Gegenstandes oder wegen anderer Gründe. Aber auch dort, wo die Sinne ein Ding erfassen, sind ihre Wahrnehmungen nicht immer zuverlässig. Denn das Zeugnis und die Übermittlung der Sinne geschieht immer entsprechend dem Menschen, nicht entsprechend dem Weltall; und es ist ein großer Irrtum zu behaupten, die Sinne seien das Maß der Dinge.

Um das zu vermeiden, habe ich mit vieler und getreulicher Mühe auf allen Seiten Hilfe für die Sinne gesucht und herbeigeholt, damit Heilmittel gegen die Irrtümer, Berichtigungen gegen das Schwankende angewandt werden können. Das versuche ich durch Experimente, nicht durch Instrumente zu errei-

experimentorum longe major est subtilitas quam sensus ipsius, licet instrumentis exquisitis adjuti; (de iis loquimur experimentis, quae ad intentionem ejus quod quaeritur perite et secundum artem excogitata et apposita sunt.) Itaque perceptioni sensus immediatae ac propriae non multum tribuimus: sed eo rem deducimus, ut sensus tantum de experimento, experimentum de re judicet. Quare existimamus nos sensus (a quo omnia | in naturalibus petenda sunt, nisi forte libeat insanire) antistites religiosos, et oraculorum ejus non imperitos interpretes, nos praestitisse: ut alii professione quadam, nos re ipsa, sensum tueri ac colere videamur. Atque hujusmodi sunt ea quae ad lumen ipsum naturae ejusque accensionem et immissionem paramus: quae per se sufficere possent, si intellectus humanus aequus et instar tabulae abrasae esset. Sed cum mentes hominum miris modis adeo obsessae sint ut ad veros rerum radios excipiendos sincera et polita area prorsus desit, necessitas quaedam incumbit ut etiam huic rei remedium quaerendum esse putemus.

Idola autem a quibus occupatur mens, vel Adscititia sunt vel Innata. Adscititia vero immigrarunt in mentes hominum, vel ex philosophorum placitis et sectis vel ex perversis legibus demonstrationum. At Innata inhaerent naturae ipsius intellectus, qui ad errorem longe proclivior esse deprehenditur quam sensus. Utcunque enim homines sibi placeant et in admirationem mentis humanae ac fere adorationem ruant, illud certissimum est: sicut speculum inaequale rerum radios ex figura et sectione propria immutat, ita et mentem, cum a rebus per sensum patitur,

chen. Denn die Feinheit der Experimente ist weit größer als die
der Sinne, selbst wenn sie durch gute Instrumente unterstützt
werden (ich meine solche Experimente, welche für einen bestimmten Zweck geschickt und kunstvoll ausgedacht und angewendet werden). Deshalb lege ich auf die unmittelbare und
eigentliche Wahrnehmung der Sinne nicht viel Gewicht, sondern ich halte die Sache so, daß der Sinn nur über das Experiment, das Experiment aber über die Sache das Urteil spricht.
Deshalb halte ich mich gleichsam für einen treuen Priester der
Sinne (aus denen alle Kenntnis in den Dingen der Natur geschöpft werden muß, wenn man nicht irre werden will) und für
einen nicht ungeschickten Dolmetscher ihrer Orakel. Und während andere nur in Worten versprechen, die Sinne zu ehren und
zu pflegen, tue ich es in der Tat.

Derart ist das, was ich für die Erleuchtung der Natur, für
das Anzünden und Eindringen des Lichtes vorbereite. Es wäre
für sich genug, wenn der menschliche Geist eben und gleich
einer Tabula rasa wäre. Aber die Geister der Menschen
sind auf wunderliche Weise besessen, so daß die ebene und
reine Oberfläche fehlt, um die Strahlen der Dinge richtig auf-
zufangen. So ist es notwendig, auch hierfür ein Heilmittel zu
suchen.

Die Idole, welche den Geist erfüllen, sind entweder von
außen gekommen oder angeboren. Die von außen gekommenen
gelangen entweder aus den Lehren und Sekten der Philosophen
oder aus den verkehrten Regeln der Beweisführung in den
Geist der Menschen. Aber die angeborenen sind von Natur aus
dem Geist eigen, der viel mehr zum Irrtum neigt als die Sinne.
Denn so sehr die Menschen sich darin gefallen, den menschlichen Geist zu bewundern und sogar anzubeten, dies ist gewiß: wie ein unebener Spiegel die Strahlen der Dinge entsprechend seiner eignen Gestalt und seinem Schnitt verändert, so
kann auch dem Geist nicht getraut werden, wenn er Eindrücke
von den Dingen durch die Sinne empfängt, weil er beim Tren-

in notionibus suis expediendis et comminiscendis haud optima
fide rerum naturae suam naturam inserere et immiscere.

Atque priora illa duo *Idolorum* genera aegre, postrema vero
haec nullo modo, evelli possunt. Id tantum relinquitur, ut indi-
centur, atque ut vis ista mentis insidiatrix notetur et convin-
catur: ne forte a destructione veterum novi subinde errorum
surculi ex ipsa mala complexione mentis pullulent, eoque res
recidat, ut errores non extinguantur sed permutentur; verum e
contra ut illud tandem in aeternum ratum et fixum sit, intellectum nisi per inductionem ejusque formam legitimam judicare
non posse. Itaque doctrina ista de expurgatione intellectus ut
ipse ad veritatem habilis sit, tribus redargutionibus absolvitur:
redargutione philosophiarum, redargutione demonstrationum,
et redargutione rationis humanae nativae. His vero explicatis,
ac postquam demum patuerit quid rerum natura, | quid mentis
natura ferat, existimamus nos thalamum Mentis et Universi,
pronuba divina bonitate, stravisse et ornasse. Epithalamii
autem votum sit, ut ex eo connubio auxilia humana et stirps
inventorum quae necessitates ac miserias hominum aliqua ex
parte doment et subigant, suscipiatur. *Haec vero est operis pars
secunda.*

At vias non solum monstrare et munire, sed inire quoque
consilium est. Itaque tertia pars operis complectitur *Phaenomena Universi*; hoc est, omnigenam experientiam, atque historiam naturalem ejus generis quae possit esse ad condendam philosophiam fundamentalis. Neque enim excellens aliqua demon-

nen und Mischen seiner Begriffe seine eigene Natur mit der Natur der Dinge vermengt.

Kann man die ersten beiden Arten der Idole nur schwer ausmerzen, so kann man Idole der letzten Art überhaupt nicht beseitigen. Es bleibt nur übrig, sie anzuzeigen, so daß diese hinterlistige Eigenschaft des Geistes erkannt und bekämpft werde, damit nicht aus der Zerstörung der alten Irrtümer wegen der schlechten Beschaffenheit des Geistes neue sich erheben und die Sache darauf hinausläuft, daß die Irrtümer nicht ausgelöscht, sondern nur vertauscht werden. Es sei dagegen für alle Ewigkeit bestimmt und festgelegt, daß der Geist nicht befugt ist, ein Urteil zu sprechen, wenn er sich nicht auf die Hilfe der Induktion, seine rechtmäßige Form, stützt. Daher umfaßt die Lehre von der Reinigung des Geistes, um ihn für die Wahrheit geschickt zu machen, zugleich drei Widerlegungen: die Widerlegung der Philosophen, die Widerlegung der Beweisführungen und die Widerlegung der angeborenen menschlichen Vernunft. Nachdem dies geschehen ist, und nachdem die wahre Beziehung zwischen der Natur der Dinge und der Natur des Geistes klargeworden ist, bin ich der Meinung, daß ich das Brautbett des Geistes und der Natur unter dem Beistand der göttlichen Güte bereitet und geschmückt habe. Die Bitte des Hochzeitsliedes sei aber, daß aus dieser Hochzeit Hilfe für den Menschen und ein Stamm von Erfindern hervorgehen mögen, welche die Not und das Elend der Menschen zumindest teilweise mildern und besiegen. Dies ist der zweite Teil des Werkes.

Aber es ist ratsam, die Wege nicht nur anzuzeigen und zu befestigen, sondern sie auch zu betreten. Deshalb umfaßt der dritte Teil des Werkes die „Erscheinungen des Weltalls", d. h. die Erfahrungen aller Art und eine solche Naturgeschichte, wie sie als Grundlage der Philosophie dienen kann, die darauf aufgebaut werden soll. Denn weder eine gute Art der Beweis-

strandi via sive naturam interpretandi forma, ut mentem ab errore et lapsu defendere ac sustinere, ita ei materiam ad sciendum praebere et subministrare possit. Verum iis quibus non conjicere et hariolari, sed invenire et scire propositum est, quique non simiolas et fabulas mundorum comminisci, sed hujus ipsius veri mundi naturam introspicere et velut dissecare in animo habent, omnia a rebus ipsis petenda sunt. Neque huic labori et inquisitioni ac mundanae perambulationi, ulla ingenii aut meditationis aut argumentationis substitutio aut compensatio sufficere potest; non si omnia omnium ingenia coierint. Itaque aut hoc prorsus habendum, aut negotium in perpetuum deserendum. Ad hunc vero usque diem ita cum hominibus actum est, ut minime mirum sit si natura sui copiam non faciat.

Nam primo, sensus ipsius informatio, et deserens et fallens; observatio, indiligens et inaequalis et tanquam fortuita; traditio, vana et ex rumore; practica, operi intenta et servilis; vis experimentalis, caeca, stupida, vaga, et praerupta; denique historia naturalis, levis et inops, vitiosissimam materiam intellectui ad philosophiam et scientias congesserunt. |

Deinde, praepostera argumentandi subtilitas et ventilatio serum rebus plane desperatis tentatur remedium, nec negotium ullo modo restituit aut errores separat. Itaque nulla spes majoris augmenti ac progressus sita est, nisi in restauratione quadam scientiarum.

Hujus autem exordia omnino a naturali historia sumenda sunt, eaque ipsa novi cujusdam generis et apparatus. Frustra enim fuerit speculum expolire, si desint imagines; et plane

führung noch eine Form der Erklärung der Natur, die den Geist vor dem Irrtum und dem Versehen schützt und bewahrt, kann ihm den Stoff des Wissens darreichen und gewähren. Diejenigen aber, die nicht bloß vermuten und voraussagen, sondern entdecken und wissen wollen, die nicht nur Äffereien und Geschwätz für die Welt ersinnen, sondern die Natur dieser wirklichen Welt selbst durchschauen und im Geist zergliedern wollen, müssen alles aus den Dingen selbst entnehmen. Diese Arbeit, Untersuchung und Durchwanderung der Welt kann durch keinen Scharfsinn, kein Nachdenken und keine Beweisführung ersetzt oder ausgeglichen werden, auch dann nicht, wenn die Geister aller Menschen sich vereinten. Daher muß man sich hierzu entschließen oder das Unternehmen für immer aufgeben. Aber bis zum heutigen Tag haben die Menschen so gehandelt, daß man sich nicht zu wundern braucht, wenn die Natur sich nicht zu erkennen gegeben hat. Denn erstens ist die Mitteilung der Sinne unzuverlässig und trügerisch; die Beobachtung ist nachlässig, unregelmäßig und gleichsam zufällig; die Überlieferungen sind eitel und aus Gerüchten abgeleitet, die Praxis ist sklavisch an das Werk gekettet, die Kraft zum Experimentieren ist blind, beschränkt, unstet und wird voreilig abgebrochen; die Naturgeschichte schließlich ist leichtfertig und armselig – alle diese haben den Geist nur mit dem mangelhaftesten Stoff für die Philosophie und die Naturwissenschaften versorgt.

Danach wird der Versuch gemacht, durch Spitzfindigkeiten und Jonglieren mit Beweisführungen die Sache zu verbessern, aber zu spät, denn die Sache kann damit nicht wiederhergestellt und der Irrtum nicht beseitigt werden. Die einzige Hoffnung auf eine erhebliche Vermehrung und auf einen Fortschritt liegt deshalb in einer Wiederherstellung der Wissenschaften.

Eine solche muß in der Naturgeschichte begründet sein, und diese wiederum muß selbst auf eine neue Weise eingerichtet sein. Denn es ist vergeblich, einen Spiegel zu putzen, wenn die

materia idonea praeparanda est intellectui, non solum praesidia fida comparanda. Differt vero rursus historia nostra (quemadmodum logica nostra) ab ea quae habetur, multis rebus: fine sive officio, ipsa mole et congerie, dein subtilitate, etiam delectu et constitutione in ordine ad ea quae sequuntur.

Primo enim eam proponimus historiam naturalem, quae non tam aut rerum varietate delectet aut praesenti experimentorum fructu juvet, quam lucem inventioni causarum affundat, et philosophiae enutricandae primam mammam praebeat. Licet enim opera atque activam scientiarum partem praecipue sequamur, tamen messis tempus expectamus, nec muscum et segetem herbidam demetere conamur. Satis enim scimus, axiomata recte inventa tota agmina operum secum trahere, atque opera non sparsim sed confertim exhibere. Intempestivum autem illum et puerilem affectum, ut pignora aliqua novorum operum propere captentur, prorsus damnamus et amovemus, ceu pomum Atalantae quod cursum retardat. Atque Historiae nostrae Naturalis officium tale est.

Quoad congeriem vero, conficimus historiam non solum naturae liberae ac solutae (cum scilicet illa sponte fluit et opus suum peragit), qualis est historia coelestium, meteororum, terrae et maris, mineralium, plantarum, animalium; sed multo magis naturae constrictae et vexatae; nempe, cum per artem et ministerium humanum de statu suo detruditur, atque premitur et fingitur. Itaque omnia artium mechanicarum, omnia operativae partis liberalium, omnia practicarum complurium quae in artem propriam non coaluerunt, experimenta (quantum inqui-

Bilder fehlen; und man muß dem Geist den passenden Stoff bereiten und ihn nicht bloß mit zuverlässigen Hilfsmitteln ausstatten. Meine Geschichte unterscheidet sich also – wie meine Logik – in vielen Dingen von der jetzt gebräuchlichen: im Ziel wie im Amt, im Stoff wie im Inhalt; in der Feinheit, auch in der Auswahl wie in der Einrichtung und in der Reihenfolge der Gegenstände.

Erstens nämlich lege ich eine Naturgeschichte dar, die nicht bloß durch die Mannigfaltigkeit der Dinge erfreuen oder durch die Früchte der Experimente sofort Hilfe bringen will, sondern sie gibt das Licht für die Entdeckung der Ursachen und reicht der noch zu nährenden Philosophie die erste Brust. Denn wenn ich auch vorzugsweise die Werke und den tätigen Teil der Wissenschaften verfolge, so warte ich doch die Erntezeit ab und versuche nicht, Moos und Unkraut oder die grüne Saat abzumähen. Denn ich weiß wohl, wenn die Lehrsätze einmal richtig entdeckt sind, werden sie ganze Scharen von Werken mit sich führen und die Werke werden nicht einzeln, sondern in dichter Folge geschaffen werden. Das voreilige und kindische Begehren, in aller Eile Pfänder für neue Werke zu ergattern, verdamme ich entschieden und weise es wie den Apfel der Atalanta zurück, der den Lauf hemmt. Und so ist die Aufgabe meiner Naturgeschichte beschaffen.

Im Hinblick auf den Stoff meine ich, daß ich nicht bloß eine Geschichte der freien und ungebundenen Natur (wenn sie ihrem eigenen Lauf überlassen ist und ihr Werk vollbringt) wie bei der Geschichte der Himmelskörper, der Lufterscheinungen, der Erde, des Meeres, der Gesteine, Pflanzen und Tiere darlege, sondern weit mehr noch eine Geschichte der gebundenen und bezwungenen Natur, d. h. wenn sie durch die Kunst und die Tätigkeit des Menschen aus ihrem Zustand gedrängt, gepreßt und geformt wird. Deshalb beschreibe ich alle Experimente der mechanischen Künste, des tätigen Teils der freien Künste, der praktischen Tätigkeiten, die noch zu keiner eigenen Kunst ge-

rere licuit et quantum ad finem nostrum faciunt) perscribimus. Quin etiam (ut quod res est eloquamur) fastum hominum et speciosa nil morati, multo plus et operae et praesidii in hac parte quam in illa altera ponimus; quandoquidem natura rerum magis se prodit per vexationes artis quam in libertate propria. |

Neque Corporum tantum historiam exhibemus; sed diligentiae insuper nostrae esse putavimus, etiam Virtutum ipsarum (illarum dicimus quae tanquam cardinales in natura censeri possint, et in quibus naturae primordia plane constituuntur, utpote materiae primis passionibus ac desideriis, viz. *Denso, Raro, Calido, Frigido, Consistenti, Fluido, Gravi, Levi,* aliisque haud paucis) historiam seorsum comparare.

Enimvero ut de subtilitate dicamus, plane conquirimus genus experimentorum longe subtilius et simplicius quam sunt ea quae occurrunt. Complura enim a tenebris educimus et eruimus, quae nulli in mentem venisset investigare, nisi qui certo et constanti tramite ad inventionem causarum pergeret; cum in se nullius magnopere sint usus; ut liquido appareat, ea non propter se quaesita esse; sed ita prorsus se habeant illa ad res et opera quemadmodum literae alphabeti se habeant ad orationem et verba; quae licet per se inutiles eaedem tamen omnis sermonis elementa sunt.

In delectu autem narrationum et experimentorum melius hominibus cavisse nos arbitramur quam qui adhuc in historia naturali versati sunt. Nam omnia fide oculata aut saltem perspecta, et summa quadam cum severitate, recipimus; ita ut nil referatur auctum miraculi causa, sed quae narramus a fabulis et vanitate casta et intemerata sint. Quinetiam et recepta quaeque

führt haben, soweit ich imstande war, sie zu untersuchen und soweit sie zu meinem Ziel gehören.

Ich habe auf diesen Teil mehr Arbeit und Mühe verwendet als – um es offen auszusprechen – auf den Luxus der Menschen und die Schönheiten, denn die Natur der Dinge offenbart sich mehr, wenn sie von der Kunst bedrängt wird, als wenn sie sich selbst frei überlassen bleibt.

Auch gebe ich nicht bloß die Geschichte der Körper, sondern halte es für meine Pflicht, daneben auch die Geschichte der Kräfte selbst zu vergleichen (ich meine jene, die man als die Hauptkräfte in der Natur ansehen kann und auf denen alle Anfänge in der Natur beruhen, also solche Leidenschaften oder Begehren der Materie wie das Dichte, das Lockere, das Warme, das Kalte, das Feste, das Flüssige, das Schwere, das Leichte und anderes mehr).

Was die Feinheit anbetrifft, so suche ich nach einer Art von Experimenten, die weit feiner und einfacher ist als die, welche sich jedem anbietet. Denn ich gewinne und suche viele Dinge aus dem Dunkel hervor, die zu suchen niemandem in den Sinn gekommen wäre, wenn er nicht auf sicherem und festem Wege zur Entdeckung der Ursachen vordränge. Denn an sich sind sie nicht von großem Nutzen, und es ist klar, daß sie nicht um ihrer selbst willen gesucht werden; aber sie haben das gleiche Verhältnis zu den Dingen und Werken wie die Buchstaben des Alphabets zur Rede und zu den Worten, sie sind ebenfalls an sich nutzlos und bilden doch die Elemente jeder Rede.

In der Auswahl der Erzählungen und Versuche glaube ich besser für die Menschen gesorgt zu haben als die, welche sich bisher mit der Naturgeschichte beschäftigt haben. Ich habe nur das aufgenommen, was ich als Augenzeuge oder wenigstens ganz genau betrachtet habe, und auch das erst nach strenger Untersuchung. Daher ist nichts um eines Wunders willen vergrößert worden, sondern was ich berichte, ist rein und unbefleckt von Erdichtetem und Eitlem. Alle überlieferten und ange-

ac jactata mendacia (quae mirabili quodam neglectu per saecula multa obtinuerunt et inveterata sunt) nominatim proscribimus et notamus; ne scientiis amplius molesta sint. Quod enim prudenter animadvertit quidam, fabulas et superstitiones et nugas quas nutriculae pueris instillant, mentes eorum etiam serio depravare: ita eadem nos movit ratio ut solliciti atque etiam anxii simus ne ab initio, cum veluti infantiam philosophiae sub historia naturali tractemus et curemus, illa alicui vanitati assuescat. At in omni experimento novo et paulo subtiliore, licet (ut nobis videtur) certo ac probato, modum tamen experimenti quo usi sumus aperte subjungimus; ut, postquam patefactum sit quomodo singula nobis constiterint, videant homines quid erroris subesse et adhaerere possit, atque ad probationes magis fidas et magis exquisitas (si quae sint) expergiscantur: denique ubique monita et scrupulos et | cautienes aspergimus, religione quadam et tanquam exorcismo omnia phantasmata ejicientes ac cohibentes.

Postremo, cum nobis exploratum sit quantopere experientia et historia aciem mentis humanae disgreget, et quam difficile sit (praesertim animis vel teneris vel praeoccupatis) a principio cum natura consuescere, adjungimus saepius observationes nostras, tanquam primas quasdam conversiones et inclinationes ac veluti aspectus historiae ad philosophiam; ut et pignoris loco hominibus sint eos in historiae fluctibus perpetuo non detentos iri, utque cum ad opus intellectus deveniatur omnia sint magis in procinctu. Atque per hujusmodi (qualem describimus) Historiam Naturalem, aditum quendam fieri posse ad naturam tutum et commodum, atque materiam intellectui praeberi probam et praeparatam, censemus.

nommenen Lügen (die sich nur durch eine wundersame Nachlässigkeit viele Jahrhunderte erhalten konnten und eingewurzelt sind) ächte und brandmarke ich, damit sie die Wissenschaften nicht länger belästigen. Denn man hat beobachtet, daß die Fabeln, der Aberglaube und die Possen, welche die Ammen den Kindern beibringen, deren Geist ernsthaft verschlechtern. Dieselbe Überlegung macht mich unruhig und ängstlich, daß nicht gleich am Anfang, wo ich die Philosophie gleichsam in ihrer Kindheit als Naturgeschichte pflege und umsorge, sie sich an Eitelkeit gewöhne. Bei jedem neuen und etwas feineren Experiment habe ich, wenn es auch – wie mir schien – sicher und bewiesen war, dennoch das benutzte Verfahren offen dargelegt, damit die Menschen, nachdem ich ihnen eröffnet habe, auf welche Weise ich zu dem Einzelnen gelangt bin, sehen, ob dabei ein Irrtum unterlaufen sein könne und zu sichereren und erwählteren Beweisen angeregt werden, soweit solche möglich sind. Schließlich füge ich überall die Einwände, Bedenken und Einschränkungen hinzu und vertreibe und zähme gleichsam durch Religion und Beschwörungen alle Einbildungen.

Zum letzten, da mir bekannt ist, wie sehr die Erfahrung und die Geschichte den Geist des Menschen zerstreut und wie schwer es ist (besonders für empfindlichere und voreingenommene Gemüter), mit der Natur zutiefst vertraut zu werden, füge ich des öfteren meine Beobachtungen hinzu, die die ersten Wendungen und Neigungen, gleichsam die ersten Blicke der Geschichte zur Philosophie darstellen. Das mag den Menschen als Pfand gelten, daß sie nicht ständig von den Fluten der Naturbeschreibung festgehalten werden, und auch daß sie, wenn es für den Verstand Zeit wird, sein Werk zu beginnen, alle in größerer Bereitschaft sind. Durch eine Naturgeschichte, wie ich sie hier beschrieben habe, gewinnt man nach meiner Meinung einen sicheren und bequemen Eingang zur Natur und bietet dem Verstand den geeigneten und vorbereiteten Stoff dar.

Postquam vero et intellectum fidissimis auxiliis ac praesidiis stipavimus, et justum divinorum operum exercitum severissimo delectu comparavimus; nil amplius superesse videtur, nisi ut philosophiam ipsam aggrediamur. Attamen in re tam ardua et suspensa, sunt quaedam quae necessario videntur interponenda; partim docendi gratia, partim in usum praesentem.

Horum primum est, ut exempla proponantur inquirendi et inveniendi secundum nostram rationem ac viam, in aliquibus subjectis repraesentata: sumendo ea potissimum subjecta quae et inter ea quae quaeruntur sunt nobilissima et inter se maxime diversa; ut in unoquoque genere exemplum non desit. Neque de iis exemplis loquimur quae singulis praeceptis ac regulis illustrandi gratia adjiciuntur (hoc enim in secunda parte operis abunde praestitimus); sed plane typos intelligimus et plasmata, quae universum mentis processum atque inveniendi continuatam fabricam et ordinem, in certis subjectis, iisque variis et insignibus, tanquam sub oculos ponant. Etenim nobis in mentem venit, in mathematicis, astante machina, sequi demonstrationem facilem et perspicuam; contra absque hac commoditate, omnia videri involuta et quam revera sunt subtiliora. Itaque hujusmodi exemplis quartam partem nostri operis attribuimus: quae revera nil aliud est, quam secundae partis applicatio particularis et explicata.

At quinta pars ad tempus tantum, donec reliqua perficiantur, adhibetur; et tanquam foenus redditur, usque dum sors haberi | possit. Neque enim finem nostrum ita petimus occaecati, ut quae occurrunt in via utilia negligamus. Quamobrem quintam partem operis ex iis conficimus quae a nobis aut inventa aut probata aut addita sunt; neque id tamen ex rationibus atque praescriptis interpretandi, sed ex eodem intellectus usu quem alii in

Nachdem ich so den Geist mit den zuverlässigsten Hilfsmitteln und Stützen ausgerüstet und mit sorgfältigster Auswahl
ein tüchtiges Heer der göttlichen Werke gesammelt habe,
scheint nur übrigzubleiben, daß ich an die Philosophie selbst
herantrete. Aber in einer so schwierigen und schwankenden
Sache gibt es einiges, was unbedingt vorausgeschickt werden muß,
teils der Belehrung wegen, teils zum gegenwärtigen Gebrauch.
Dazu zählt erstens, daß Beispiele zur Untersuchung und Entdeckung nach meiner Weise an einzelnen Fällen gegeben werden;
dabei sollen vor allem solche Fälle ausgewählt werden, welche
die vornehmsten und unter sich verschiedensten sind, damit so
für keine Art ein Beispiel fehle. Ich spreche hier nicht von den
Beispielen, welche zur Erklärung einzelnen Vorschriften und
Regeln zur Darstellung beigefügt werden (diese habe ich nämlich im zweiten Teil des Werkes genügend dargelegt). Ich meine
die Grundformen und Gebilde, welche den ganzen Prozeß des
Geistes und die ganze Wirksamkeit und Ordnung des Erfinders
an einzelnen unterschiedlichen und bemerkenswerten Fällen
gleichsam vor Augen stellen. Denn es ist mir in den Sinn gekommen, daß in der Mathematik die Beweisführung mit Hilfe
einer Maschine leicht und klar ist und daß dagegen ohne diese
Hilfe alles verworrener und schwieriger scheint, als es wirklich
ist. Daher ist den Beispielen dieser Art der vierte Teil meines
Werkes gewidmet, der in Wirklichkeit nichts anderes als eine
Anwendung und Verdeutlichung des zweiten Teiles auf das
Besondere ist.

Der fünfte Teil soll nur solange gelten, bis das übrige vollendet ist, er wird als Pfand gegeben, bis man das Kapital erlangen kann. Denn ich verfolge mein Ziel nicht so blindlings,
daß ich das Nützliche, was auf dem Wege liegt, verachte. Ich
schließe deshalb in den fünften Teil des Werkes solche Dinge
ein, die ich entdeckt, untersucht oder hinzugefügt habe, nicht
aus der bloßen Vernunft und den Regeln zur Auslegung, son-

inquirendo et inveniendo adhibere consueverunt. Etenim cum, ex perpetua nostra cum natura consuetudine, majora de meditationibus nostris quam pro ingenii viribus speramus; tum poterunt ista veluti tabernaculorum in via positorum vice fungi, ut mens ad certiora contendens in iis paulisper acquiescat. Attamen testamur interim, nos illis ipsis, quod ex vera interpretandi forma non sint inventa aut probata, teneri minime velle. Istam vero judicii suspensionem non est quod exhorreat quispiam, in doctrina quae non simpliciter nil sciri posse, sed nil nisi certo ordine et certa via sciri posse, asserit; atque interea tamen certos certitudinis gradus ad usum et levamen constituit, donec mens in causarum explicatione consistat. Neque enim illae ipsae scholae philosophorum qui *Acatalepsiam* simpliciter tenuerunt inferiores fuere istis quae pronuntiandi licentiam usurparunt. Illae tamen sensui et intellectui auxilia non paraverunt, quod nos fecimus, sed fidem et authoritatem plane sustulerunt; quod longe alia res est, et fere opposita.

Sexta tandem pars operis nostri (cui reliquae inserviunt ac ministrant) eam demum recludit et proponit philosophiam, quae ex hujusmodi (qualem ante docuimus et paravimus) inquisitione legitima et casta et severa educitur et constituitur. Hanc vero postremam partem perficere et ad exitum perducere, res est et supra vires et ultra spes nostras collocata. Nos ei initia (ut speramus) non contemnenda, exitum generis humani fortuna dabit, qualem forte homines in hoc rerum et animorum statu haud facile animo capere aut metiri queant. Neque enim agitur

dern durch den Gebrauch des Verstandes, der zu deren Erfindung und Entdeckung gedient hat. Ich hoffe, daß meine Überlegungen infolge meiner ständigen Berührung mit der Natur größere Dinge hervorbringen, die meine schwachen Kräfte übersteigen; bis dahin mögen die einzelnen Entdeckungen gleichsam als Herbergen am Wegrand dienen, damit der Geist auf seinem Wege zur Wahrheit in ihnen ein wenig ausruhe. Dagegen erkläre ich inzwischen, daß ich all das, was nicht in der richtigen Form des Interpretierens entdeckt und geprüft worden ist, keinesfalls festgehalten haben will. Niemand wird diese Zurückhaltung beim Urteil in einer Lehre mißbilligen, welche zwar nicht behauptet, man könne nichts wissen, aber doch, daß man nur auf einem richtigen und gewissen Wege etwas wissen kann. Diese Lehre errichtet deshalb gewisse Grade der Gewißheit zum Gebrauch und zur Linderung, bis der Geist zur Erklärung der Ursachen gelangt ist. Selbst die Schulen der Philosophen, die einfach an der Unmöglichkeit des Wissens festhalten, standen nicht hinter denen zurück, die in ihren Behauptungen sich alle Freiheiten herausnahmen. Sie haben sich nämlich nicht – wie ich es tue – Hilfe für die Sinne und den Verstand bereitet, sondern haben ihre Treue und ihre Gewißheit bestritten, was eine ganz andere und entgegengesetzte Sache ist.

Der sechste Teil meines Werkes (dem die übrigen nur dienen und aufwarten) erschließt und errichtet die Philosophie, welche aus einer rechtmäßigen, keuschen und strengen Untersuchung, wie sie hier dargelegt und vorbereitet wurde, hervorgeht und sich erhebt. Diesen letzten Teil zu vollenden und zu Ende zu führen, ist eine Sache, die meine Kräfte und meine Hoffnung übersteigt. Ich habe, wie ich hoffe, einen nicht unbedeutenden Anfang gemacht, das Ende wird das Geschick des menschlichen Geschlechts gewähren, und zwar so, wie man es bei der jetzigen Lage der Dinge und des menschlichen Geistes wohl nicht leicht erfassen und übersehen kann. Es handelt sich nämlich nicht bloß

solum foelicitas contemplativa, sed vere res humanae et fortunae, atque omnis operum potentia. Homo enim naturae minister et interpres tantum facit et intelligit, quantum de naturae ordine, opere vel mente, observaverit: nec amplius scit, aut potest. Neque enim ullae vires causarum catenam solvere aut perfringere possint, neque natura aliter quam parendo vincitur. Itaque intentiones geminae illae, humanae scilicet *Scientiae* et *Potentiae*, vere in idem coincidunt; et frustratio operum maxime fit ex ignoratione causarum. |

Atque in eo sunt omnia, siquis oculos mentis a rebus ipsis nunquam dejiciens, earum imagines plane ut sunt excipiat. Neque enim hoc siverit Deus, ut phantasiae nostrae somnium pro exemplari mundi edamus: sed potius benigne faveat, ut apocalypsim ac veram visionem vestigiorum et sigillorum creatoris super creaturas scribamus.

Itaque Tu Pater, qui lucem visibilem primitias creaturae dedisti, et lucem intellectualem ad fastigium operum tuorum in faciem hominis inspirasti; opus hoc, quod a tua bonitate profectum tuam gloriam repetit, tuere et rege. Tu postquam conversus es ad spectandum opera quae fecerunt manus tuae, vidisti quod omnia essent bona valde; et requievisti. At homo conversus ad opera quae fecerunt manus suae, vidit quod omnia essent vanitas et vexatio spiritus; nec ullo modo requievit. Quare si in operibus tuis sudabimus, facies nos visionis tuae et sabbati tui participes*. Supplices petimus, ut haec mens nobis constet; utque novis eleemosynis, per manus nostras et aliorum quibus eandem mentem largieris, familiam humanam dotatam velis.

---

* Vergl. Augustinus: Confessiones, Schluß, XIII, 35–36.

um das Glück der Betrachtung, sondern in Wahrheit um die Sache und das Glück der Menschheit und um die Macht zu allen Werken. Denn der Mensch als Diener und Dolmetscher der Natur wirkt und weiß nur so viel, wie er von der Ordnung der Natur durch seine Werke oder durch seinen Geist beobachtet hat; mehr weiß er nicht, und mehr vermag er nicht. Denn keine Kraft kann die Kette der Ursachen lösen oder zerbrechen, und die Natur wird nur besiegt, indem man ihr gehorcht. Daher fallen jene Zwillingsziele, die menschliche Wissenschaft und Macht, zusammen, und das Mißlingen der Werke geschieht meist aus Unkenntnis der Ursachen.

Und darin liegt alles begründet, daß man das geistige Auge niemals von den Dingen selbst wegwende und deren Bilder so aufnehme wie sie sind. Denn Gott verbietet, daß ich einen Traum meiner Einbildung als Modell der Welt anbiete. Aber er wird mir gnädig helfen, daß ich eine Offenbarung und ein wahres Gesicht von den Spuren und Zeichen des Schöpfers in den Geschöpfen niederschreibe.

Du Vater, der du das sichtbare Licht als erste Schöpfung gewährt hast und das geistige Licht bis zum Gipfel deiner Werke dem Antlitz des Menschen eingegeben hast, schütze und lenke das Werk, das aus deiner Güte hervorgegangen ist und deinen Ruhm wiederholt! Als du dich umwandtest, um die Werke zu betrachten, die deine Hand geschaffen hatte, hast du gesehen, daß alles sehr gut war und hast ausgeruht. Aber der Mensch, der sich zu den Werken, die seine Hand geschaffen hat, hinwendet, sieht, daß alles Eitelkeit und Leere des Geistes ist, und er kann darin keine Ruhe finden. Wenn ich mich also in deinen Werken anstrenge, so mache du mich deiner Einsicht und deines Sabbaths teilhaftig. Ich bitte demütig, daß mir ein solcher Geist bewahrt bleibe und daß du mit neuen Almosen durch meine Hände und durch die Hände anderer, denen du den gleichen Geist verleihst, die menschliche Familie beschenken wollest.

Deest

PARS PRIMA INSTAURATIONIS,

quae complectitur

Partitiones Scientiarum.

Illae tamen ex Secundo Libro de Progessibus faciendis in Doctrina Divina et Humana, nonulla ex parte peti possunt.

Sequitur

SECUNDA PARS INSTAURATIONIS,

quae artem ipsam

Interpretandi Naturam, et verioris adoperationis Intellectus exhibet: neque eam ipsam tamen in Corpore tractatus justi, sed tantum digestam per summas, in Aphorismos.

Der erste Teil der

WIEDERHERSTELLUNG

DER WISSENSCHAFTEN

fehlt. Er enthält die

EINTEILUNG DER WISSENSCHAFTEN.

Zum Teil kann dieser aus dem zweiten Buche des Werkes:
„Über die Fortschritte in göttlicher und menschlicher Lehre"
entnommen werden.

Es folgt: Der zweite Teil der

ERNEUERUNG DER WISSENSCHAFTEN,

welcher

die Kunst der Naturerklärung und eines richtigern Gebrauchs
des Verstandes enthält; doch nicht in der Form einer richtigen
Abhandlung, sondern nur in der Hauptsache auf einzelne Sätze
gebracht.

PARS SECUNDA OPERIS, QUAE DICITUR
NOVUM ORGANUM,
SIVE
INDICIA VERA
DE INTERPRETATIONE NATURAE

Praefatio

Qui de natura tanquam de re explorata pronuntiare ausi
sunt, sive hoc ex animi fiducia fecerint sive ambitiose et more
professorio, maximis illi philosophiam et scientias detrimentis
affecere. Ut enim ad fidem faciendam validi, ita etiam ad inquisitionem extinguendam et abrumpendam efficaces fuerunt.
Neque virtute propria tantum profuerunt, quantum in hoc
nocuerunt, quod aliorum virtutem corruperint et perdiderint.
Qui autem contrariam huic viam ingressi sunt atque nihil prorsus sciri posse asseruerunt, sive ex sophistarum veterum odio
sive ex animi fluctuatione aut etiam ex quadam doctrinae copia
in hanc opinionem delapsi sint, certe non contemnendas ejus
rationes adduxerunt; veruntamen nec a veris initiis sententiam
suam derivarunt, et studio quodam atque affectatione provecti,
prorsus modum excesserunt. At antiquiores ex Graecis
(quorum scripta perierunt) inter pronuntiandi jactantiam et
Acatalepsiae desperationem prudentius se sustinuerunt: atque
de inquisitionis difficultate et rerum obscuritate saepius querimonias et indignationes miscentes, et veluti fraenum morden-
tes, tamen propositum urgere atque naturae se immiscere non

DAS NEUE ORGANON

oder

DIE WAHRE ANLEITUNG
ZUR INTERPRETATION DER NATUR

Vorrede

Die über die Natur als eine bereits erforschte Angelegenheit zu sprechen gewagt haben, sei es aus Überzeugung oder aus Eitelkeit und schulmeisterlicher Gewohnheit, haben auf die Philosophie und die Wissenschaften sehr schädlich gewirkt. Soweit man ihnen nämlich Glauben schenkte, haben sie die Forschung weitgehend unterdrückt und abgebrochen. Durch ihre eigenen Leistungen haben sie nicht so viel genützt wie geschadet, weil sie die Kräfte anderer völlig zerstörten.

Die aber den entgegengesetzten Weg einschlugen und sich gewöhnten zu sagen, man könne überhaupt nichts wissen – sei es aus Haß gegen die alten Sophisten, aus zweifelndem und schwankendem Sinn heraus oder sei es, daß sie auf Grund einer Unmenge bloßer Gelehrsamkeit zu dieser Meinung herabglitten –, haben dafür nicht unwichtige Gründe angeführt. Trotzdem haben sie ihre Behauptung nicht aus wahren Prinzipien hergeleitet, sondern sich vom blinden Gelehrteneifer verführen lassen. Sie trieben so über das rechte Maß hinaus.

Die älteren unter den Griechen, deren Schriften verlorengegangen sind, haben die kluge Mitte eingehalten zwischen einem vorschnellen, anmaßenden Urteil und einer verzweifelnden Urteilsenthaltung über alles. Unwillig klagen sie allerdings oft, daß die Untersuchungen recht schwierig und die Dinge dunkel seien; gleichsam auf den Zügel beißend, nahmen sie ihren for-

destiterunt; consentaneum (ut videtur) existimantes, hoc ipsum (videlicet utrum aliquid sciri possit) non disputare, sed experiri. Et tamen illi ipsi, impetu tantum intellectus usi, regulam non adhibuerunt, sed omnia in acri meditatione et mentis voluntatione et agitatione perpetua posuerunt.

Nostra autem ratio, ut opere ardua, ita dictu facilis est. Ea enim est, ut certitudinis gradus constituamus, sensum per reductionem quandam tueamur, sed mentis opus quod sensum subsequitur plerunque rejiciamus; novam autem et certam viam, ab ipsis sensuum perceptionibus, menti aperiamus et muniamus. Atque hoc proculdubio viderunt et illi qui tantas | dialecticae partes tribuerunt. Ex quo liquet, illos intellectui adminicula quaesivisse, mentis autem processum nativum et sponte moventem, suspectum habuisse. Sed serum plane rebus perditis hoc adhibetur remedium; postquam mens ex quotidiana vitae consuetudine, et auditionibus et doctrinis inquinatis occupata, et vanissimis *idolis* obsessa fuerit. Itaque ars illa dialecticae, sero (ut diximus) cavens neque rem ullo modo restituens, ad errores potius figendos quam ad veritatem aperiendam valuit. Restat unica salus ac sanitas, ut opus mentis universum de integro resumatur; ac mens, jam ab ipso principio, nullo modo sibi permittatur, sed perpetuo regatur; ac res veluti per machinas conficiatur. Sane si homines opera mechanica nudis manibus, absque instrumentorum vi et ope, aggressi essent, quemadmodum opera intellectualia nudis fere mentis viribus tractare non dubitarunt, parvae admodum fuissent res quas

schenden Trieb hart in Zucht gemäß ihrem Vorsatz, in Verbindung mit der Natur zu bleiben. Sie hielten es für angemesse-
ner, die Frage, ob man etwas wissen könne oder nicht, lieber
durch die Erprobung statt durch bloßes Diskutieren zu lösen.
Doch haben selbst sie diese Weisung nicht eingehalten. Immer
wieder haben sie sich vom reinen Denktrieb reizen lassen und
haben alles durch eifriges Nachdenken und immer neues Hin-
und Herwälzen der Gedanken auszumachen versucht.

Meine Methode ist leicht darzustellen, doch schwer anzuwenden. Es gilt, die Stufen der Gewißheit zu bestimmen, die sinn-
liche Wahrnehmung durch Rückführung auf ihre Gründe zu
sichern, aber das den Sinnen folgende Spekulieren des Geistes
zu verwerfen, um so dem Verstande einen neuen, unfehlbaren
Weg von der sinnlichen Wahrnehmung aus zu eröffnen und zu
sichern. Dies haben zweifellos bereits die gesehen, die auf die
Hilfe der Dialektik so großen Wert legten. Dabei leitete sie
wohl die Absicht, dem Verstande Unterstützung zu geben, denn
sie trauten ihm nicht, wenn er sich selbst und seiner eigenen
Denkbewegung überlassen blieb. Doch für eine verlorene Sache
kommt das Heilmittel zu spät. Der Verstand ist bereits durch
die tägliche Gewohnheit von schädlichen Überlieferungen und
Lehrmeinungen verdorben und leeren Hirngespinsten unter-
legen. So kam die erwähnte Kunst der Dialektik zu spät und
konnte den erwünschten Zustand nicht wieder herstellen. Ja, sie
hat weit mehr dazu beigetragen, neuen Irrtümern als der Wahrheit neue Bahnen zu eröffnen.

Wirkliches Gedeihen liegt einzig darin, das umfassende
Werk des Geistes von neuem aufzuarbeiten. Der Geist darf
von Anfang an nicht sich selbst überlassen bleiben, sondern
muß ständig gelenkt werden. So muß das Werk gleichsam wie
durch eine Maschine vorangetrieben werden. In der Tat, hätten
die Menschen mit bloßen Händen ohne Hilfe von Werkzeugen
mechanische Arbeiten angepackt, so wie sie sich bedenkenlos
fast nur mit Verstandeskräften an die geistige Arbeit gewagt

movere et vincere potuissent, licet operas enixas atque etiam conjunctas praestitissent. Atque si paulisper morari, atque in hoc ipsum exemplum, veluti in speculum, intueri velimus; exquiramus (si placet) si forte obeliscus aliquis magnitudine insignis ad triumphi vel hujusmodi magnificentiae decus transferendus esset, atque id homines nudis manibus aggrederentur, annon hoc magnae cujusdam esse dementiae spectator quispiam rei sobrius fateretur? Quod si numerum augerent operariorum, atque hoc modo se valere posse confiderent, annon tanto magis? Sin autem delectum quendam adhibere vellent, atque imbecilliores separare, et robustis tantum et vigentibus uti, atque hinc saltem se voti compotes fore sperarent, annon adhuc eos impensius delirare diceret? Quin etiam si hoc ipso non contenti, artem tandem athleticam consulere statuerent, ac omnes deinceps manibus et lacertis et nervis ex arte bene unctis et medicatis adesse juberent, annon prorsus eos dare operam ut cum ratione quadam et prudentia insanirent, clamaret? Atque homines tamen simili malesano impetu et conspiratione inutili feruntur in intellectualibus; dum ab ingeniorum vel multitudine et consensu vel excellentia et acumine magna sperant, aut etiam dialectica (quae quaedam athletica censeri possit) mentis nervos roborant; sed interim, licet tanto studio et conatu, (si quis vere judicaverit) intellectum nudum applicare non desinunt. Manifestissimum autem est, in omni opere magno, quod manus hominis praestat, sine instrumentis et machinis, vires nec singulorum intendi nec omnium coire posse. |

Itaque ex his quae diximus praemissis, statuimus duas esse res de quibus homines plane monitos volumus, ne forte illae

haben, so hätten sie kaum Nennenswertes bewegt und überwinden können, auch wenn sie sich noch so sehr mit vereinten Kräften angestrengt hätten.

Verweilen wir noch ein wenig bei diesem Beispiel und prüfen darin unser Anliegen wie in einem Spiegel. Fragen wir nun, ob nicht jeder vernünftige Zuschauer es für Wahnsinn hielte, einen gewaltigen Obelisken zur Zierde eines Triumphes oder einer anderen Feierlichkeit herbeizuschaffen, wobei die Arbeiter versuchten, dies mit bloßen Händen zu tun. Falls man nun die Zahl der Arbeiter vermehren wollte in der Meinung, die Sache nun besser schaffen zu können, wäre das nicht noch ärger? Weiter, wollte man nun auswählen – die Schwächeren ausschließen und nur die Stärkeren behalten –, in der Hoffnung, den Zweck zu erreichen, wäre das nicht noch törichter? Ja, wenn man vollends, mit all dem noch nicht zufrieden, endlich zur Kunst der Athleten Zuflucht nähme und anordnete, daß jeder mit wohlgesalbten und vorbereiteten Händen, Armen und Sehnen an die Arbeit gehen solle, müßte der Zuschauer nicht ausrufen, sie gäben sich alle erdenkliche Mühe, mit Klugheit und Methode toll zu sein? Dennoch stürzen die Menschen sich mit ähnlich tollem Ungestüm und nutzlos vereinten Kräften auf die Dinge des Verstandes. Sie erwarten bald von der Menge und Übereinstimmung der Geister, bald von ihrer Vortrefflichkeit und ihrem Scharfsinn die größten Dinge. Oder sie stärken mittels der Dialektik, die man ja für eine Athletenkunst halten kann, die Kräfte des Geistes. Sieht man aber genauer zu, wird man erkennen, daß sie bei allem Mühen und Schaffen doch immer nur bei dem bloßen Verstand verharren. Denn es ist sonnenklar, daß bei jedem großen Werk, das von Menschenhand erschaffen wird, ohne Werkzeuge und Maschinen weder die Kraft der einzelnen recht angesetzt, noch die Kräfte aller zweckmäßig vereinigt werden können.

Aus dem, was ich gesagt habe, ziehe ich nachstehende zwei Folgerungen. Auf diese mache ich die Menschen besonders auf-

eos fugiant aut praetereant. Quarum prima hujusmodi est; fieri fato quodam (ut existimamus) bono, ad extinguendas et depellendas contradictiones et tumores animorum, ut et veteribus honor et reverentia intacta et imminuta maneant, et nos destinata perficere et tamen modestiae nostrae fructum percipere possimus. Nam nos, si profiteamur nos meliora afferre quam antiqui, eandem quam illi viam ingressi, nulla verborum arte efficere possimus, quin inducatur quaedam ingenii vel excellentiae vel facultatis comparatio sive contentio; non ea quidem illicita aut nova; – quidni enim possimus pro jure nostro (neque eo ipso alio, quam omnium) si quid apud eos non recte inventum aut positum sit, reprehendere aut notare? – sed tamen utcunque justa aut permissa, nihilominus impar fortasse fuisset ea ipsa contentio, ob virium nostrarum modum. Verum quum per nos illud agatur, ut alia omnino via intellectui aperiatur illis intentata et incognita, commutata jam ratio est; cessant studium et partes; nosque indicis tantummodo personam sustinemus, quod mediocris certe est authoritatis, et fortunae cujusdam potius quam facultatis et excellentiae. Atque haec moniti species ad personas pertinet; altera ad res ipsas.

Nos siquidem de deturbanda ea quae nunc floret philosophia, aut si quae alia sit aut erit hac emendatior aut auctior, minime laboramus. Neque enim officimus, quin philosophia ista recepta, et aliae id genus, disputationes alant, sermones ornent, ad professoria munera et vitae civilis compendia adhibeantur et valeant. Quin etiam aperte significamus et declaramus, eam quam nos adducimus philosophiam ad istas res admodum utilem non futuram. Non praesto est, neque in transitu

merksam. Sie sollen ihnen nicht entfallen oder gar ganz entgehen. Erstens ist es günstig, um die Widersprüche und übermütigen Meinungen zu verbannen, daß den Alten die schuldige Ehrfurcht und Hochachtung ungeschmälert erhalten bleibt, da ich dennoch meine Aufgabe durchführen und die Frucht meiner Bescheidenheit ernten kann. Denn wollte ich einfachhin behaupten, etwas Besseres als die Alten zu bringen und hätte dabei doch den Weg, den sie selbst gegangen, eingeschlagen, so könnte ich durch keine noch so geschickten Künste verhindern, einen schweren Wettstreit im Vergleich der Geister, ihrer Kraft und Vortrefflichkeit, heraufzubeschwören. Dies wäre gewiß nichts Unerlaubtes und Neues. Besitzt nicht jeder das Recht, das zu tadeln und klarzustellen, was von den Alten nicht richtig entdeckt oder falsch erklärt worden ist? Doch dürfte dieser Wettstreit wegen des Maßes meiner Kräfte nicht recht am Platze sein. Da es aber jetzt darum geht, dem Verstand einen vollkommen neuen Weg zu bahnen, den die Alten weder gekannt noch versucht haben, ist die Lage völlig anders. Damit fällt jeder Streit und jede Parteinahme. Ich übernehme nur die Rolle eines Wegweisers, der doch wohl in keinem zu hohen Ansehen steht und dazu wohl mehr Glück als besondere Fähigkeiten haben muß. Dies zu den Personen. Nun zweitens zur Sache.

Ich arbeite nicht darauf hin, die jetzt herrschende Philosophie zu zerstören, noch beabsichtige ich, dies mit irgendeiner anderen, gegenwärtigen oder künftigen zu tun, die vielleicht vollkommener oder vollständiger ist. Ich bestreite auch nicht, daß jene überkommene Philosophie oder andere, die dieser ähnlich sind, ihren Nutzen haben, um gelehrte Streitgespräche zu führen, Vorträge auszuschmücken, akademische Grade zu erlangen und das bürgerliche Leben bequemer zu machen. Auch sage ich eindeutig: die Philosophie, die ich vorlege, dürfte für jene Dinge ganz und gar ungeeignet sein. Ist sie doch nicht leicht, so daß sie etwa im Vorübergehen erfaßt werden könnte. Sie

capitur, neque ex praenotionibus intellectui blanditur, neque ad vulgi captum nisi per utilitatem et effecta descendet.

Sint itaque (quod foelix faustumque sit utrique parti) duae doctrinarum emanationes, ac duae dispensationes; duae similiter contemplantium sive philosophantium tribus ac veluti cognationes; atque illae neutiquam inter se inimicae aut alienae, sed foederatae et mutuis auxiliis devinctae: sit denique alia scientias colendi, alia inveniendi ratio. Atque quibus prima potior et acceptior est, ob festinationem, vel vitae civilis rationes, vel quod illam alteram ob mentis infirmitatem capere et complecti non possint (id quod longe plurimis accidere necesse est), opta|mus ut iis foeliciter et ex voto succedat quod agunt, atque ut quod sequuntur teneant. Quod si cui mortalium cordi et curae sit, non tantum inventis haerere atque iis uti, sed ad ulteriora penetrare; atque non disputando adversarium, sed opere naturam vincere; denique, non belle et probabiliter opinari, sed certo et ostensive scire; tales, tanquam veri scientiarum filii, nobis (si videbitur) se adjungant; ut omissis naturae atriis, quae infiniti contriverunt, aditus aliquando ad interiora patefiat. Atque ut melius intelligamur, utque illud ipsum quod volumus ex nominibus impositis magis familiariter occurrat, altera ratio sive via *Anticipatio Mentis*, altera *Interpretatio Naturae*, a nobis appellari consuevit.

Est etiam quod petendum videtur. Nos certe cogitationem suscepimus et curam adhibuimus, ut quae a nobis proponentur non tantum vera essent, sed etiam ad animos hominum (licet miris modis occupatos et interclusos) non incommode aut aspere accederent. Veruntamen aequum est, ut ab hominibus impetremus (in tanta praesertim doctrinarum et scientiarum

schmeichelt nicht dem Verstande mit zurechtgemachten Begriffen. Sie empfiehlt sich der Fassungskraft der Menge nur durch ihren Nutzen und ihre Ergebnisse.

So möge also zu Nutz und Frommen beider Teile eine zweifache Entfaltung und Aufgliederung des Wissens und ebenso mögen zwei Stämme oder Geschlechter von Philosophen bestehen. Beide sollen keineswegs fremd oder gar feindlich gegeneinander stehen, sondern untereinander wie helfende Genossen verbündet sein. Kurz, es bestehe in Zukunft eine Art, die Wissenschaft zu pflegen und eine andere, sie zu erfinden.

Wem die erste mehr zusagt und willkommener ist, vielleicht aus Eile oder aus Rücksicht aufs politische Leben, vielleicht weil seine Geisteskräfte nicht ausreichen, die andere Art zu fassen – was wohl bei den meisten zutreffen mag –, dem wünsche ich ein volles und glückliches Gelingen. Möge er ruhig ans Ziel seiner Wünsche gelangen. Will aber einer der Sterblichen nicht lediglich Nutznießer des bereits Erreichten bleiben, sondern immer weiter vordringen, will er nicht nur durch Worte den Gegner, sondern durch Werke die Natur selbst besiegen, will er endlich sich nicht bloß mit anmutigen und wahrscheinlichen Meinungen begnügen, sondern zu einem sicheren, beweisbaren Erkennen durchstoßen, so gehört er zu den wahren Söhnen der Wissenschaft. Er soll nur zu mir stoßen, wenn er will, damit wir endlich die schon von so vielen Besuchern betretenen Vorhallen der Natur verlassen können, um in ihr Heiligtum einzutreten. Damit man mich von vornherein recht versteht, will ich mein Vorhaben klar formulieren: Die eine Art zu philosophieren nenne ich die Antizipation des Geistes, die andere die Interpretation der Natur. Ich habe danach gestrebt und alle Sorgfalt darauf verwendet, daß meine Lehre nicht nur wahr ist, sondern auch dem Geist der Menschen nicht zu unerfreulich oder schwer begreiflich erscheine, so voreingenommen und verschlossen er auch sein mag. Billigerweise möchte ich von den Menschen erreichen – bei einer solchen Wiedergeburt der Lehren und Wis-

restauratione) ut qui de hisce nostris aliquid, sive ex sensu proprio, sive ex authoritatum turba, sive ex demonstrationum formis (quae nunc tanquam leges quaedam judiciales invaluerunt), statuere aut existimare velit, ne id in transitu et velut aliud agendo facere se posse speret; sed ut rem pernoscat; nostram, quam describimus et munimus, viam ipse paullatim tentet; subtilitati rerum quae in experientia signata est assuescat; pravos denique atque alte haerentes mentis habitus tempestiva et quasi legitima mora corrigat; atque tum demum (si placuerit) postquam in potestate sua esse coeperit, judicio suo utatur.

senschaften –, daß die, welche ihre Entschließung oder auch ihre
Meinung kundtun wollen, mag diese sich stützen auf ihre eigne
Wahrnehmung, auf die Menge der Autoritäten oder auf die
Form der Begründung – die jetzt gleichsam die Kraft von ver-
bindlichen Gesetzen erlangt haben –, das nicht im Vorübergehen und gleichsam mit anderem beschäftigt hoffen tun zu
können. Man soll sich vielmehr gründlichen Einblick zu verschaffen suchen. Dann mag man den Weg, den ich beschreibe
und fest gründe, allmählich selbst erproben. Man wolle sich an
die Feinheit der Natur gewöhnen, zu der die Erfahrung den
Geist führt, und die schlechten und tief eingewurzelten Ge-
wohnheiten des Verstandes durch angemessene Geduld verbessern. Und wenn all dies erreicht ist, möge man sein eignes
Urteil fällen.

APHORISMI DE INTERPRETATIONE
NATURAE ET REGNO HOMINIS

[Liber primus]

I.

Homo, Naturae minister et interpres, tantum facit et intelligit quantum de Naturae ordine re vel mente observaverit, nec amplius scit aut potest.

II.

Nec manus nuda nec intellectus sibi permissus multum valet; instrumentis et auxiliis res perficitur; quibus opus est non minus ad intellectum quam ad manum. Atque ut instrumenta manus motum aut cient aut regunt, ita et instrumenta mentis intellectui aut suggerunt aut cavent.

III.

Scientia et potentia humana in idem coincidunt, quia ignoratio causae destituit effectum. Natura enim non nisi parendo vincitur; et quod in contemplatione instar causae est, id in operatione instar regulae est.

APHORISMEN ÜBER DIE INTERPRETATION DER NATUR UND DIE HERRSCHAFT DES MENSCHEN

[Erstes Buch]

1.

Der Mensch, Diener und Erklärer der Natur, schafft und begreift nur so viel, als er von der Ordnung der Natur durch die Sache oder den Geist beobachten kann; mehr weiß oder vermag er nicht.

2.

Weder die bloße Hand noch der sich selbst überlassene Verstand vermögen Nennenswertes; durch unterstützende Werkzeuge wird die Sache vollendet; man bedarf ihrer nicht weniger für den Verstand als für die Hand. Und so, wie die Werkzeuge die Bewegung der Hand wecken oder lenken, so stützen und schützen in gleicher Weise die Werkzeuge des Geistes die Einsicht.

3.

Wissen und menschliches Können ergänzen sich insofern, als ja Unkenntnis der Ursache die Wirkung verfehlen läßt. Die Natur nämlich läßt sich nur durch Gehorsam bändigen; was bei der Betrachtung als Ursache erfaßt ist, dient bei der Ausführung als Regel.

IV.

Ad opera nil aliud potest homo, quam ut corpora naturalia admoveat et amoveat; reliqua Natura intus transigit.

V.

Solent se immiscere naturae (quoad opera) mechanicus, mathematicus, medicus, alchymista, et magus; sed omnes (ut nunc sunt res) conatu levi, successu tenui.

VI.

Insanum quiddam esset, et in se contrarium, existimare ea quae adhuc nunquam facta sunt fieri posse, nisi per modos adhuc nunquam tentatos. |

VII.

Generationes mentis et manus numerosae admodum videntur in libris et opificiis. Sed omnis ista varietas sita est in subtilitate eximia, et derivationibus paucarum rerum quae innotuerunt; non in numero Axiomatum.

VIII.

Etiam opera, quae jam inventa sunt, casui debentur et experientiae magis quam scientiis: scientiae enim, quas nunc habemus, nihil aliud sunt quam quaedam concinnationes rerum

4.

Hinsichtlich seiner Werke vermag der Mensch nichts anderes, als daß er die von der Natur gegebenen Körper einander näherbringt oder sie voneinander entfernt; das übrige vollendet die Natur von innen her.

5.

Es pflegen sich in die Natur (um Werke zu bilden) der Mechaniker, Mathematiker, Arzt, Alchimist und Magier einzumischen; aber alle (wie die Ergebnisse jetzt stehen) mit unzulänglichem Ansatz, mit geringem Erfolg.

6.

Unvernünftig und in sich widerspruchsvoll wäre es zu meinen, was bisher nie erreicht worden ist, könne erreicht werden, wenn nicht bisher noch niemals versuchte Methoden angewandt werden.

7.

Die Erzeugnisse des Geistes und der Hand scheinen nach den Büchern und Werkstücken sehr zahlreich zu sein, aber all diese Vielfalt beruht nur auf außerordentlichem Scharfsinn und auf Ableitungen aus wenigen uns bekannten Dingen; nicht aber auf einer Anzahl von Grundsätzen.

8.

Auch die Werke, welche bereits erfunden sind, verdanken wir mehr dem Zufall und der Erfahrung als den Wissenschaften; denn die gegenwärtigen Wissenschaften sind nichts anderes als eine gewisse Zusammenfassung früher entdeckter Dinge; sie

antea inventarum; non modi inveniendi, aut designationes novorum operum.

IX.

Causa vero et radix fere omnium malorum in scientiis ea una est; quod dum mentis humanae vires falso miramur et extollimus, vera ejus auxilia non quaeramus.

X.

Subtilitas naturae subtilitatem sensus et intellectus multis partibus superat; ut pulchrae illae meditationes et speculationes humanae et causationes res male-sana sint, nisi quod non adsit qui advertat.

XI.

Sicut scientiae quae nunc habentur inutiles sunt ad inventionem operum; ita et logica quae nunc habetur inutilis est ad inventionem scientiarum.

XII.

Logica quae in usu est ad errores (qui in notionibus vulgaribus fundantur) stabiliendos et figendos valet, potius quam ad inquisitionem veritatis; ut magis damnosa sit quam utilis.

XIII.

Syllogismus ad principia scientiarum non adhibetur, ad media axiomata frustra adhibetur, cum sit subtilitati naturae

sind nicht Grundlagen zur Forschung, noch Wegweiser zu neuen Werken.

9.

Die Ursache aber und damit die Wurzel fast aller Übel in den Wissenschaften ist diese allein: Während wir die Kräfte des menschlichen Geistes fälschlich bewundern und einseitig preisen, untersuchen wir seine wahren Hilfskräfte nicht.

10.

Die Feinheit der Natur übertrifft die der Sinne und des Verstandes um ein Vielfaches; jene schönen Erwägungen, Spekulationen und Begründungen der Menschen sind deshalb ungesunde Fundamente; niemand ist leider da, der das bemerkt.

11.

So, wie die gegenwärtigen Wissenschaften für die Erfindungen von wirklichen Werken nutzlos sind, so ist auch die jetzige Logik nutzlos für die Entdeckung wahrer Wissenschaft.

12.

Die in Gebrauch befindliche Logik dient mehr dazu, die Irrtümer (welche auf den alltäglichen Begriffen fußen) zu verankern und zu festigen, als die Wahrheit zu erforschen; so wirkt sie mehr schädlich als nützlich.

13.

Der Syllogismus wird auf die Grundlagen der Wissenschaft nicht, auf die formulierten Lehrsätze vergeblich angewandt, da

longe impar. Assensum itaque constringit, non res.

XIV.

Syllogismus ex propositionibus constat, propositiones ex verbis, verba notionum tesserae sunt. Itaque si notiones ipsae (id quod basis rei est) confusae sint et temere a rebus abstractae, nihil in iis quae superstruuntur est firmitudinis. Itaque spes est una in *inductione* vera. |

XV.

In notionibus nil sani est, nec in logicis nec in physicis; non *Substantia*, non *Qualitas*, *Agere*, *Pati*, ipsum *Esse*, bonae notiones sunt; multo minus *Grave*, *Leve*, *Densum*, *Tenue*, *Humidum*, *Siccum*, *Generatio*, *Corruptio*, *Attrahere*, *Fugare*, *Elementum*, *Materia*, *Forma*, et id genus; sed omnes phantasticae et male terminatae.

XVI.

Notiones infimarum specierum, *Hominis*, *Canis*, *Columbae*, et prehensionum immediatarum sensus, *Calidi*, *Frigidi*, *Albi*, *Nigri*, non fallunt magnopere; quae tamen ipsae a fluxu materiae et commistione* rerum quandoque confunduntur; reliquae omnes (quibus homines hactenus usi sunt) aberrationes sunt, nec debitis modis a rebus abstractae et excitatae.

* In der Originalausg. „commissione". „Commissio" (Wettkampf, Prunk) ergäbe den Sinn: Das Spiel der Dinge verwirrt die Begriffe.

er der Feinheit der Natur nicht annähernd gleichkommt; daher erpreßt er Zustimmung, zwingt aber nicht die Sache selbst.

14.

Der Syllogismus besteht aus Sätzen, Sätze aus Worten, Worte sind Zeichen der Begriffe. Sind daher die Begriffe selbst (die Grundlage der Sache) verworren und leichtfertig den Dingen abgezogen, so hat das darauf Errichtete keinerlei Festigkeit. Daher stützt sich die Hoffnung allein auf eine wahre Induktion.

15.

In den Begriffen, den logischen wie den physikalischen, steckt nichts Gesundes; Substanz, Qualität, Handeln, Leiden, ja selbst das Sein sind keine genauen Begriffe; erst recht nicht das Schwere, Leichte, Dichte, Dünne, Flüssige, Trockene, das Erzeugen, die Vernichtung, das Anziehen, das Abstoßen, das Element, die Materie, die Form und dergleichen; sie sind alle phantastisch und schlecht bestimmt.

16.

Die Begriffe der untersten Arten wie Mensch, Hund, Taube und die der unmittelbaren Sinneswahrnehmung wie warm und kalt, schwarz und weiß täuschen nicht sehr; dennoch werden auch sie durch die stetige Bewegung der Materie und durch die Vermischung der Dinge zuweilen verworren; alle übrigen (deren sich die Menschen bis jetzt bedient haben) sind Abirrungen und nicht in der nötigen Weise von den Dingen abstrahiert und errichtet worden.

XVII.

Nec minor est libido et aberratio in constituendis axiomatibus, quam in notionibus abstrahendis; idque in ipsis principiis,
quae ab inductione vulgari pendent. At multo major est in axiomatibus et propositionibus inferioribus, quae educit syllogismus.

XVIII.

Quae adhuc inventa sunt in scientiis, ea hujusmodi sunt ut
notionibus vulgaribus fere subjaceant; ut vero ad interiora et
remotiora naturae penetretur, necesse est ut tam notiones quam
axiomata magis certa et munita via a rebus abstrahantur; atque
omnino melior et certior intellectus adoperatio in usum veniat.

XIX.

Duae viae sunt, atque esse possunt, ad inquirendam et inve-
niendam veritatem. Altera a sensu et particularibus advolat ad
axiomata maxime generalia, atque ex iis principiis eorumque
immota veritate judicat et invenit axiomata media; atque haec
via in usu est: altera a sensu et particularibus excitat axiomata,
ascendendo continenter et gradatim, ut ultimo loco perveniatur
ad maxime generalia; quae via vera est, sed intentata. |

XX.

Eandem ingreditur viam (priorem scilicet) intellectus sibi
permissus, quam facit ex ordine dialecticae. Gestit enim mens

17.

Die Willkür und der Irrtum sind bei der Aufstellung der Sätze auch nicht geringer als bei der Bildung der Begriffe und bei den Prinzipien selbst, welche von der gewöhnlichen Induktion abhängen. Aber noch weit größer sind sie bei den Sätzen und niederen Aussprüchen, welche durch Syllogismen gewonnen worden sind.

18.

Das bis jetzt in den Wissenschaften Entdeckte ist so, daß es nahezu in den gewöhnlichen Begriffen enthalten ist. Um aber in das Innere und Unbekannte der Natur einzudringen, müssen Begriffe und Sätze durch ein klareres und begründetes Verfahren von den Dingen her gewonnen werden; überhaupt muß eine bessere und genauere Mithilfe des Verstandes zur Regel werden.

19.

Zwei Wege zur Erforschung und Entdeckung der Wahrheit sind vorhanden und gangbar. Der eine führt von den Sinnen und dem Einzelnen zu den allgemeinsten Sätzen, und aus diesen obersten Sätzen und ihrer unerschütterlichen Wahrheit bestimmt und erschließt er die mittleren Sätze. Dieser Weg ist jetzt gebräuchlich. Auf dem anderen ermittelt man von den Sinnen und vom Einzelnen ausgehend die Sätze, indem man stetig und stufenweise aufsteigt, so daß man erst auf dem Gipfel zu den allgemeinsten Sätzen gelangt; dieser Weg ist der wahre, aber so gut wie nicht begangene.

20.

Jenen ersten Weg betritt der sich selbst überlassene Geist, er geht ihn nach Maßgabe der Dialektik; denn der Geist strebt zu

exilire ad magis generalia, ut acquiescat; et post parvam moram fastidit experientiam. Sed haec mala demum aucta sunt a dialectica, ob pompas disputationum.

XXI.

Intellectus sibi permissus, in ingenio sobrio et patiente et gravi (praesertim si a doctrinis receptis non impediatur), tentat nonnihil illam alteram viam, quae recta est, sed exiguo profectu; cum intellectus, nisi regatur et juvetur, res inaequalis sit, et omnino inhabilis ad superandum rerum obscuritatem.

XXII.

Utraque via orditur a sensu et particularibus, et acquiescit in maxime generalibus; sed immensum quiddam discrepant; cum altera perstringat tantum experientiam et particularia cursim, altera in iis rite et ordine versetur; altera rursus jam a principio constituat generalia quaedam abstracta et inutilia, altera gradatim exurgat ad ea quae revera naturae sunt notiora.

XXIII.

Non leve quiddam interest inter humanae mentis *idola* et divinae mentis ideas; hoc est, inter placita quaedam inania et veras signaturas atque impressiones factas in creaturis, prout inveniuntur.

dem Allgemeinsten empor, um da auszuruhen; und nach kurzer Weile wird er der Erfahrung überdrüssig. Aber dieses Übel ist schließlich von der Dialektik verstärkt worden, um die Disputationen mit unwiderstehlicher Glorie zu umgeben.

21.

Der sich selbst überlassene Geist versucht bei einem nüchternen und abgewogenen und ernsten Charakter (besonders, falls er von den überlieferten Lehrmeinungen nicht gehemmt wird) oft jenen zweiten Weg, welcher der rechte, aber mühevollere ist. Denn der Verstand ist, sofern er nicht geleitet und unterstützt wird, ein unausgeglichenes Ding und unfähig, in die Dunkelheit der Dinge Licht zu bringen.

22.

Beide Wege beginnen mit den Sinnen und dem Einzelnen und enden bei dem Allgemeinsten; aber sie weichen unermeßlich voneinander ab; auf dem einen streift man nur flüchtig die Erfahrung und die Einzeldinge; auf dem anderen verweilt man richtig und ordnungsgemäß bei ihnen. Auf dem einen wiederum stellt man bereits am Anfang abstrakte und nutzlose Verallgemeinerungen auf, während der andere stufenweise zu denen emporsteigt, die der Natur in Wahrheit gemäßer sind.

23.

Ein großer Unterschied liegt zwischen den *Idolen* des menschlichen Geistes und den Ideen des göttlichen Geistes, d. h. zwischen gewissen leeren Bestimmungen und den wahren Kennzeichen und Merkmalen, wie sie an den Schöpfungswerken in der Natur aufgefunden werden.

XXIV.

Nullo modo fieri potest, ut axiomata per argumentationem constituta ad inventionem novorum operum valeant; quia sub-| tilitas naturae subtilitatem argumentandi multis partibus superat. Sed axiomata a particularibus rite et ordine abstracta nova particularia rursus facile indicant et designant; itaque scientias reddunt activas.

XXV.

Axiomata quae in usu sunt ex tenui et manipulari experientia et paucis particularibus, quae ut plurimum occurrunt, fluxere; et sunt fere ad mensuram eorum facta et extensa: ut nil mirum sit, si ad nova particularia non ducant. Quod si forte instantia aliqua non prius animadversa aut cognita se offerat, axioma distinctione aliqua frivola salvatur, ubi emendari ipsum verius foret.

XXVI.

Rationem humanam qua utimur ad naturam, *Anticipationes Naturae* (quia res temeraria est et praematura), at illam rationem quae debitis modis elicitur a rebus, *Interpretationem Naturae*, docendi gratia vocare consuevimus.

XXVII.

Anticipationes satis firmae sunt ad consensum; quandoquidem si homines etiam insanirent ad unum modum et conformi-

24.

In keiner Weise vermögen die Sätze, welche aus Beweisen abgeleitet worden sind, etwa für die Entdeckung neuer Werke zu dienen; denn die Feinheit der Natur überragt weit die Schärfe einer Beweisführung. Aber Sätze, die richtig und ordnungsgemäß vom Einzelnen abstrahiert worden sind, zeigen und verweisen leicht auf neues Einzelnes. So machen sie die Wissenschaft schöpferisch.

25.

Die gebräuchlichen Sätze haben sich aus einer flüchtigen und auf der Hand liegenden Erfahrung und wenigem alltäglichen Einzelnem ergeben. Sie sind so ziemlich nach deren Maß gebildet und bemessen. So kann es nicht wundern, wenn sie zu neuem Einzelnen nicht führen. Wenn daher zufällig ein vorher nicht beachteter oder erkannter Fall erscheint, so wird der Bestand des alten Satzes durch irgendeine unwesentliche Unterscheidung zu retten gesucht, wo eine Berichtigung desselben wahrhaftiger wäre.

26.

Die Auffassung, deren man sich gewöhnlich bezüglich der Natur bedient, pflege ich zur Unterscheidung die Antizipation der Natur zu nennen (da es ein unbesonnenes und voreiliges Verfahren ist); jenen Weg aber, der in gebührender Weise von den Dingen her bestimmt wird, die Interpretation der Natur.

27.

Die Antizipationen sind genügend stark, um Einstimmigkeit zu erzielen; da ja, selbst wenn die Menschen in gleicher Weise

ter, illi satis bene inter se congruere possent.

XXVIII.

Quin longe validiores sunt ad subeundum assensum Anticipationes quam Interpretationes; quia ex paucis collectae, iisque
maxime quae familiariter occurrunt, intellectum statim per-
stringunt et phantasiam implent: ubi contra Interpretationes,
ex rebus admodum variis et multum distantibus sparsim collectae, intellectum subito percutere non possunt; ut necesse sit
eas, quoad opiniones, duras et absonas, fere instar myste-
riorum fidei, videri.

XXIX.

In scientiis quae in opinionibus et placitis fundatae sunt,
bonus est usus Anticipationum et Dialecticae; quando opus est
assensum subjugare, non res.

XXX.

Non, si omnia omnium aetatum ingenia coierint et labores
contulerint et transmiserint, progressus magnus fieri poterit in
scientiis per Anticipationes; quia errores radicales, et in prima
digestione mentis, ab excellentia functionum et remediorum
sequentium non curantur. |

und einmütig sich wie toll gebärdeten, sie dabei recht wohl untereinander übereinstimmen könnten.

28.

Sind doch fürwahr die Antizipationen hinsichtlich der Gewinnung der Zustimmung weit wirksamer als die Interpretationen. Da sie ja aus Wenigem entnommen sind und aus dem, was im Alltag am meisten vorkommt, fesseln sie sogleich den Verstand und füllen die Phantasie aus. Hingegen können die Interpretationen, welche aus recht verschiedenen und weit zerstreut liegenden Fällen gesammelt sind, den Verstand nicht plötzlich für sich einnehmen; so daß sie, im Verhältnis zu den gängigen Meinungen, hart und ungewohnt, fast wie Mysterien der Religion erscheinen müssen.

29.

Für Lehren, welche sich auf vorgefaßte Meinungen und Ansichten stützen, ist der Gebrauch der Antizipationen und der Dialektik gut, denn hier kommt es darauf an, die Zustimmung zu erzwingen, nicht aber die Dinge zu meistern.

30.

Selbst wenn die Geistesgrößen aller Zeiten sich vereinigten und ihr Schaffen verglichen und übermittelten, ließe sich durch Antizipationen kein großer Fortschritt in den Wissenschaften erzielen; weil die an der Wurzel liegenden Irrtümer bereits beim Beginn der geistigen Arbeit da sind und durch die Vortrefflichkeit der späteren Arbeiten und Heilmittel nicht wieder wettgemacht werden können.

XXXI.

Frustra magnum expectatur augmentum in scientiis ex super-
inductione et insitione novorum super vetera; sed instauratio
facienda est ab imis fundamentis, nisi libeat perpetuo circum-
volvi in orbem, cum exili et quasi contemnendo progressu.

XXXII.

Antiquis authoribus suus constat honos, atque adeo omnibus; quia non ingeniorum aut facultatum inducitur comparatio, sed viae; nosque non judicis sed indicis personam sustinemus.

XXXIII.

Nullum (dicendum enim est aperte) recte fieri potest judicium nec de via nostra, nec de iis quae secundum eam inventa
sunt, per Anticipationes (rationem scilicet quae in usu est); quia
non postulandum est ut ejus rei judicio stetur, quae ipsa in judicium vocatur.

XXXIV.

Neque etiam tradendi aut explicandi ea quae adducimus facilis est ratio; quia quae in se nova sunt intelligentur tamen ex
analogia veterum.

XXXV.

Dixit Borgia de expeditione Gallorum in Italiam, eos venisse
cum creta in manibus ut diversoria notarent, non cum armis ut

31.

Vergeblich könnte man in den Wissenschaften einen großen
Zuwachs erwarten, wollte man auf die alten Grundlagen das
Neue aufsetzen und ihnen aufpfropfen; die Erneuerung hat viel-
mehr von den Grundlagen her zu erfolgen, wenn man sich
nicht fortwährend bei kümmerlichem und fast unbedeutendem
Fortschritt im Kreise herumdrehen will.

32.

Den alten Schriftstellern gebührt ihre Ehre, und zwar allen
ohne Unterschied; denn ich stelle ja hier keinen Vergleich zwischen den Geistesgrößen oder den Talenten an, sondern zwischen den Wegen, und ich übernehme nicht die Rolle eines
Richters, sondern die eines Wegweisers.

33.

Durch Antizipationen kann weder über meinen Weg noch
über das auf diesem Entdeckte ein richtiges Urteil gefällt werden; denn man kann nicht fordern, daß meine Sache den Spruch
des Richters annehme, welche selbst vor Gericht gezogen wird.

34.

Das, was ich vorbringe, ist weder leicht zu übermitteln noch
zu erklären; da ja das in sich Neue immer wieder nach der Art
des Alten verstanden wird.

35.

Borgia sagt vom Feldzug der Franzosen nach Italien, sie
wären mit Kreide in den Händen gekommen, um ihre Lager-

perrumperent*: itidem et nostra ratio est, ut doctrina nostra animos idoneos et capaces subintret; confutationum enim nullus est usus, ubi de principiis et ipsis notionibus, atque etiam de formis demonstrationum, dissentimus.

XXXVI.

Restat vero nobis modus tradendi unus et simplex, ut homines ad ipsa particularia et eorum series et ordines adducamus; et ut illi rursus imperent sibi ad tempus abnegationem Notionum, et cum rebus ipsis consuescere incipiant.

XXXVII.

Ratio eorum qui *acatalepsiam* tenuerunt, et via nostra, initiis | suis quodammodo consentiunt; exitu immensum disjunguntur et opponuntur. Illi enim nihil sciri posse simpliciter asserunt; nos non multum sciri posse in natura, ea quae nunc in usu est via: verum illi exinde authoritatem sensus et intellectus destruunt; nos auxilia iisdem excogitamus et subministramus.

XXXVIII.

Idola et notiones falsae quae intellectum humanum jam occuparunt atque in eo alte haerent, non solum mentes hominum ita obsident ut veritati aditus difficilis pateat; sed etiam dato et concesso aditu, illa rursus in ipsa instauratione scientiarum occur-

* Gemeint sind Papst Alexander VI. (Rodrigo Borgia) und der französische Feldzug 1494 unter Charles VIII. Bacons Quelle kann sein Jacopo Nardi: Vita d' Antonio ... Malespini (1597) S. 18.

plätze zu bezeichnen, nicht mit Waffen, um Gewalt zu verüben. Gleicherweise soll auch meine Lehre in die für sie bereiten und fähigen Geister Eingang finden; denn Einwände können da nicht gemacht werden, wo man über die Prinzipien und über die Begriffe selbst wie auch über die Formen der Beweisführung nicht übereinkommt.

36.

So bleibt uns nur die eine und einfache Weise des Weitergebens der Erkenntnis, daß wir die Menschen zu den Einzeldingen selbst und zu ihren Folgen und Ordnungen hinführen, und daß diese Menschen Verlangen tragen, sich einstweilen der Begriffe zu entledigen und anzufangen, mit den Dingen selbst vertraut zu werden.

37.

Das Verfahren derer, welche verneinten, daß Gewißheit erlangt werden kann, und mein Weg stimmen im Beginn gewissermaßen überein; am Ende aber unterscheiden sie sich über alle Maßen und sind entgegengesetzt. Jene nämlich behaupten schlechthin, man könne nichts wissen; ich behaupte, daß man auf dem jetzt gebräuchlichen Wege in der Natur nicht viel wissen kann. Folglich zerstören jene die Autorität der Sinneswahrnehmung und des Verstandes; ich aber ersinne diesen Hilfe und will ihnen damit dienen.

38.

Die Idole und falschen Begriffe, welche vom menschlichen Verstand schon Besitz ergriffen haben und tief in ihm wurzeln, halten den Geist der Menschen nicht nur in der Weise in Beschlag, daß der Wahrheit nur mit Mühe ein Zugang offensteht; sondern auch dort, wo der Zugang gegeben und bewilligt worden ist, werden jene selbst bei der Erneuerung der Wissen-

rent et molesta erunt, nisi homines praemoniti adversus ea se quantum fieri potest muniant.

XXXIX.

Quatuor sunt genera Idolorum quae mentes humanas obsident. Iis (docendi gratia) nomina imposuimus; ut primum genus, Idola Tribus; secundum, Idola Specus; tertium, Idola Fori; quartum, Idola Theatri vocentur.

XL.

Excitatio Notionum et Axiomatum per Inductionem veram, est certe proprium remedium ad Idola arcenda et summovenda; sed tamen indicatio Idolorum magni est usus. Doctrina enim de Idolis similiter se habet ad Interpretationem Naturae, sicut doctrina de Sophisticis Elenchis ad Dialecticam vulgarem.

XLI.

Idola Tribus sunt fundata in ipsa natura humana, atque in ipsa tribu seu gente hominum. Falso enim asseritur, sensum humanum esse mensuram rerum*; quin contra, omnes perceptiones tam sensus quam mentis sunt ex analogia hominis, non | ex analogia universi. Estque intellectus humanus instar speculi inaequalis ad radios rerum, qui suam naturam naturae rerum immiscet, eamque distorquet et inficit.

* Anspielung auf den „homo-mensura"-Satz des Protagoras; vergl. Platon: Theaetet 152.

schaften wiederum auftauchen als eine rechte Last, wenn die Menschen nicht, vor ihnen gewarnt, sich gegen sie nach Möglichkeit schützen.

39.

Vier Arten von solchen Idolen halten den menschlichen Geist gefangen. Ich habe sie der besseren Darstellung wegen mit Namen versehen; die erste Art soll als Idol des Stammes bezeichnet werden; die zweite als Idol der Höhle; die dritte als Idol des Marktes; die vierte als Idol des Theaters.

40.

Die Aufstellung der Begriffe und Sätze durch wahre Induktion ist gewiß das geeignete Heilmittel, die Idole abzuhalten und zu eliminieren; aber auch ihre Kennzeichnung ist von großem Nutzen. Denn die Lehre der Idole verhält sich ähnlich zu der Deutung der Natur wie die Lehre sophistischer Künste zu der allbekannten Dialektik.

41.

Die Idole des Stammes sind in der menschlichen Natur selbst, im Stamme selbst oder in der Gattung der Menschen begründet. Es ist nämlich ein Irrtum zu behaupten, der menschliche Sinn sei das Maß der Dinge; ja, das Gegenteil ist der Fall; alle Wahrnehmungen der Sinne wie des Geistes geschehen nach dem Maß der Natur des Menschen, nicht nach dem des Universums. Der menschliche Verstand gleicht ja einem Spiegel, der die strahlenden Dinge nicht aus ebener Fläche zurückwirft, sondern seine Natur mit der der Dinge vermischt, sie entstellt und schändet.

XLII.

Idola Specus sunt idola hominis individui. Habet enim unusquisque (praeter aberrationes naturae humanae in genere) specum sive cavernam quandam individuam, quae lumen naturae frangit et corrumpit; vel propter naturam cujusque propriam et singularem; vel propter educationem et conversationem cum aliis; vel propter lectionem librorum, et authoritates eorum quos quisque colit et miratur; vel propter differentias impressionum, prout occurrunt in animo praeoccupato et praedisposito aut in animo aequo et sedato, vel ejusmodi; ut plane spiritus humanus (prout disponitur in hominibus singulis) sit res varia, et omnino perturbata, et quasi fortuita: unde bene Heraclitus , homines scientias quaerere in minoribus mundis, et non in majore sive communi*.

XLIII.

Sunt etiam Idola tanquam ex contractu et societate humani generis ad invicem, quae Idola Fori, propter hominum commercium et consortium, appellamus. Homines enim per sermones sociantur; at verba ex captu vulgi imponuntur. Itaque mala et inepta verborum impositio miris modis intellectum obsidet. Neque definitiones aut explicationes, quibus homines docti se munire et vindicare in nonnullis consueverunt, rem ullo modo restituunt. Sed verba plane vim faciunt intellectui, et omnia turbant; et homines ad inanes et innumeras controversias et commenta deducunt.

---

* Die Quelle ist Sextus Empiricus: Adversos Logicos, I, 133.

42.

Die Idole der Höhle sind die Idole des einzelnen Menschen.
Denn ein jeder hat (neben den Abirrungen der menschlichen
Natur im allgemeinen) eine Höhle oder eine gewisse nur ihm
eigene Grotte, welche das Licht der Natur bricht und verdirbt;
teils infolge der eigenen und besonderen Natur eines jeden; teils
infolge der Erziehung und des Verkehrs mit anderen; teils infolge der Bücher, die ein jeder mit Vorliebe liest, und der
Autoritäten, denen er Verehrung und Bewunderung zollt; teils
infolge der Unterschiedlichkeit der Eindrücke, wie sie einer vor-
eingenommenen und vorurteilsvollen Sinnesart oder aber einer
gleichmütigen und gesetzten Stimmung entsprechen und dergleichen mehr. Daher ist offenbar der menschliche Geist in seiner Verfassung bei den verschiedenen Individuen ein veränder-
liches, unberechenbares Ding. Deshalb sagt Heraklit treffend:
„In ihren kleineren Welten und nicht in der größeren und gemeinsamen Welt mühen sich die Menschen um die Wissenschaften.“

43.

Es gibt auch Idole infolge des engen Beieinanderseins und
der Gemeinschaft des menschlichen Geschlechtes; diese nenne
ich wegen des Verkehrs und der Gemeinschaft der Menschen
Idole des Marktes. Die Menschen gesellen sich nämlich mittels
der Sprache zueinander; aber die Worte werden den Dingen
nach der Auffassung der Menge beigeordnet. Daher knebelt
die schlechte und törichte Zuordnung der Worte den Geist auf
merkwürdige Art und Weise. Auch die Definitionen oder Bezeichnungen, mit denen sich die Gelehrten in einigen Punkten
zu schützen und zu verteidigen pflegen, bessern die Sachlage
keineswegs. Sondern die Worte tun dem Verstand offensichtlich
Gewalt an und verwirren alles. Sie verführen die Menschen zu
leeren und zahllosen Streitigkeiten und Erdichtungen.

XLIV.

Sunt denique Idola quae immigrarunt in animos hominum
ex diversis dogmatibus philosophiarum, ac etiam ex perversis
legibus demonstrationum; quae Idola Theatri nominamus; quia
quot philosophiae receptae aut inventae sunt, tot fabulas pro-
ductas et actas censemus, quae mundos effecerunt fictitios et
scenicos. Neque de his quae jam habentur, aut etiam de veteribus philosophiis et sectis, tantum loquimur; cum complures
aliae ejusmodi fabulae componi et concinnari possint; quandoquidem errorum prorsus diversorum causae sint nihilominus
fere communes. | Neque rursus de philosophiis universalibus
tantum hoc intelligimus, sed etiam de principiis et axiomatibus
compluribus scientiarum, quae ex traditione et fide et neglectu
invaluerunt. Verum de singulis istis generibus idolorum fusius
et distinctius dicendum est, ut intellectui humano cautum sit.

XLV.

Intellectus humanus ex proprietate sua facile supponit majorem ordinem et aequalitatem in rebus quam invenit; et cum
multa sint in natura monodica* et plena imparitatis, tamen
affingit parallela et correspondentia et relativa quae non sunt.
Hinc commenta illa, *in coelestibus omnia moveri per circulos per-
fectos*, lineis spiralibus et draconibus** (nisi nomine tenus)
prorsus rejectis. Hinc elementum ignis cum orbe suo introduc-

---

* monodica = monadica.

** „Drachenlinie" (draco) ist die traditionelle Bezeichnung für
die Schwankungen im Mondorbit relativ zur Ekliptik.

44.

Es gibt endlich Idole, welche in den Geist der Menschen aus den
verschiedenen dogmatischen Behauptungen philosophischer Lehrmeinungen wie auch aus den verkehrten Gesetzen der Beweisführung eingedrungen sind; diese nenne ich die Idole des Theaters; denn so viele Philosophien angenommen oder erfunden
worden sind, so viele Fabeln sind nach meiner Auffassung damit geschaffen und für wahr unterstellt worden, welche die
Welt als unwirklich und erdichtet haben erscheinen lassen. Indes
spreche ich nicht bloß über die schon vorhandenen oder die
alten philosophischen Lehrmeinungen und Sekten; da man eine
Unzahl anderer Fabeln dieser Art erdichten und ersinnen kann;
denn auch bei gänzlicher Verschiedenheit der Irrtümer sind
trotzdem die Ursachen fast gleich. Und ich beziehe dies wiederum nicht bloß auf die allgemeinen philosophischen Systeme,
sondern auch auf die Prinzipien und auf eine große Anzahl von
Lehrsätzen der Wissenschaften, welche durch Tradition, Leicht-
gläubigkeit und Nachlässigkeit Geltung erlangt haben.

Indes ist über diese einzelnen Arten von Idolen noch ausführlicher und genauer zu sprechen, damit der menschliche Verstand vor ihnen auf der Hut sei.

45.

Der menschliche Geist setzt vermöge seiner Natur leichthin
in den Dingen eine größere Ordnung und Gleichförmigkeit voraus, als er darin findet; und obgleich vieles in der Natur einzeln
und voller Ungleichheit ist, so fügt der Verstand dennoch
Gleichlaufendes, Übereinstimmendes und Bezügliches hinzu,
was es in Wirklichkeit nicht gibt. Daher jene Erdichtungen, daß
sich alle Himmelskörper in vollkommenen Kreisen bewegen,
nachdem man alle Spiralen und Drachenlinien bis auf den
Namen völlig verworfen hat. Daher ist das Element Feuer mit

tum est, ad constituendam quaternionem cum reliquis tribus, quae subjiciuntur sensui. Etiam elementis (quae vocant) imponitur ad placitum decupla proportio excessus in raritate ad invicem: et hujusmodi somnia. Neque vanitas ista tantum valet in dogmatibus, verum etiam in notionibus simplicibus. |

XLVI.

Intellectus humanus, in iis quae semel placuerunt (aut quia recepta sunt et credita, aut quia delectant), alia etiam omnia trahit ad suffragationem et consensum cum illis; et licet major sit instantiarum vis et copia quae occurrunt in contrarium, tamen eas aut non observat aut contemnit aut distinguendo summovet et rejicit, non sine magno et pernicioso praejudicio, quo prioribus illis syllepsibus authoritas maneat inviolata. Itaque recte respondit ille, qui, cum suspensa tabula in templo ei monstraretur eorum qui vota solverant quod naufragii periculo elapsi sint, atque interrogando premeretur anne tum quidem deorum numen agnosceret, quaesivit denuo, At *ubi sint illi depicti qui post vota nuncupata perierint?*[*] Eadem ratio est fere omnis superstitionis, ut in astrologicis, in somniis, ominibus, nemesibus, et hujusmodi; in quibus homines delectati hujusmodi vanitatibus advertunt eventus ubi implentur, ast ubi fallunt (licet multo frequentius) tamen negligunt et praetereunt. At longe subtilius serpit hoc malum in philosophiis et scientiis;

---

[*] Vergl. Cicero: De Natura Deorum, III, 89, der die Geschichte von Diagoras dem Atheisten berichtet, und Diogenes Laertius: Vitae, VI, 59, der sie ähnlich von Diogenes dem Kyniker berichtet.

seinem Bereich eingeführt worden, um zusammen mit den drei übrigen Elementen eine Vierzahl zustande zu bringen für alles, was den Sinnen unterliegt. Auch den sogenannten Elementen wird nach Belieben ein zehnfaches gegenseitiges Verhältnis fortschreitender Dichte zugeordnet; und was dergleichen Träumereien mehr sind. Und diese Torheit waltet nicht nur in den dogmatischen Lehrsätzen, sondern auch in den einfachen Begriffen.

46.

Der menschliche Verstand zieht in das, was einmal sein Wohlgefallen erregt hat – sei es, weil es so überliefert und geglaubt worden ist, sei es, weil es anziehend ist –, auch alles andere mit hinein, damit es jenes bestätige und mit ihm übereinstimme. Und wenn auch die Bedeutung und Anzahl der entgegengesetzten Fälle größer ist, so beachtet er sie nicht, oder verachtet sie, schafft sie durch Haarspalterei beiseite und verwirft sie, nicht ohne schwerwiegendes und verderbliches Vorurteil, nur damit dadurch das Ansehen jener alten fehlerhaften Beziehungen unangetastet bleibe. Daher entgegnete mit Recht jener, dem man einst im Tempel die Tafeln derer zeigte, die für ihre Errettung aus dem Schiffbruch ihr Gelübde erfüllt hatten, und dem man mit der Frage zusetzte, ob er denn nun das Walten der Götter anerkenne: „Wo sind denn jene aufgeschrieben, die trotz ihrer feierlich abgelegten Gelübde ertrunken sind?" In gleicher Weise verhält es sich etwa mit allem Aberglauben wie in der Astrologie, bei den Träumen, den Vorzeichen, den göttlichen Strafgerichten und dergleichen mehr. An Torheiten solcher Art haben die Menschen ihre Freude und schwören darauf, wo es eingetroffen ist; wo es aber fehlgeht, mag es auch weit öfter geschehen, wird es übersehen und übergangen. Aber in weit feinerer Weise kriecht dieses Übel in der Philosophie und den Wissenschaften umher; in ihnen steckt das, was einmal das

in quibus quod semel placuit reliqua (licet multo firmiora et potiora) inficit et in ordinem redigit. Quinetiam licet abfuerit ea quam diximus delectatio et vanitas, is tamen humano intellectui error est proprius et perpetuus, ut magis moveatur et excitetur affirmativis quam negativis; cum rite et ordine aequum se utrique praebere debeat; quin contra, in omni axiomate vero constituendo, major est vis instantiae negativae.

XLVII.

Intellectus humanus illis quae simul et subito mentem ferire et subire possunt maxime movetur; a quibus phantasia impleri et inflari consuevit; reliqua vero modo quodam, licet imperceptibili, ita se habere fingit et supponit, quomodo se habent pauca illa quibus mens obsidetur; ad illum vero transcursum ad instantias remotas et heterogeneas, per quas axiomata tanquam igne probantur, tardus omnino intellectus est et inhabilis, nisi hoc illi per duras leges et violentum imperium imponatur.

XLVIII.

Gliscit intellectus humanus, neque consistere aut acquiescere potis est, sed ulterius petit; at frustra. Itaque incogitabile | est ut sit aliquid extremum aut extimum mundi, sed semper quasi necessario occurrit ut sit aliquid ulterius: neque rursus cogitari potest quomodo aeternitas defluxerit ad hunc diem; cum

Wohlgefallen errungen hat, das übrige an, mag dies auch weit gewisser und gewichtiger sein, und unterwirft es sich. Selbst wenn dabei jene erwähnte Vorliebe und Torheit nicht vorhanden ist, bleibt dennoch dem menschlichen Geist jener eigentümliche und zähe Irrtum, stets mehr vom Bejahenden als vom Verneinenden bewegt und angeregt zu werden; während er doch nach Recht und Ordnung zu beiden sich in gleicher Weise verhalten sollte; ja, bei der Aufstellung eines wahren Satzes ist sogar die Kraft des verneinenden Falles die stärkere von beiden.

47.

Der menschliche Verstand wird von dem, was den Geist mit einem Male und plötzlich aufpeitscht und erschüttert, am meisten bewegt; damit pflegt sich die Phantasie zu erfüllen und zu nähren. Alles übrige aber, so wird es erdichtet und unterstellt, hat sich auf eine gewisse, wenngleich unbegreifliche Weise ebenso zu verhalten, wie es das wenige tut, das den Geist versklavt. Aber zu jenen entfernten und ungleichartigen Fällen überzugehen, die ja erst die Feuerprobe für die Lehrsätze sind, ist der Geist im allgemeinen zu schwerfällig und unfähig, wenn ihm dies nicht durch harte Gesetze und durch ein unbeugsames Machtwort aufgetragen wird.

48.

Der menschliche Verstand ist ständig im Gleiten, er vermag nicht stille zu stehen oder zu ruhen, sondern er strebt vorwärts; aber vergeblich. Daher ist es undenkbar, daß es etwas Letztes und Äußerstes in der Welt gibt, sondern immer ist man notwendigerweise gezwungen anzunehmen, daß es noch etwas darüber hinaus gibt. Auch kann man ebenso nicht denken, wie die Ewigkeit bis auf diesen heutigen Tag verflossen sein mag; da

distinctio illa quae recipi consuevit, quod sit *infinitum a parte ante et a parte post*, nullo modo constare possit; quia inde sequeretur, quod sit unum infinitum alio infinito majus, atque ut consumatur infinitum, et vergat ad finitum. Similis est subtilitas de lineis semper divisibilibus, ex impotentia cogitationis. At majore cum pernicie intervenit haec impotentia mentis in inventione causarum: nam cum maxime universalia in natura positiva esse debeant, quemadmodum inveniuntur, neque sunt revera causabilia; tamen intellectus humanus, nescius acquiescere, adhuc appetit notiora. Tum vero ad ulteriora tendens ad proximiora recidit, videlicet ad causas finales, quae sunt plane ex natura hominis potius quam universi; atque ex hoc fonte philosophiam miris modis corruperunt. Est autem aeque imperiti et leviter philosophantis, in maxime universalibus causam requirere, ac in subordinatis et subalternis causam non desiderare.

XLIX.

Intellectus humanus luminis sicci non est; sed recipit infu|sionem a voluntate et affectibus, id quod generat *Ad quod vult scientias*. Quod enim mavult homo verum esse, id potius credit. Rejicit itaque difficilia, ob inquirendi impatientiam; sobria, quia coarctant spem; altiora naturae, propter superstitionem; lumen experientiae, propter arrogantiam et fastum, ne videatur mens versari in vilibus et fluxis; paradoxa, propter opinionem

jene Unterscheidung zwischen einem Unendlichen als Vergan-
genem und als Künftigem, die gewohnterweise hingenommen
wird, in keiner Weise Geltung beanspruchen kann; denn daraus
würde folgen, daß ein Unendliches größer wäre als das andere,
und daß das Unendliche sich aufzehrt und dem Endlichen
nähern würde. Ähnlich rührt die Überspitzung von der unendlichen Teilbarkeit der Linien von der Ratlosigkeit des Denkens
her.

Aber weit verderblicher wirkt sich dieses Unvermögen des
Geistes bei der Erforschung der Ursachen aus: Denn da das
Allgemeinste in der Natur positiv sein muß, wie es auch gefunden wird, kann es in keiner Weise Verursachtes sein, dennoch
strebt der rastlos strebende menschliche Verstand nach immer
noch Höherem. Während er aber so nach Entfernterem strebt,
fällt er ins Nächstliegende zurück, nämlich in die Endursachen,
welche offensichtlich aber der Natur des Menschen, nicht aber
der des Universums angehören. Aus dieser Quelle hat man die
Philosophie auf eigenartige Weise verdorben. Es ist aber das
Zeichen eines unerfahrenen und leichtfertigen Philosophen,
nach einer Ursache für die allgemeinsten Sachverhalte zu verlangen, für das Untergeordnete und Niedrige aber eine Ursache
nicht zu suchen.

49.

Der menschliche Verstand ist kein reines Licht, sondern er
erleidet einen Einfluß vom Willen und von den Gefühlen; dieses erzeugt jene „Wissenschaft für das, was man will". Was
nämlich der Mensch lieber für das Wahre hält, das glaubt er
eher. Daher verwirft er das Schwierige, weil ihm die Geduld
zur Untersuchung fehlt, das Nüchterne, weil es die Hoffnung
einschränkt, das Höhere in der Natur aus Aberglauben, das
Licht der Erfahrung aus Anmaßung und Hochmut, um nicht
den Anschein zu erwecken, daß der Geist sich mit solch Billigem

vulgi; denique innumeris modis, iisque interdum imperceptibi-
libus, affectus intellectum imbuit et inficit.

L.

At longe maximum impedimentum et aberratio intellectus
humani provenit a stupore et incompetentia et fallaciis sensuum; ut ea quae sensum feriant, illis quae sensum immediate
non feriunt, licet potioribus, praeponderent. Itaque contemplatio fere desinit cum aspectu; adeo ut rerum invisibilium
exigua aut nulla sit observatio. Itaque omnis operatio spirituum
in corporibus tangibilibus inclusorum latet, et homines fugit.
Omnis etiam subtilior meta-schematismus in partibus rerum
crassiorum (quem vulgo alterationem vocant, cum sit revera
latio per minima) latet similiter: et tamen nisi duo ista quae diximus
mus explorata fuerint et in lucem producta, nihil magni fieri
potest in natura quoad opera. Rursus ipsa natura aëris commu-
nis et corporum omnium quae aërem tenuitate superant (quae
plurima sunt) fere incognita est. Sensus enim per se res infirma
est et aberrans; neque organa ad amplificandos sensus aut
acuendos multum valent; sed omnis verior interpretatio naturae
conficitur per instantias, et experimenta idonea et apposita; ubi
sensus de experimento tantum, experimentum de natura et re
ipsa judicat.

und Vergänglichem abgebe, das Ungewöhnliche wegen der Meinung der Menge. Schließlich durchdringt das Gefühl den Verstand auf unzähligen und bisweilen kaum bemerkbaren Wegen und steckt ihn an.

50.

Aber das bei weitem größte Hindernis und der Anstoß zu Irrungen erwächst dem menschlichen Geist aus der beschränkten Unzulänglichkeit und den Fallstricken der Sinne; daher überwiegt das, was den Sinn beeindruckt, dasjenige, was den Sinn nicht unmittelbar erregt, mag es auch das Wesentlichere sein. Daher hört die Betrachtung fast mit dem Anblick auf; dementsprechend gibt es von den unsichtbaren Dingen eine nur geringe oder gar keine Beobachtung. Daher bleibt dem Menschen alle Wirksamkeit der in den fühlbaren Körpern eingeschlossenen Geister verborgen und unerkannt. Auch bleibt alle feinere Umgestaltung in den Teilen der größeren Dinge verborgen, die man gewöhnlicherweise Veränderung nennt, obschon es in Wahrheit eine äußerst kleine Bewegung ist. Wenn aber dies beides, wovon ich sprach, nicht erforscht und ans Licht gebracht worden ist, kann in der Natur bezüglich der Werke nichts Großes erreicht werden. Gleicherweise ist selbst das Wesen der gewöhnlichen Luft und aller Körper, welche die Luft an Feinheit übertreffen, deren es eine recht große Anzahl gibt, fast unbekannt. Denn die Sinne für sich allein sind ein gar schwaches und irrtumgebundenes Ding. Auch vermögen Werkzeuge zur Erweiterung und Schärfung der Sinne nicht viel; sondern alle richtigere Interpretation der Natur kommt durch Einzelfälle und geeignete durchführbare Experimente zustande; wo der Sinn nur über das Experiment, das Experiment über die Natur und die Sache selbst entscheidet.

LI.

Intellectus humanus fertur ad abstracta propter naturam propriam, atque ea quae fluxa sunt fingit esse constantia. Melius autem est naturam secare, quam abstrahere; id quod Democriti schola fecit, quae magis penetravit in naturam quam reliquae. Materia potius considerari debet, et ejus schematismi et metaschematismi, atque actus purus, et lex actus sive | motus; Formae enim commenta animi humani sunt, nisi libeat leges illas actus Formas appellare.

LII.

Hujusmodi itaque sunt Idola, quae vocamus Idola Tribus; quae ortum habent aut ex aequalitate substantiae spiritus humani; aut ex praeoccupatione ejus; aut ab angustiis ejus; aut ab inquieto motu ejus; aut ab infusione affectuum; aut ab incompetentia sensuum; aut ab impressionis modo.

LIII.

Idola Specus ortum habent ex propria cujusque natura et animi et corporis; atque etiam ex educatione, et consuetudine, et fortuitis. Quod genus licet sit varium et multiplex, tamen ea proponemus in quibus maxima cautio est, quaeque plurimum valent ad polluendum intellectum ne sit purus.

51.

Der menschliche Verstand drängt kraft seiner eigenen Natur
zum Abstrakten, und das Fließende hält er für Beharrung. Es
ist aber besser, die Natur zu zerschneiden, als von ihr Abstraktionen zu bilden. Das erstere hat die Schule des Demokrit getan, welche tiefer in die Natur eindrang als die übrigen. Die
Materie selbst muß betrachtet werden, ihre Struktur und Neu-
gestaltung und auch die reine Tätigkeit und die ihr zugrunde
liegende Gesetzmäßigkeit; denn die Formen sind Erdichtungen
der menschlichen Seele, es sei denn, man nennt jene Gesetze der
Tätigkeit Formen.

52.

Dergestalt sind daher die Idole, die ich Idole des Stammes
nenne; ihren Ursprung nehmen sie entweder aus der Gleichheit
der Substanz des menschlichen Geistes; aus seiner Voreingenommenheit, aus seiner Beschränktheit, aus seiner ruhelosen
Bewegung, aus dem Einfluß der Gefühle, aus der Unzulänglichkeit der Sinne, oder aus der Art des Eindruckes.

53.

Die Idole der Höhle haben ihren Ursprung in der seelischen
und körperlichen Eigenart eines jeden, aber auch in der Erziehung, der Gewohnheit und in Zufälligem. Wenn auch die Fälle
dieser Art mannigfaltig und zahllos sind, so werde ich dennoch
nur jene vorlegen, vor denen man sich am meisten hüten muß,
und welche am meisten dazu beitragen, die Erkenntnis in ihrer
Reinheit zu stören.

LIV.

Adamant homines scientias et contemplationes particulares; aut quia authores et inventores se earum credunt; aut quia plurimum in illis operae posuerunt, iisque maxime assueverunt. Hujusmodi vero homines, si ad philosophiam et contemplationes universales se contulerint, illas ex prioribus phantasiis detorquent et corrumpunt; id quod maxime conspicuum cernitur in Aristotele, qui naturalem suam philosophiam logicae suae prorsus mancipavit, ut eam fere inutilem et contentiosam reddiderit. Chymicorum autem genus, ex paucis experimentis fornacis, philosophiam constituerunt phantasticam et ad pauca spectantem. Quinetiam Gilbertus*, postquam in contemplationibus magnetis se laboriosissime exercuisset, confinxit statim philosophiam consentaneam rei apud ipsum praepollenti.

LV.

Maximum et velut radicale discrimen ingeniorum, quoad philosophiam et scientias, illud est; quod alia ingenia sint fortiora et aptiora ad notandas rerum differentias, alia ad notandas rerum similitudines. Ingenia enim constantia et acuta figere contemplationes et morari et haerere in omni subtilitate differentiarum possunt: ingenia autem sublimia et discursiva etiam tenuissimas et catholicas rerum similitudines et agnoscunt et componunt. Utrumque autem ingenium facile labitur in excessum, prensando aut gradus rerum aut umbras. |

---

* Gemeint ist William Gilbert: De Magnete (1600).

54.

Die Menschen lieben einzelne Wissenschaften und Betrachtungen besonders, entweder weil sie sich für ihre Urheber und Erfinder halten, oder weil sie sich recht viel darum gemüht und sich daran gewöhnt haben. Wenn sich nun diese Menschen der Philosophie und der allgemeinen Betrachtung hingeben, dann verdrehen und verderben sie diese aus ihren früheren Phantasiegebilden heraus. Dies ist ganz klar bei Aristoteles, der seine Naturphilosophie völlig seiner Logik auslieferte und sie so fast unbrauchbar und streitsüchtig machte. Die Zunft der Chemiker erbaut aus wenigen Versuchen am Ofen eine phantastische und nur auf weniges sich erstreckende Philosophie. Ja selbst Gilbert fügte, nachdem er den Magnetismus mit außerordentlichem Fleiß beobachtet hatte, sogleich eine Philosophie zusammen, die ganz dem für ihn wichtigsten Gegenstand entsprechend ist.

55.

Der größte und sozusagen wurzelhafte Unterschied zwischen den Geistern bezüglich der Philosophie und der Wissenschaften ist folgender: Die einen zeigen sich stärker und talentierter in der Beachtung der Unterschiede zwischen den Dingen, die anderen in der Beachtung der Ähnlichkeiten unter ihnen. Beharrliche und scharfsinnige Geister nämlich können ihre Betrachtungen festlegen und bei den feinsten Unterschieden verweilen und verharren. Erhabene und schlußfolgernde Geister aber erkennen auch die feinsten und allgemeinsten Ähnlichkeiten unter den Dingen und stellen sie zusammen. Beide Arten der Geister aber fallen leicht ins Extrem, indem sie nach graduellen Unterschieden der Dinge, freilich oft auch nach Schatten greifen.

LVI.

Reperiuntur ingenia alia in admirationem antiquitatis, alia in amorem et amplexum novitatis effusa; pauca vero ejus temperamenti sunt ut modum tenere possint, quin aut quae recte posita sunt ab antiquis convellant, aut ea contemnant quae recte afferuntur a novis. Hoc vero magno scientiarum et philosophiae detrimento fit; quum studia potius sint antiquitatis et novitatis, quam judicia; veritas autem non a felicitate temporis alicujus, quae res varia est, sed a lumine naturae et experientiae, quod aeternum est, petenda est. Itaque abneganda sunt ista studia, et videndum ne intellectus ab illis ad consensum abripiatur.

LVII.

Contemplationes naturae et corporum in simplicitate sua, intellectum frangunt et comminuunt: contemplationes vero naturae et corporum in compositione et configuratione sua, intellectum stupefaciunt et solvunt. Id optime cernitur in schola Leucippi et Democriti, collata cum reliquis philosophiis. Illa enim ita versatur in particulis rerum, ut fabricas fere negligat: reliquae autem ita fabricas intuentur attonitae, ut ad simplicitatem naturae non penetrent. Itaque alternandae sunt contemplationes istae et vicissim sumendae; ut intellectus reddatur simul penetrans et capax, et evitentur ea quae diximus incommoda atque Idola ex iis provenientia.

56.

Es finden sich ferner Geister, die in der Bewunderung des Altertums, andere, die in der Liebe und Zuneigung zum Neuen aufgehen; nur wenige in der Tat haben ein Temperament, daß sie maßhalten können, ohne entweder das von den Alten recht Erarbeitete zu bestreiten, noch das von den Neueren richtig Vorgelegte gering zu schätzen. Denn das schadet den Wissenschaften und der Philosophie sehr, ist es ja weit mehr ein Studium des Altertums und der Gegenwart als ein Urteil darüber. Die Wahrheit aber ist nicht vom launischen Glück irgendeiner Zeit abhängig, sondern sie ist nur vom Lichte der Natur und der Erfahrung, welches ewig ist, zu erlangen. Daher ist von solchem Eifer Abstand zu nehmen, und es ist Sorge zu tragen, daß nicht der Geist von ihnen zur Beistimmung hingerissen wird.

57.

Betrachtungen von Natur und Körpern in ihrer einfachen Form hemmen und schwächen den Verstand; Betrachtungen aber von Natur und Körpern in ihrem Zusammenklang und ihrem Zueinander betäuben und verblüffen den Geist. Dies zeigt sich recht gut in der Schule des Leukipp und Demokrit im Vergleich mit den übrigen Philosophien. Jene beschäftigt sich nämlich dergestalt mit den Einzelheiten der Dinge, daß sie die allgemeinen Wirksamkeiten fast unbeachtet läßt; die übrigen dagegen erblicken mit solcher Verwunderung das gemeinsame Zueinander, daß sie zur Einfachheit der Natur nicht vordringen. Daher dürfen jene beiden Betrachtungsarten einander nicht ausschließen; dergestalt wird der Geist zugleich scharfsichtig und allumfassend, und die vorher erwähnten Nachteile und die Idole, die daraus folgen, werden vermieden.

LVIII.

Talis itaque esto prudentia contemplativa in arcendis et sum-
movendis Idolis Specus; quae aut ex praedominantia, aut ex
excessu compositionis et divisionis, aut ex studiis erga tempora,
aut ex objectis largis et minutis, maxime ortum habent. Generaliter autem pro suspecto habendum unicuique rerum naturam
contemplanti, quicquid intellectum suum potissimum capit et
detinet; tantoque major adhibenda in hujusmodi placitis est
cautio, ut intellectus servetur aequus et purus.

LIX.

At Idola Fori omnium molestissima sunt; quae ex foedere
verborum et nominum se insinuarunt in intellectum. Credunt
enim homines rationem suam verbis imperare; sed fit etiam ut
verba vim suam super intellectum retorqueant et reflectant; |
quod philosophiam et scientias reddidit sophisticas et inactivas.
Verba autem plerunque ex captu vulgi induntur, atque per lineas
vulgari intellectui maxime conspicuas res secant. Quum autem
intellectus acutior aut observatio diligentior eas lineas transferre velit, ut illae sint magis secundum naturam, verba obstre-
punt. Unde fit ut magnae et solennes disputationes hominum
doctorum saepe in controversias circa verba et nomina desinant; a quibus (ex more et prudentia mathematicorum) incipere
consultius foret, easque per definitiones in ordinem redigere.
Quae tamen definitiones, in naturalibus et materiatis, huic
malo mederi non possunt; quoniam et ipsae definitiones ex
verbis constant, et verba gignunt verba: adeo ut necesse sit ad

58.

Solcher Art ist die gebotene Klugheit, um den Idolen der Höhle zu wehren und sie zu entfernen; diese entstehen entweder aus Vorurteil oder aus der Übertreibung beim Vergleichen und Unterscheiden, oder aus einer Vorliebe für bestimmte Zeitepochen, oder aus der Größe und Feinheit der Gegenstände. Im allgemeinen muß jeder Naturforscher das für verdächtig halten, was besonders seinen Verstand anspricht und fesselt. Eine um so größere Vorsicht ist bei dergleichen Gefühlseinwirkungen geboten, damit der Geist sich unparteiisch und rein erhalte.

59.

Indes sind die Idole des Marktes am lästigsten von allen; sie schleichen sich durch ein Bündnis mit Worten und Namen in den Verstand ein. Die Menschen glauben, ihr Verstand gebiete den Worten; es kommt aber auch vor, daß die Worte ihre Kraft gegen den Verstand umkehren; dies machte die Philosophie und die Wissenschaften sophistisch und unfruchtbar. Die Worte aber werden größtenteils nach den Auffassungen der Menge gebildet und trennen die Dinge nach den Richtungen, die dem gewöhnlichen Verstand besonders einleuchtend sind. Wenn dann aber ein scharfsinnigerer Geist oder eine sorgfältigere Beobachtung diese Bestimmungen ändern will, damit sie der Natur entsprechender sind, widerstreben die Worte. Daher arten große und feierliche Disputationen gelehrter Männer oft in Streitigkeiten um Worte und Namen aus; nach der Sitte und Klugheit der Mathematiker wäre es indes ratsamer, mit ihnen zu beginnen, und sie mittels Definitionen in ein System zu bringen. Dennoch können solche Definitionen bei natürlichen und materiellen Dingen dieses Übel nicht heilen, da ja auch die Definitionen selbst aus Worten bestehen, und Worte erzeugen

instantias particulares earumque series et ordines recurrere; ut
mox dicemus, quum ad modum et rationem constituendi notiones et axiomata deventum fuerit.

LX.

Idola quae per verba intellectui imponuntur duorum
generum sunt. Aut enim sunt rerum nomina quae non sunt
(quemadmodum enim sunt res quae nomine carent per inobser-
vationem, ita sunt et nomina quae carent rebus per suppositio-
nem phantasticam); aut sunt nomina rerum quae sunt, sed
confusa et male terminata, et temere et inaequaliter a rebus
abstracta. Prioris generis sunt Fortuna, Primum Mobile, Plane-
tarum Orbes, Elementum Ignis, et hujusmodi commenta, quae
a vanis et falsis theoriis ortum habent. Atque hoc genus Idolorum facilius ejicitur, quia per constantem abnegationem et
antiquationem theoriarum exterminari possunt.

At alterum genus perplexum est et alte haerens; quod ex mala
et imperita abstractione excitatur. Exempli gratia, accipiatur aliquod verbum (*Humidum*, si placet), et videamus quomodo sibi
constent quae per hoc verbum significantur; et invenietur verbum istud *Humidum* nihil aliud quam nota confusa diversarum
actionum, quae nullam constantiam aut reductionem patiuntur.
Significat enim et quod circa aliud corpus facile se circumfun-
dit; et quod in se est indeterminabile, nec consistere potest; et
quod facile cedit undique; et quod facile se dividit et dispergit;
et quod facile se unit et colligit; et quod facile fluit et in motu
ponitur; et quod alteri corpori facile adhaeret, idque madefacit;
et quod facile reducitur in liquidum, sive colliquatur, cum antea
consisteret. Itaque cum ad hujus nominis praedicationem et

Worte. Daher ist es notwendig, auf die einzelnen Fälle, ihre Folge und Ordnung zurückzugehen, wie ich bald zeigen werde, wenn wir zu der Art und Weise, die Begriffe und Sätze zu bilden, gelangen werden.

60.

Die Idole, welche mit Worten dem Geist aufgelastet werden, sind zweifacher Art. Es sind entweder Namen von Dingen, die es nicht gibt (es gibt nämlich Dinge, die aus Nachlässigkeit keinen Namen erhalten, es gibt aber auch Dank einer regen Phantasie Namen ohne Dinge) oder es gibt zwar Namen von Dingen, die wirklich sind, aber sie sind verworren, schlecht abgegrenzt und voreilig und unangemessen von den Dingen abstrahiert. Zur ersten Art gehören Glück, der erste Beweger, die Sphären der Planeten, das Element des Feuers und dergleichen Erdichtungen, die aus eitlen und falschen Lehrmeinungen entstanden sind. Diese Art von Idolen kann leichter beseitigt werden, da sie durch beharrliche Verleugnung und durch Beiseitelassen der Lehrmeinungen ausgerottet werden können.

Dagegen ist die zweite Art verwickelter und tiefer eingewurzelt; da sie aus schlechter und unverständiger Abstraktion hergeleitet wird. Nehmen wir beispielsweise ein Wort wie „feucht" und schauen zu, wie sich das mit diesem Wort Bezeichnete verhält. Es wird sich herausstellen, daß dieses Wort nichts anderes ist als ein verworrenes Zeichen für verschiedene Wirksamkeiten, denen nichts Gleichartiges eigen ist. Es bezeichnet nämlich das, was leicht um einen anderen Körper herumfließt, das, was nicht fest umrissen und nicht klar bestimmbar ist, das, was leicht nach allen Richtungen hin entweicht, was sich leicht teilt und zerstreut, sich leicht bindet und sammelt, was leicht fließt und in der Bewegung besteht, was an einem anderen Körper leicht hängen bleibt und ihn naß macht, das, was wieder leicht flüssig wird oder auch zusammenfließt, wenn es vorher fest war. Da

impositionem ventum sit, si | alia accipias, flamma humida est;
si alia accipias, aër humidus non est; si alia, pulvis minutus
humidus est; si alia, vitrum humidum est; ut facile appareat
istam notionem ex aqua tantum et communibus et vulgaribus
liquoribus, absque ulla debita verificatione, temere abstractam
esse.

In verbis autem gradus sunt quidam pravitatis et erroris.
Minus vitiosum genus est nominum substantiae alicujus, praesertim specierum infimarum et bene deductarum (nam notio
Cretae, Luti, bona; Terrae mala); vitiosius genus est actionum,
ut Generare, Corrumpere, Alterare: vitiosissimum qualitatum
(exceptis objectis sensus immediatis), ut Gravis, Levis, Tenuis,
Densi, etc.; et tamen in omnibus istis fieri non potest, quin sint
aliae notiones aliis paulo meliores, prout in sensum humanum
incidit rerum copia.

LXI.

At Idola Theatri innata non sunt, nec occulto insinuata in
intellectum; sed ex fabulis theoriarum et perversis legibus
demonstrationum plane indita et recepta. In his autem confu-
tationes tentare et suscipere consentaneum prorsus non est illis
quae a nobis dicta sunt. Quum enim nec de principiis consentia-
mus nec de demonstrationibus, tollitur omnis argumentatio. Id
vero bono fit fato, ut antiquis suus constet honos. Nihil enim
illis detrahitur, quum de via omnino quaestio sit. Claudus enim

man derart zu der Benennung und dem Gebrauch dieses Wortes
gekommen ist, so ist in der einen Bedeutung dieses Wortes die
Flamme feucht, in anderer Bedeutung die Luft nicht feucht,
wieder in anderer Bedeutung ist der feine Staub feucht oder das
Glas feucht. Es ist leicht ersichtlich, daß dieser Begriff nur von
dem Wasser und den gewöhnlichen und bekannten Flüssigkeiten
ohne jegliche erforderliche Differenzierung voreilig entlehnt
worden ist.

Worte aber haben verschiedene Grade der Verkehrtheit und
der Falschheit. Am wenigsten fehlerhaft ist die Klasse der Namen
für die Substanzen, namentlich für die untersten und gut abgeleiteten Arten: der Begriff von Kreide und Lehm ist gut, der von
Erde schlecht. Fehlerhaft ist schon die Klasse der Tätigkeiten wie:
zeugen, vernichten, verändern. Am fehlerhaftesten ist die Klasse
der Qualitäten (mit Ausnahme der unmittelbaren Gegenstände
sinnlicher Wahrnehmung), wie: schwer, leicht, dünn, dicht usw.
Trotzdem sind dabei einige Begriffe besser als die anderen aus-
gefallen, je nach der Menge dessen, was in den Bereich des
menschlichen Sinnes eingetreten ist.

61.

Die Idole des Theaters sind nicht angeboren, noch haben sie
sich heimlich in den Geist eingeschlichen; sondern sie sind offensichtlich aus den Fabeln der Theorien und den verkehrten Gesetzen der Beweisführungen dem Verstand beigebracht und von
ihm aufgenommen worden. Gegen sie mit Widerlegung aufzu-
treten, entspricht ganz und gar nicht dem von mir Vorher-
gesagten. Da wir nämlich weder bezüglich der Grundlagen noch
der Beweisführung übereinstimmen, entfällt jede positive Aus-
einandersetzung. Dies ist in der Tat ein gutes Vorzeichen, da
so die Ehre der Alten bestehenbleibt. Nichts wird nämlich diesen
versagt, da es ja hier ganz und gar um die Frage des Weges

(ut dicitur) in via antevertit cursorem extra viam. Etiam illud manifesto liquet, currenti extra viam, quo habilior sit et velocior, eo majorem contingere aberrationem.

Nostra vero inveniendi scientias ea est ratio, ut non multum ingeniorum acumini et robori relinquatur; sed quae ingenia et intellectus fere exaequet. Quemadmodum enim ad hoc, ut linea recta fiat aut circulus perfectus describatur, multum est in constantia et exercitatione manus, si fiat ex vi manus propria; sin autem adhibeatur regula aut circinus, parum aut nihil; omnino similis est nostra ratio. Licet autem confutationum particularium nullus sit usus, de sectis tamen et generibus hujusmodi theoriarum nonnihil dicendum est; atque etiam paulo post de signis exterioribus, quod se male habeant; et postremo de causis | tantae infelicitatis et tam diuturni et generalis in errore consensus; ut ad vera minus difficilis sit aditus, et intellectus humanus volentius expurgetur et Idola dimittat.

LXII.

Idola Theatri, sive theoriarum, multa sunt, et multo plura esse possunt, et aliquando fortasse erunt. Nisi enim per multa jam saecula, hominum ingenia circa religionem et theologiam occupata fuissent, atque etiam politiae civiles (praesertim monarchiae) ab istiusmodi novitatibus, etiam in contemplationibus, essent aversae; ut cum periculo et detrimento fortunarum suarum in illas homines incumbant, non solum praemio destituti, sed etiam contemptui et invidiae expositi; complures

geht. Selbst ein Lahmer auf dem Weg überholt einen Läufer außerhalb des Weges. Auch liegt klar auf der Hand, daß, je geschickter und geschwinder der Läufer außerhalb des Weges läuft, um so größer die Verirrung wird.

Mein Verfahren nun, die Wissenschaften aufzuspüren, ist so, daß dem Scharfsinn und der Stärke des Geistes nicht viel zu tun bleibt; sondern es gleicht die Begabungen und Anlagen fast aus. Denn zum Ziehen einer geraden Linie oder zum Schlagen eines vollkommenen Kreises mit der bloßen Hand gehört viel Sicherheit und Übung, aber wenig oder gar keine, wenn Lineal oder Zirkel dazu verwendet werden. Ähnlich verhält es sich mit meinem Verfahren. Mag nun auch die Widerlegung einzelner Aussagen nicht angebracht sein, so bleibt doch über die Sekten und über die Arten solcher Theorien einiges zu sagen, danach einiges über die schlechte Beschaffenheit der äußeren Zeichen, schließlich etwas über die Ursachen eines so großen Miß-geschickes und eines so langen und gemeinsamen Beharrens im Irrtum. So wird der Zugang zum Wahren sich weniger schwie-rig gestalten, der menschliche Geist bereitwilliger sich reinigen und von den Idolen sich befreien.

62.

Die Idole des Theaters oder der Theorien sind zahlreich; sie können noch weit zahlreicher sein, sie werden es vielleicht auch einmal werden. Denn wären nämlich nicht schon durch die Jahrhunderte die Geister der Menschen mit Religion und Theologie beschäftigt gewesen, und hätten die bürgerlichen Ver-fassungen, namentlich die monarchischen, dergleichen Neue-rungen selbst in der Theorie nicht abgelehnt, so daß die Men-schen nur unter Gefahr und Schaden für ihr Vermögen sich ihnen widmeten und dabei nicht bloß jeden Lohnes entbehrten, sondern auch der Verachtung und dem Neide sich aussetzten,

aliae proculdubio philosophiarum et theoriarum sectae, similes illis quae magna varietate olim apud Graecos floruerunt, introductae fuissent. Quemadmodum enim super phaenomena aetheris plura themata coeli confingi possunt; similiter, et multo magis, super phaenomena philosophiae fundari possunt et constitui varia dogmata. Atque hujusmodi theatri fabulae habent etiam illud quod in theatro poetarum usu venit, ut narrationes fictae ad scenam narrationibus ex historia veris concinniores sint et elegantiores, et quales quis magis vellet.

In genere autem, in materiam philosophiae sumitur aut multum ex paucis aut parum ex multis; ut utrinque philosophia super experientiae et naturalis historiae nimis angustam basin fundata sit, atque ex paucioribus quam par est pronunciet. Rationale enim genus philosophantium ex experientia arripiunt varia et vulgaria, eaque neque certo comperta nec diligenter examinata et pensitata; reliqua in meditatione atque ingenii agitatione ponunt.

Est et aliud genus philosophantium, qui in paucis experimentis sedulo et accurate elaborarunt, atque inde philosophias educere et confingere ausi sunt; reliqua miris modis ad ea detorquentes.

Est et tertium genus eorum, qui theologiam et traditiones ex fide et veneratione immiscent; inter quos vanitas nonnullorum ad petendas et derivandas scientias a Spiritibus scilicet et Geniis deflexit; ita ut stirps errorum, et philosophia falsa, genere triplex sit: Sophistica, Empirica, et Superstitiosa.

so wären unzweifelhaft viele andere Schulen von Philosophien
eingeführt worden gleich denen, welche in so üppiger Vielfalt
einst bei den Griechen blühten. Denn so, wie auf das Phänomen
des Äthers verschiedene Ansichten über den Himmel gegründet
werden können, so können in noch höherem Maße auf die Erscheinungen der Philosophie verschiedene dogmatische Lehrsätze gegründet werden. Diese Dichtungen des Theaters haben
mit den für die Bühne gestalteten Dichtungen das gemein, daß
Theaterstücke gegenüber den wahren Erzählungen der Geschichte beliebter, gefälliger und ganz nach dem Geschmack des
Publikums sind.

Im allgemeinen aber nimmt man in der Philosophie entweder
vieles aus wenigem oder weniges aus vielem; daher ist nach
beiden Seiten hin die Philosophie auf einem allzu schmalen
Fundament der Erfahrung und Naturgeschichte errichtet worden. Sie urteilt auf der Grundlage zu weniger Fälle.

Die auf die Vernunft sich stützende Schicht der Philosophen
rafft aus der Erfahrung das Verschiedenste und Nächstliegende
auf, was weder sicher erkundet noch sorgfältig geprüft und er-
wogen ist; das übrige überantworten sie der Überlegung und
der Regsamkeit des Geistes.

Es gibt noch eine andere Art von Philosophen, die wenige
Experimente fleißig und exakt durcharbeiteten und daraus die
Philosophie zu entwickeln und zu bilden unternahmen und da-
bei das Übrige auf sonderbarste Weise danach verdrehten.
Weiter gibt es noch eine dritte Klasse, welche aus gläubigem
Eifer und Gottesverehrung die Theologie und Überlieferungen
mit einmischten; unter ihnen ging bei einzelnen die Torheit so
weit, daß sie die Wissenschaften von den Geistern wie von den
Genien zu erlangen und abzuleiten trachteten. So ist die Grund-
lage der Irrtümer und der falschen Philosophie von dreifacher
Art: von sophistischer, empirischer und abergläubischer.

LXIII.

Primi generis exemplum in Aristotele maxime conspicuum est, qui philosophiam naturalem dialectica sua corrupit; quum | mundum ex categoriis effecerit; animae humanae, nobilissimae substantiae, genus ex vocibus secundae intentionis tribuerit; negotium Densi et Rari, per quod corpora subeunt majores et minores dimensiones sive spatia, per frigidam distinctionem Actus et Potentiae transegerit; motum singulis corporibus unicum et proprium, et si participent ex alio motu id aliunde moveri, asseruerit; et innumera alia, pro arbitrio suo, naturae rerum imposuerit: magis ubique sollicitus quomodo quis respondendo se explicet, et aliquid reddatur in verbis positivum, quam de interna rerum veritate; quod etiam optime se ostendit in comparatione philosophiae ejus ad alias philosophias quae apud Graecos* celebrabantur. Habent enim Homoiomera Anaxagorae, Atomi Leucippi et Democriti, Coelum et Terra Parmenidis, Lis et Amicitia Empedoclis, Resolutio corporum in adiaphoram naturam ignis et Replicatio eorundem ad densum Heracliti, aliquid ex philosopho naturali, et rerum naturam et experientiam et corpora sapiunt; ubi Aristotelis Physica nihil aliud quam dialecticae voces plerunque sonet; quam etiam in Metaphysicis sub solenniore nomine, et ut magis scilicet realis, non nominalis, retractavit. Neque illud quenquam moveat, quod in libris ejus de animalibus, et in problematibus, et in aliis suis tractatibus**, versatio frequens sit in experimentis. Ille enim prius decreverat, neque experientiam ad

---

* Quelle für das folgende ist Aristoteles: Metaphysik, 1, 3–5 (983 a 23 ff.).

** Gemeint sind Aristoteles: De Partibus Animalium; Problemata Physica; De Motu Animalium; De Incessu Animalium; De Generatione Animalium – 639 a–789 b.

63.

Ein Beispiel der ersten Gruppe liegt besonders offensichtlich
bei Aristoteles vor, der die Naturphilosophie durch seine
Dialektik verdarb, da er die Welt aus den Kategorien herleitete.
Die menschliche Seele, die edelste Substanz, unterstellte er ihrer
Gattung nach den Worten zweiter Ordnung. Das Problem des
Dichten und Dünnen (wonach die Körper größere und kleinere
Ausdehnungen oder Räume einnehmen) wollte er durch die
schwache Unterscheidung von Akt und Potenz erledigen, den
einzelnen Körpern gestand er nur eine einzige wesenseigene
Bewegung zu, und falls sie an einer anderen Bewegung teil-
nähmen, behauptete er, daß sie von anderswoher bewegt wer-
den; und noch unzählig anderes bürdete er den Dingen der
Natur nach seinem Gutdünken auf. Immer nur war er mehr
darum besorgt, sich durch Antworten herauszuwinden und den
Worten nach etwas Positives zu bieten, statt die innere Wahrheit der Dinge zu erforschen.

Dies zeigt sich auch am besten bei einem Vergleich seiner
Philosophie mit den anderen bei den Griechen gefeierten Systemen. Denn die Homoiomerien des Anaxagoras, die Atome des
Leukipp und Demokrit, der Himmel und die Erde des Parmenides, der Streit und die Freundschaft des Empedokles, die Rückführung aller Dinge auf die unterschiedslose Natur des Feuers
und ihre Rückverknüpfung zu dem Dichten bei Heraklit, haben
etwas Naturphilosophisches an sich und schmecken nach der
Natur der Dinge, nach Erfahrung und Körpern, wo hingegen
man in der Physik des Aristoteles nichts anderes als weithin
die Stimme der Dialektik hört. Das wiederholt sich auch in der
Metaphysik unter einem feierlicheren Namen und als wäre sie
mehr real, nicht nominal. Auch dies wird niemanden beeindrucken, daß in seinen Büchern über die Tierwelt und in seinen
Problemen und Abhandlungen häufig von Experimenten gesprochen wird. Denn er hatte seine Grundsätze aufgestellt, ohne die

constituenda decreta et axiomata rite consuluit; sed postquam pro arbitrio suo decrevisset, experientiam ad sua placita tortam circumducit et captivam; ut hoc etiam nomine magis accusandus sit, quam sectatores ejus moderni (scholasticorum philosophorum genus) qui experientiam omnino deseruerunt.

LXIV.

At philosophiae genus Empiricum placita magis deformia et monstrosa educit, quam Sophisticum aut rationale genus; quia non in luce notionum vulgarium (quae licet tenuis sit et superficialis, tamen est quodammodo universalis et ad multa pertinens) | sed in paucorum experimentorum angustiis et obscuritate fundatum est. Itaque talis philosophia illis qui in hujusmodi experimentis quotidie versantur atque ex ipsis phantasiam contaminarunt probabilis videtur, et quasi certa; caeteris, incredibilis et vana. Cujus exemplum notabile est in chymicis, eorumque dogmatibus; alibi autem vix hoc tempore invenitur, nisi forte in philosophia Gilberti*. Sed tamen circa hujusmodi philosophias cautio nullo modo praetermittenda erat; quia mente jam praevidemus et auguramur, si quando homines, nostris monitis excitati, ad experientiam se serio contulerint (valere jussis doctrinis sophisticis), tum demum propter praematuram et praeproperam intellectus festinationem, et saltum sive volatum ad generalia et rerum principia, fore ut magnum ab hujusmodi philosophiis periculum immineat; cui malo etiam nunc obviam ire debemus.

---

* W. Gilbert: De Magnete (1600) und De Mundo (1651); De Mundo war Bacon wahrscheinlich als Manuskript bekannt.

Erfahrung bei der Bildung der Urteile und Sätze richtig befragt zu haben; aber nachdem er diese nach seinem Gutdünken festgelegt hatte, rankte er die Erfahrung wie eine Gefangene mit verrenkten Gliedern nach seinem Gefallen um sie herum. Darum verdient er auch härteren Tadel als seine neueren Anhänger, das Geschlecht der scholastischen Philosophen, welche der Erfahrung gänzlich entsagt haben.

64.

Indes bringt die Gruppe der empirischen Philosophie noch weit unförmigere und unverständlichere Festsetzungen hervor als die Klasse der Sophisten oder Rationalisten, denn ihr ist nicht einmal das Licht der alltäglichen Begriffe aufgedämmert. Gewiß leuchtet es schwach und nur so obenhin, dennoch ist es allgemein und bezieht sich auf vieles; statt dessen bleibt sie auf wenigen dunklen Versuchen begründet. Kein Wunder, daß denen, die sich tagaus, tagein mit solch kümmerlichen Versuchen abgegeben und dergestalt ihre Phantasie verseucht haben, eine solche Philosophie wahrscheinlich und so gut wie gewiß vorkommt, den übrigen hingegen hohl und ungereimt. Ein bemerkenswertes Beispiel dafür liefern uns die Alchimisten mit ihren starren Lehrsätzen, was heutzutage anderweitig kaum geschieht, es sei denn in der Philosophie von Gilbert. Danach ist es geboten, vor solch einer Philosophie zu warnen, zu betonen, daß von derlei Philosophieren großer Schaden droht. Folgendes sehe ich nämlich ziemlich klar voraus: wenn sich die Menschen infolge meiner Anleitung dahin bringen lassen, den sophistischen Lehren Lebewohl zu sagen, um sich ernsthaft der Erfahrung zu widmen, wird ihr Verstand doch in unreifer und voreiliger Weise versucht sein, Hals über Kopf und wie im Fluge zu den letzten Gründen der Dinge zu entfliehn. Großer Schaden droht von Philosophien dieser Art. Darum muß diesem Übel schon jetzt entgegengetreten werden.

LXV.

At corruptio philosophiae ex Superstitione et theologia admista, latius omnino patet, et plurimum mali infert, aut in philosophias integras aut in earum partes. Humanus enim intellectus non minus impressionibus phantasiae est obnoxius, quam impressionibus vulgarium notionum. Pugnax enim genus philosophiae et Sophisticum illaqueat intellectum: at illud alterum phantasticum et tumidum, et quasi Poeticum, magis blanditur intellectui. Inest enim homini quaedam intellectus ambitio, non minor quam voluntatis; praesertim in ingeniis altis et elevatis.

Hujus autem generis exemplum inter Graecos illucescit, praecipue in Pythagora, sed cum superstitione magis crassa et onerosa conjunctum; at periculosius et subtilius in Platone, atque ejus schola. Invenitur etiam hoc genus mali in partibus philosophiarum reliquarum, introducendo formas abstractas, et causas finales, et causas primas; omittendo saepissime medias, et hujusmodi. Huic autem rei summa adhibenda est cautio. Pessima enim res est errorum Apotheosis, et pro peste intellectus habenda est, si vanis accedat veneratio. Huic autem vanitati nonnulli ex modernis summa levitate ita indulserunt, ut in primo capitulo Geneseos et in libro Job et aliis scripturis sacris, philosophiam naturalem fundare conati sint; *inter viva quaerentes mortua**. Tantoque magis haec vanitas inhibenda venit et coercenda, quia ex divinorum et humanorum malesana admistione non solum educitur philosophia phantastica, sed | etiam religio haeretica. Itaque salutare admodum est, si mente sobria fidei tantum dentur quae fidei sunt.

---

* Vergl. Lukas 24,5.

65.

Das Unheil durch Aberglauben und die Beimischung der Theologie ist in der Philosophie weit verbreitet, die im allgemeinen und im einzelnen dadurch stark geschädigt wird. Denn der menschliche Geist ist ebenso dem Einfluß der Phantasie wie der gewöhnlichen Begriffe unterworfen. Die streitsüchtige und sophistische Art der Philosophie bindet und fesselt den Verstand, jene phantastische, schwülstige und gleichsam poetisierende Art aber umschmeichelt und verblendet ihn. Es steckt nun einmal der Ehrgeiz der Erkenntnis und des Willens im Menschen, besonders in großen und hervorragenden Geistern.

Musterbeispiel unter den Griechen ist hierfür Pythagoras. Sein Aberglaube ist indes mehr massiv und grobschlächtig. Gefährlicher und feiner aber zeigt sich dies bei Platon und seiner Schule. Doch findet man diese Art des Übels auch teilweise in den übrigen Philosophien durch Einführung von abstrakten Formen, Endzwecken und ersten Ursachen; dabei werden sehr oft die mittleren Ursachen außer acht gelassen und dergleichen mehr. Demgegenüber ist höchste Vorsicht geboten. Am schlimmsten ist die Vergötterung des Irrtums. Es gleicht einer Pest des Verstandes, wenn das Eitle noch verehrt wird. Dieser Eitelkeit haben sich aber einige der Neueren mit grenzenlosem Leichtsinn so hingegeben, daß sie den Versuch unternahmen, die Naturphilosophie auf das erste Kapitel der Schöpfung, auf das Buch Hiob und auf andere heilige Bücher zu gründen; sie haben das Lebende unter dem Toten gesucht. Und um so mehr ist dieser Eitelkeit entgegenzutreten und sie in die Schranken zu weisen, da aus einer ungesunden Vermischung des Göttlichen und Menschlichen nicht bloß eine phantastische Philosophie, sondern auch eine ketzerische Religion herauskommt. Es ist deshalb nur heilsam, wenn nüchternen Geistes dem Glauben nur das gegeben wird, was des Glaubens ist.

LXVI.

Et de malis authoritatibus philosophiarum, quae aut in vulgaribus notionibus, aut in paucis experimentis, aut in superstitione fundatae sunt, jam dictum est. Dicendum porro est et de vitiosa materia contemplationum, praesertim in philosophia naturali. Inficitur autem intellectus humanus ex intuitu eorum quae in artibus mechanicis fiunt, in quibus corpora per compositiones aut separationes ut plurimum alterantur; ut cogitet simile quiddam etiam in natura rerum universali fieri. Unde fluxit commentum illud Elementorum, atque illorum concursu, ad constituenda corpora naturalia. Rursus, quum homo naturae libertatem contempletur, incidit in species rerum, animalium, plantarum, mineralium; unde facile in eam labitur cogitationem, ut existimet esse in natura quasdam formas rerum primarias, quas natura educere molitur, atque reliquam varietatem ex impedimentis et aberrationibus naturae in opere suo conficiendo, aut ex diversarum specierum conflictu et transplantatione alterius in alteram, provenire. Atque prima cogitatio qualitates primas elementares, secunda proprietates occultas et virtutes specificas, nobis peperit; quarum utraque pertinet ad inania contemplationum compendia, in quibus acquiescit animus et a solidioribus avertitur. At medici, in secundis rerum qualitatibus et operationibus, attrahendi, repellendi, attenuandi, inspissandi, dilatandi, astringendi, discutiendi, maturandi, et hujusmodi, operam praestant meliorem; atque nisi ex illis duobus (quae dixi) compendiis (qualitatibus scilicet elementaribus, et virtutibus specificis) illa altera (quae recte notata sunt) corrumperent, reducendo illa ad primas qualitates earumque mixturas subtiles et incommensurabiles, aut ea non producendo cum majore et diligentiore observatione ad

66.

Soviel nun über die schlechten Autoritäten philosophischer Lehrmeinungen, welche entweder auf die gewöhnlichen Begriffe, auf wenige Experimente, oder auf den Aberglauben gegründet sind. Es bleibt nun noch über den fehlerhaften Gegenstand der Betrachtungen, vor allem in der Naturphilosophie, zu sprechen. Der menschliche Geist wird beim Anblick dessen angesteckt, was in den mechanischen Künsten vor sich geht, in ihnen werden die Körper mittels Verbindung und Trennung meistens verändert; daher meint er, ähnliches geschehe auch in der allgemeinen Natur der Dinge. Daraus ist jene Erdichtung von den Elementen und ihrem Zusammenspiel beim Aufbau der natürlichen Körper entsprungen. Wenn der Mensch die Natur in ihrer Freiheit betrachtet, gelangt er auf die Gattungen der Dinge, der Tiere, der Pflanzen, der Mineralien; so verfällt er leicht dem Gedanken, es gäbe in der Natur gewisse Urformen, welche die Natur hervorzubringen bestrebt sei, die übrige Mannigfaltigkeit entstehe aus Hindernissen und Abweichungen der Natur beim Vollbringen ihres Werkes oder aus dem Widerstreit verschiedener Arten und ihrer Umwandlung der einen in die andere. Der erste Gedankengang hat uns die elementaren Urqualitäten geboren, der zweite die verborgenen Eigenschaften und die spezifischen Kräfte; beide von ihnen gehören zu den nichtssagenden Zusammenfassungen der Erwägungen, in welchen der Geist sich beruhigt, und von ernsteren Erwägungen abgezogen wird. Dagegen leisten die Mediziner bei den Qualitäten zweiter Ordnung der Dinge und in ihrem Wirken eine gediegenere Arbeit im Prüfen des Anziehens und des Abstoßens, des Verdünnens und Verdichtens, des Ausdehnens und Zusammenziehens, des Zerteilens, Reifens usw. Und wenn sie nicht mit jenen beiden vorher erwähnten Abkürzungen das Richtige verdorben hätten, indem sie es auf die ersten Qualitäten und deren feine und unmeßbare Mischungen zurückführten und nicht mit einer größe-

qualitates tertias et quartas, sed contemplationem intempestive
abrumpendo, illi multo melius profecissent. Neque hujusmodi
virtutes (non dico eaedem, sed | similes) in humani corporis
medicinis tantum exquirendae sunt; sed etiam in caeterorum
corporum naturalium mutationibus.

Sed multo adhuc majore cum malo fit, quod quiescentia
rerum principia, *ex quibus*, et non moventia, *per quae*, res fiunt,
contemplentur et inquirant. Illa enim ad sermones, ista ad
opera spectant. Neque enim vulgares illae differentiae Motus,
quae in naturali philosophia recepta notantur, Generationis,
Corruptionis, Augmentationis, Diminutionis, Alterationis, et
Lationis, ullius sunt pretii*. Quippe hoc sibi volunt; si corpus,
alias non mutatum, loco tamen moveatur, hoc Lationem esse;
si manente et loco et specie, qualitate mutetur, hoc Alterationem esse; si vero ex illa mutatione moles ipsa et quantitas corporis non eadem maneat, hoc Augmentationis et Diminutionis
motum esse; si eatenus mutentur ut speciem ipsam et substan-
tiam mutent et in alia migrent, hoc Generationem et Corruptio-
nem esse. At ista mere popularia sunt, et nullo modo in naturam
penetrant; suntque mensurae et periodi tantum, non species
motus. Innuunt enim illud *hucusque*, et non *quomodo* vel *ex quo
fonte*. Neque enim de corporum appetitu, aut de partium
eorum processu, aliquid significant; sed tantum quum motus
ille rem aliter ac prius, crasso modo, sensui exhibeat, inde divisionem suam auspicantur. Etiam quum de causis motuum aliquid significare volunt, atque divisionem ex illis instituere,

* Vergl. Aristoteles: Kategorien, 14, 15 a 13 f.

ren und sorgfältigeren Beobachtung zu dritten und vierten
Qualitäten weiterführten, würden sie weit größere Fortschritte
gemacht haben. Sie haben aber die Beobachtung zu früh abgebrochen. Derartige Kräfte, zumindest ähnliche, sind nicht nur
in den Arzneimitteln für den menschlichen Körper zu erforschen, sondern auch in den Veränderungen der übrigen
Naturkörper.

Ein noch weit größeres Übel ist es aber, daß man die ruhen-
den Prinzipien der Dinge, *aus* denen sie sind, und nicht die be-
wegenden Prinzipien, *durch* welche die Dinge werden, betrachtet und erforscht. Denn jene betreffen die Formulierung, diese
aber die Dinge. Jene üblichen Unterscheidungen der Bewegung
nämlich, welche man traditionell in der Naturphilosophie auf-
zählt, die des Zeugens, der Vernichtung, der Vermehrung, der
Verminderung, der Veränderung und Ortsbewegung sind ohne
den geringsten Wert. Besagen sie ja lediglich: Wenn ein Körper,
der sonst nicht bewegt ist, dennoch vom Ort bewegt wird, so
sei das eine Ortsbewegung; wenn er an seinem Ort bleibt, aber
die Qualität ändert, so sei dies eine Veränderung; wenn aber
die Masse und die Quantität des Körpers nicht dieselbe bleibt,
so sei dies eine Bewegung der Vermehrung oder Verminderung;
wenn er aber insofern gewandelt wird, daß er die Art selbst
und die Substanz verändert und in etwas anderes hinüberwan-
dert, so sei dies ein Zeugen und Vernichten. Allein, dieses ist
leeres Gerede und durchdringt in keiner Weise die Natur; es
sind lediglich Maße und Zeiträume, nicht aber Arten der Bewegung. Denn sie weisen auf das „Bis jetzt" und nicht auf das
„Auf welche Weise" oder „Aus welcher Quelle" hin. Auch bestimmen sie in keiner Weise ein Begehren der Körper noch
einen Vorgang in ihren Teilen; sondern sie gehen in ihrer Einteilung ausschließlich davon aus, ob jene Bewegung den Gegenstand in grober Weise den Sinnen anders darbietet als vorher.
Selbst da, wo sie von den Ursachen der Bewegung etwas aussagen wollen, und danach die Einteilung bestimmen, führen sie

differentiam motus naturalis et violenti, maxima cum socordia, introducunt; quae et ipsa omnino ex notione vulgari est; cum omnis motus violentus etiam naturalis revera sit, scilicet cum externum efficiens naturam alio modo in opere ponet quam quo prius.

At hisce omissis; si quis (exempli gratia) observaverit, inesse corporibus appetitum contactus ad invicem, ut non patiantur unitatem naturae prorsus dirimi aut abscindi, ut vacuum detur; aut si quis dicat, inesse corporibus appetitum se recipiendi in naturalem suam dimensionem vel tensuram, ut si ultra eam aut citra eam comprimantur aut distrahantur, statim in veterem sphaeram et exporrectionem suam se recuperare et remittere moliantur; aut si quis dicat, inesse corporibus appetitum congregationis ad massas connaturalium suorum, densorum videlicet versus orbem terrae, tenuiorum et rariorum versus ambitum coeli; haec et hujusmodi vere physica sunt | genera motuum; at illa altera plane logica sunt et scholastica, ut ex hac collatione eorum manifesto liquet.

Neque minus etiam malum est, quod in philosophiis et contemplationibus suis, in principiis rerum atque ultimitatibus naturae investigandis et tractandis opera insumatur; cum omnis utilitas et facultas operandi in mediis consistat. Hinc fit, ut abstrahere naturam homines non desinant, donec ad materiam potentialem et informem ventum fuerit; nec rursus secare naturam desinant, donec perventum fuerit ad atomum; quae, etiamsi vera essent, tamen ad juvandas hominum fortunas parum possunt.

mit größter Sorglosigkeit die Unterscheidung der natürlichen
und der gewaltsamen Bewegung ein; diese ist ganz und gar dem
Verständnis der urteilslosen Menge angepaßt; da ja in Wahrheit jede gewaltsame Bewegung auch eine natürliche ist, wenn
nämlich eine äußere Ursache eine Eigenschaft in anderer Weise
wirksam macht als vorher.

Aber darüber hinaus, hätte jemand beispielsweise beobachtet,
daß den Körpern ein Begehren einwohne, einander zu berühren,
so daß sie es nicht leiden, daß die Einheit der Natur gänzlich
zerrissen oder durchschnitten werde und dergestalt ein Vakuum
entstehe; oder sagte jemand, es liege in den Körpern ein Bestreben, sich in ihre natürliche Ausdehnung oder Spannung zu-
rückzuversetzen, so daß, falls sie darüber hinaus ausgedehnt
oder darunter zusammengedrückt werden, sie sich sofort an-
schicken, ihre alte Gestalt und Ausdehnung wiederzugewinnen
und wiederherzustellen; oder wenn jemand sagte, es liege in
den Körpern ein Bestreben, sich mit den ihnen verwandten
Dingen zu Massen zu vereinigen, so daß das Dichte nach dem
Erdkreise, das Feinere und Leichtere nach dem Bereich des
Himmels strebe; so sind diese und gleichartige Bewegungen
echt physikalische Arten der Bewegung; jene anderen aber sind
offensichtlich nur logischen und scholastischen Urprunges, wie
es aus dem Vergleich beider klar auf der Hand liegt.

Auch ist es ein nicht minderer Übelstand, daß bei solch einem
Philosophieren und Betrachten alle Mühe bei der Erforschung
und Behandlung der Prinzipien der Dinge und der letzten Elemente der Natur verwendet wird, während aller Nutzen und
alle Macht zu wirken in den mittleren liegt. So kommt es, daß
die Menschen bei ihren Versuchen, von der Natur zu abstrahie-
ren, nicht eher ablassen, bis sie zur möglichen und gestaltlosen
Materie gelangt sind; auch hört man nicht eher auf, die Natur
zu zerschneiden, bis man beim Atom angelangt ist; selbst wenn
dieses wahr wäre, könnte es dennoch das Glück der Menschen
wenig fördern.

LXVII.

Danda est etiam cautio intellectui de intemperantiis philosophiarum, quoad assensum praebendum aut cohibendum; quia hujusmodi intemperantiae videntur Idola figere, et quodammodo perpetuare, ne detur aditus ad ea summovenda.

Duplex autem est excessus: alter eorum qui facile pronunciant, et scientias reddunt positivas et magistrales; alter eorum qui Acatalepsiam introduxerunt, et inquisitionem vagam sine termino; quorum primus intellectum deprimit, alter enervat. Nam Aristotelis philosophia, postquam ceteras philosophias (more Ottomanorum erga fratres suos) pugnacibus confutationibus contrucidasset, de singulis pronunciavit; et ipse rursus quaestiones ex arbitrio suo subornat, deinde conficit; ut omnia certa sint et decreta; quod etiam apud successiones suas valet, et in usu est.

At Platonis schola Acatalepsiam introduxit, primo tanquam per jocum et ironiam, in odium veterum sophistarum, Protagorae, Hippiae, et reliquorum, qui nihil tam verebantur quam ne dubitare de re aliqua viderentur. At Nova Academia Acatalepsiam dogmatizavit, et ex professo tenuit. Quae licet honestior ratio sit quam pronunciandi licentia, quum ipsi pro se dicant se minime confundere inquisitionem, ut Pyrrho fecit et Ephectici, sed habere quod sequantur ut probabile, licet non habeant quod teneant ut verum; tamen postquam animus huma|nus de veritate invenienda semel desperaverit, omnino omnia fiunt

67.

Warnen muß man den Geist auch vor der Maßlosigkeit der philosophischen Lehrmeinungen im Gewähren und Verweigern der Zustimmung; weil solche Maßlosigkeiten offensichtlich die Idole festigen und gleichsam verewigen, so daß es kein Mittel gibt, sie fernzuhalten. Die Wirkung ist aber so: Die einen sind mit ihren Behauptungen schnell bei der Hand, und sie machen die Wissenschaften dogmatisch und magisterhaft; die anderen haben Neutralität jedem festen Standpunkt gegenüber und damit eine planlose Untersuchungsart ohne Ende eingeführt. Das erste Extrem vergewaltigt den Verstand; das zweite erweicht ihn. Denn nachdem die Philosophie des Aristoteles die übrigen philosophischen Systeme, wie die Türken ihre Brüder, mit streitsüchtigen Widerlegungen aus dem Wege geräumt hatte, erließ sie Bestimmungen über Einzelfragen, Aristoteles selbst putzte wiederum die Probleme nach seinem Gutdünken auf und erledigte sie damit, daß alles gewiß und beschlossen sei, was auch bei seinen Nachfolgern gilt und im Gebrauch ist.

Die Schule Platons führte dagegen die Neutralität des Urteils (Acatalepsia) ein, anfangs aus Scherz und Ironie, aus Haß gegen die alten Sophisten Protagoras, Hippias und andere, die nichts so sehr scheuten als den Anschein, daß sie über etwas zweifelten. Die neue Akademie aber erhob die Enthaltung von der persönlichen Stellungnahme zum Dogma und hielt grundsätzlich daran fest. Diese Weise mag anständiger als die Willkür im Behaupten sein, zumal jene selbst für sich anführen, daß sie keineswegs die Untersuchung stören wollen, wie es Pyrrho und die Ephektiker taten, sondern der Auffassung waren, daß sie das Wahrscheinliche erstreben, auch wenn sie nichts bestehen lassen, was als unbedingt wahr zu gelten hat. Nachdem aber der menschliche Geist an der Auffindung der Wahrheit einmal gezweifelt hat, wird sein Interesse an allen Dingen

languidiora: ex quo fit, ut deflectant homines potius ad amoenas disputationes et discursus, et rerum quasdam peragrationes, quam in severitate inquisitionis se sustineant. Verum quod a principio diximus, et perpetuo agimus, sensui et intellectui humano eorumque infirmitati authoritas non est deroganda, sed auxilia praebenda.

LXVIII.

Atque de Idolorum singulis generibus, eorumque apparatu jam diximus; quae omnia constanti et solenni decreto sunt abneganda et renuncianda, et intellectus ab iis omnino liberandus est et expurgandus; ut non alius fere sit aditus ad regnum hominis, quod fundatur in scientiis, quam ad regnum coelorum, *in quod, nisi sub persona infantis, intrare non datur**.

LXIX.

At pravae demonstrationes, Idolorum veluti munitiones quaedam sunt et praesidia; eaeque quas in dialecticis habemus id fere agunt, ut mundum plane cogitationibus humanis, cogitationes autem verbis, addicant et mancipent. Demonstrationes vero potentia quadam philosophiae ipsae sunt et scientiae. Quales enim eae sunt, ac prout rite aut male institutae, tales sequuntur philosophiae et contemplationes. Fallunt autem et incompetentes sunt eae quibus utimur in universo illo processu qui a sensu et rebus ducit ad axiomata et conclusiones. Qui quidem

---

* Vergl. Lukas 18,17.

schwächer: daher wenden sich die Menschen dann lieber zu
unterhaltsamen Disputationen und Erörterungen und zu gewissen leichten Erwägungen über die Dinge, statt in strenger
Untersuchung auszuhalten. Doch was ich von Anfang an gesagt
habe und immer wieder betone, ist, daß den Sinnen und dem
Verstand des Menschen und ihrer Schwäche nicht der Glaube
zu versagen, sondern Hilfe zu gewähren ist.

68.

Soviel also war über die einzelnen Arten der Idole samt
ihrem Zubehör zu sagen. Ihnen allen hat man mit festem und
feierlichem Entschluß zu entsagen und sie zu verwerfen. Der
Geist muß von ihnen gänzlich befreit und gereinigt werden, so
daß kein anderer Zugang zum Reich des Menschen besteht, welches auf den Wissenschaften gegründet ist, als zum Himmel-
reich, in welches man nur eintreten kann wie ein von Voraus-
setzungen unbelastetes Kind.

69.

Die verkehrten Beweisführungen sind gleichsam die Wälle
und die Hilfstruppen der Idole; und das, was die Dialektik
bietet, läuft darauf hinaus, die Welt gänzlich den menschlichen
Gedanken, die Gedanken aber den Worten zu unterwerfen und
in deren Gewalt zu bringen. Die Beweise sind in der Tat letztlich die Philosophie und die Wissenschaften selbst. So wie jene
nämlich beschaffen sind, und je nachdem, ob sie recht oder
schlecht aufgestellt sind, so sind auch die ihnen folgenden Philosophien und Betrachtungen. Die Beweise führen aber in die
Irre und sind unzulänglich, deren man sich bei jenem allgemeinen Übergang von den Sinnen und den Dingen zu den Lehrsätzen und Schlußfolgerungen bedient.

processus quadruplex est, et vitia ejus totidem. Primo, impressiones sensus ipsius vitiosae sunt; sensus enim et destituit et fallit. At destitutionibus substitutiones, fallaciis rectificationes debentur. Secundo, notiones ab impressionibus sensuum male abstrahuntur, et interminatae et confusae sunt, quas terminatas et bene finitas esse oportuit. Tertio, inductio mala est, quae per enumerationem simplicem principia concludit scientiarum, non adhibitis exclusionibus et solutionibus, sive separationibus naturae debitis. Postremo, modus ille inveniendi et probandi, ut primo principia maxime generalia constituantur, deinde media axiomata ad ea applicentur et probentur, errorum mater est et scientiarum omnium calamitas. Verum de istis, quae jam obiter perstringimus, fusius dicemus, cum veram interpretandae naturae viam, absolutis istis expiationibus et expurgationibus mentis, proponemus.

LXX.

Sed demonstratio longe optima est experientia; modo haereat| in ipso experimento. Nam si traducatur ad alia quae similia existimantur, nisi rite et ordine fiat illa traductio, res fallax est. At modus experiendi quo homines nunc utuntur caecus est et stupidus. Itaque cum errant et vagantur nulla via certa, sed ex occursu rerum tantum consilium capiunt, circumferuntur ad multa sed parum promovent; et quandoque gestiunt quandoque distrahuntur; et semper inveniunt quod ulterius quaerant. Fere autem ita fit, ut homines leviter et tanquam per ludum experiantur, variando paululum experimenta jam cognita; et si

Dieser Vorgang ist nun vierfach und ebenso vierfach sind seine Mängel. Erstens sind die Eindrücke der Sinne selbst fehlerhaft; denn der Sinn versagt und täuscht. Aber für das Versagen müssen Ersatzkräfte beschafft werden, gegen die Irrtümer Berichtigungen. Zweitens werden die Begriffe von den Eindrücken der Sinne mangelhaft freigemacht, und sie sind unbestimmt und verworren, während sie bestimmt und zielklar sein sollten. Drittens ist die Induktion schlecht, welche durch bloße Aufzählung die Prinzipien der Wissenschaften ableitet, ohne die Begrenzungen und Lösungen bzw. Trennungen der Natur in gebührender Weise anzuwenden. Endlich ist jenes Forschungs- und Beweisverfahren, wonach zunächst die obersten Grundsätze aufgestellt und dann die mittleren Sätze nach ihnen gebildet und bewiesen werden, die Mutter der Irrtümer und das Unglück aller Wissenschaften.

Ich werde das, was ich hier nur nebenher streife, ausführlicher besprechen, wenn ich den wahren Weg zur Interpretation der Natur vorlegen werde, nachdem die Sühnung und Reinigung des Geistes erreicht ist.

70.

Aber das bei weitem beste Beweismittel ist die Erfahrung, wenn sie beim Versuch selbst verharrt. Denn wird sie auf anderes, für ähnlich Gehaltenes übertragen, wird sie ein trügerisches Ding, wenn diese Übertragung nicht richtig und ordnungsgemäß geschieht. Die Art des Experimentierens aber, welche die Menschen gegenwärtig anwenden, ist blind und dumm. So irrt und schweift man auf unsicherem Wege umher, plant nur nach dem, was einem gerade begegnet, gibt sich mit vielem ab, bringt aber wenig zustande; und bald ist man übermütig, bald zerstreut; und immer findet sich etwas, um weiter zu suchen. So kommt es wohl darauf hinaus, daß die Menschen leichthin und fast spielerisch experimentieren, indem sie die schon immer bekann-

res non succedat, fastidiendo et conatum deserendo. Quod si magis serio et constanter ac laboriose ad experimenta se accingant, tamen in uno aliquo experimento eruendo operam collocant; quemadmodum Gilbertus in magnete*, chymici in auro. Hoc autem faciunt homines instituto non minus imperito quam tenui. Nemo enim alicujus rei naturam in ipsa re foeliciter perscrutatur, sed amplianda est inquisitio ad magis communia.

Quod si etiam scientiam quandam et dogmata ex experimentis moliantur, tamen semper fere studio praepropero et intempestivo deflectunt ad praxin; non tantum propter usum et fructum ejusmodi praxeos, sed ut in opere aliquo novo veluti pignus sibi arripiant, se non inutiliter in reliquis versaturos; atque etiam aliis se venditent, ad existimationem meliorem comparandam de iis in quibus occupati sunt. Ita fit ut, more Atalantae, de via decedant ad tollendum aureum pomum; interim vero cursum interrumpant, et victoriam emittant e manibus. Verum in experientiae vero curriculo, eoque ad nova opera producendo, Divina Sapientia** omnino et ordo pro exemplari sumenda sunt. Deus autem primo die creationis lucem tantum creavit, eique operi diem integrum attribuit; nec aliquid materiati operis eo die creavit. Similiter et ex omnimoda experientia, primum inventio causarum et axiomatum verorum elicienda est; et lucifera experimenta, non fructifera quaerenda. Axiomata autem recte inventa et constituta praxin non strictim sed confertim instruunt, et operum agmina ac turmas post se trahunt. Verum de experiendi viis, quae non minus quam viae

---

* W. Gilbert: De Magnete (1600).
** In der Erstausgabe „Prudentia", in der Liste der Errata im Anhang korrigiert.

ten Versuche nur ein wenig abändern; stellt sich nun kein Erfolg ein, wird man dessen überdrüssig und gibt den Versuch auf. Geht man aber mit mehr Ernst, Beharrlichkeit und Fleiß an die Versuche heran, so wird doch alle Mühe nur auf die Erörterung eines einzigen Versuches verwendet; wie es Gilbert beim Magneten und die Chemiker beim Golde halten. Die Menschen verfahren so in unklarer und kleinlicher Absicht. Denn niemand erforscht mit Erfolg die Natur eines Dinges nur aus diesem allein, sondern man muß die Untersuchung auf das mehr Gemeinsame ausdehnen.

Wenn man sich auch müht, klare Wissenschaft und feste Lehrsätze aus den Experimenten zu gewinnen, so wendet man sich dennoch fast immer in übereiltem Eifer vorzeitig der Praxis zu; nicht nur, um aus einer solchen Anwendung Nutzen und Frucht zu ziehen, sondern um aus irgend einem neuen Werke gleichsam die Gewißheit dafür zu gewinnen, daß man auch in den übrigen nicht ohne Nutzen bleiben werde. Auch verdingt man sich an andere, um darüber, womit man sich beschäftigt, eine bessere Einschätzung zu erlangen. So geht es ihnen wie Atalanta: um einen goldenen Apfel zu erhaschen, irren sie vom Wege ab; inzwischen unterbrechen sie den Lauf und lassen so den Sieg ihren Händen entgleiten. Aber im wahren Lauf der Erfahrung und zur Schaffung neuer Werke muß man sich ganz und gar die göttliche Weisheit und Ordnung zum Vorbild nehmen. Gott hat aber am ersten Schöpfungstage nur das Licht erschaffen und hat diesem Werke einen vollen Tag gewidmet; an diesem Tage hat er kein materielles Werk geschaffen. Ähnlich ist bei jeder Erfahrung zunächst auf die Erforschung der Ursachen und waren Grundsätze einzugehen; es sind die lichtbringenden, nicht die fruchtbringenden Experimente zu suchen. Denn die richtig erforschten und aufgestellten Grundsätze ergeben keine magere, sondern eine üppige Praxis und ziehen Scharen und Massen von Werken nach sich.

judicandi obsessae sunt et interclusae, postea dicemus; impraesentiarum de experientia vulgari, tanquam de mala demonstratione, tantum loquuti. Jam vero postulat ordo rerum, ut de iis quorum paulo ante mentionem fecimus signis, quod philosophiae et contemplationes in usu male se habeant, et de causis rei primo intuitu tam mirabilis et incredibilis, quaedam subjungamus. Signorum | enim notio praeparat assensum: causarum vero explicatio tollit miraculum. Quae duo ad extirpationem Idolorum ex intellectu faciliorem et clementiorem multum juvant.

LXXI.

Scientiae quas habemus fere a Graecis fluxerunt. Quae enim scriptores Romani aut Arabes aut recentiores addiderunt, non multa aut magni momenti sunt; et qualiacunque sint, fundata sunt super basin eorum quae inventa sunt a Graecis. Erat autem sapientia Graecorum professoria, et in disputationes effusa: quod genus inquisitioni veritatis adversissimum est. Itaque nomen illud Sophistarum, quod per contemptum ab iis qui se philosophos haberi voluerunt in antiquos rhetores rejectum et traductum est, Gorgiam, Protagoram, Hippiam, Polum, etiam universo generi competit Platoni, Aristoteli, Zenoni, Epicuro, Theophrasto, et eorum successoribus, Chrysippo, Carneadi, reliquis. Hoc tantum intererat; quod prius genus vagum fuerit et mercenarium, civitates circumcursando, et sapientiam suam ostentando, et mercedem exigendo; alterum vero solennius et generosius, quippe eorum qui sedes fixas habuerunt, et scholas aperuerunt, et gratis philosophati sunt. Sed tamen utrumque

Über die Wege des Experimentierens, die ebenso wie die Wege des Urteilens umlagert und verschlossen sind, werde ich später sprechen. Hier habe ich nur über die gewöhnliche Erfahrung als einem schlechten Beweismittel gesprochen. Die Ordnung der Dinge erfordert nun, daß ich über die bereits erwähnten Anzeichen des schlechten Zustandes von Philosophie und Forschung sowie über die Ursachen dieser auf den ersten Blick so auffallenden und unglaublichen Tatsache noch einiges hinzufüge. Denn die Kenntnis der Anzeichen bereitet die Zustimmung vor; die Darlegung der Ursachen aber beseitigt das nur Wunderbare. Diese beiden helfen gar sehr, die Idole auf eine leichtere und minder harte Weise aus dem Geist zu vertreiben.

71.

Die Wissenschaften, die wir betreiben, kamen fast gänzlich von den Griechen zu uns. Was nämlich die römischen oder arabischen oder neueren Schriftsteller hinzugefügt haben, ist nicht viel und nicht erheblich; und wie es auch sei, alles ist auf der Grundlage des von den Griechen Entdeckten errichtet. Die Weisheit der Griechen war aber Professorenweisheit, die sich in Disputationen erging. Diese Art ist der Erforschung der Wahrheit ganz und gar entgegen. Daher gebührt die Bezeichnung Sophisten, welche von denen, die für Philosophen gelten wollten, aus Verachtung den alten Rednern vorgeworfen wurde, wie Georgias, Protagoras, Hippias, Polus, auch der ganzen Gattung, dem Platon, Aristoteles, Zenon, Epikur, Theophrast und ihren Nachfolgern, Chrysipp, Carneades und den übrigen. Nur ein Unterschied bestand: Die ersteren schweiften umher und ließen sich bezahlen, sie durchwanderten die Städte, prahlten mit ihrer Weisheit; während die anderen vornehmer und großzügiger waren; sie hatten ja feste Wohnsitze, eröffneten Schulen und lehrten unentgeltlich. Aber dennoch waren beide, wenngleich

genus (licet caetera dispar) professorium erat, et ad disputationes rem deducebat, et sectas quasdam atque haereses philosophiae instituebat et propugnabat: ut essent fere doctrinae eorum (quod non male cavillatus est Dionysius in Platonem) *Verba otiosorum senum ad imperitos juvenes**. At antiquiores illi ex Graecis, Empedocles, Anaxagoras, Leucippus, Democritus, Parmenides, Heraclitus, Xenophanes, Philolaus, reliqui, (nam Pythagoram, ut superstitiosum, omittimus,) scholas (quod novimus) non aperuerunt; sed majore silentio, et severius, et simplicius, id est, minore cum affectatione et ostentatione, ad inquisitionem veritatis se contulerunt. Itaque et melius, ut arbitramur, se gesserunt; nisi quod opera eorum a levioribus istis, qui vulgari captui et affectui magis respondent ac placent, tractu temporis extincta sint: tempore (ut fluvio) leviora et magis inflata ad nos devehente, graviora et solida mergente. Neque tamen isti a nationis vitio prorsus immunes erant: sed in ambitionem et vanitatem sectae condendae et aurae | popularis captandae nimium propendebant. Pro desperata autem habenda est veritatis inquisitio, cum ad hujusmodi inania deflectat. Etiam non omittendum videtur judicium illud, sive vaticinium potius, sacerdotis Aegyptii de Graecis: *quod semper pueri essent, neque haberent antiquitatem scientiae, aut scientiam antiquitatis***. Et certe habent id quod puerorum est; ut ad garriendum prompti sint, generare autem non possint: nam verbosa videtur sapientia eorum, et operum sterilis. Itaque ex ortu et gente philosophiae quae in usu est, quae capiuntur signa bona non sunt.

---

* Gemeint ist Dionysos, Tyram von Sizilien; vergl. Diogenes Laertius, III, 18.

** Vergl. Platon: Timaios, 22 b.

sonst verschieden, ein schulmeisterliches Geschlecht, welches nur auf Disputationen aus war. Sie gründeten Sekten und verfochten ketzerische Lehrmeinungen: so daß ihre Lehren, wie es nicht schlecht der spöttische Dionys von Plato sagte, ein Gerede müßiger Greise an unerfahrene Jünglinge waren. Aber von den Älteren der Griechen, vom Empedokles, Anaxagoras, Leukipp, Demokrit, Parmenides, Heraklit, Xenophanes, Philolaus und den übrigen (den abergläubischen Pythagoras lasse ich beiseite), sind, soviel wir wissen, keine Schulen gegründet worden; mit großer Schweigsamkeit, großem Ernst und großer Einfachheit, also mit weniger Prahlerei und Wichtigtuerei haben sie sich der Erforschung der Wahrheit hingegeben. Daher haben sie auch meines Erachtens besser gewirkt. Allein ihre Werke sind von jenen leichteren, welche der Fassungskraft und der Stimmung der Menge mehr entsprachen und mehr gefielen, im Laufe der Zeit unterdrückt worden. Denn die Zeit führt gleich einem Fluß das Leichtere und Aufgeblähte uns zu, während sie das Gewichtigere und Festere untergehen läßt. Indes waren auch diese gegenüber dem Fehler ihres Volkes nicht gänzlich gefeit; denn ehrgeizig und eitel waren sie allzu sehr darauf aus, Schulen zu gründen und um die Gunst des Volkes zu werben. Fruchtlos bleibt aber jede Erforschung der Wahrheit, sobald man sich zu solchen Torheiten hinwendet. Auch wollen wir jenen weissagenden Ausspruch eines ägyptischen Priesters über die Griechen nicht übergehen, welcher sagt: Sie wären immer Kinder; sie besäßen weder eine alte Wissenschaft noch eine Wissenschaft der Alten. Und sicher haben sie die Art der Kinder; sie sind zwar zum Schwätzen bereit, können aber nichts zeugen; denn ihre Weisheit ist wohl reich an Worten, aber arm und unfruchtbar an Werken. Deshalb sind die Anzeichen, welche sich aus dem Ursprung und dem Geburtsort der herrschenden Philosophie ergeben, nicht gut.

LXXII.

Neque multo meliora sunt signa quae ex natura temporis et aetatis capi possunt, quam quae ex natura loci et nationis. Angusta enim erat et tenuis notitia per illam aetatem, vel temporis vel orbis: quod longe pessimum est, praesertim iis qui omnia in experientia ponunt. Neque enim mille annorum historiam, quae digna erat nomine historiae, habebant; sed fabulas et rumores antiquitatis. Regionum vero tractuumque mundi exiguam partem noverant; cum omnes hyperboreos, Scythas, omnes occidentales, Celtas, indistincte appellarent: nil in Africa ultra citimam Aethiopiae partem, nil in Asia ultra Gangem, multo minus Novi Orbis provincias, ne per auditum sane aut famam aliquam certam et constantem, nossent; imo et plurima climata et zonae, in quibus populi infiniti spirant et degunt, tanquam inhabitabiles ab illis pronuntiata sint: quinetiam peregrinationes Democriti, Platonis, Pythagorae, non longinquae profecto sed potius suburbanae, ut magnum aliquid celebrarentur. Nostris autem temporibus et Novi Orbis partes complures et veteris orbis extrema undique innotescunt; et in infinitum experimentorum cumulus excrevit. Quare si ex nativitatis aut geniturae tempore (astrologorum more) signa capienda sint, nil magni de istis philosophiis significari videtur.

LXXIII.

Inter signa nullum magis certum aut nobile est, quam quod ex fructibus. Fructus enim, et opera inventa, pro veritate phi-

72.

Nicht viel besser sind die Anzeichen, welche aus der Lage der
Zeit und des Zeitalters entnommen werden können, als die,
welche sich aus der Natur des Ortes und des Volkes ergeben.
In jener Epoche waren nämlich die Kenntnisse der Zeit und des
Erdkreises eng begrenzt und dürftig; dies ist der größte Übelstand, namentlich für die, welche alles auf Erfahrung aufbauen.
Man besaß nämlich keine Geschichte, die diesen Namen verdient hätte und sich über tausend Jahre erstreckte; man hatte
nur Fabeln und Sagen der alten Zeit. Von den Gebieten und
Landstrichen der Welt kannte man nur einen kleinen Teil; alle
nördlichen Völker nannte man unterschiedslos Skythen und alle
westlichen Kelten; von Afrika war nichts jenseits von Äthiopien,
von Asien nichts jenseits des Ganges bekannt; um wieviel
weniger kannte man die Länder der Neuen Welt, von welcher
man nicht einmal vom Hörensagen oder aus irgendwelchen
sicheren und zuverlässigen Berichten etwas wußte; ja, viele
Striche und Zonen, in welchen zahllose Völker leben und woh-
nen, sind von ihnen für unbewohnbar erklärt worden. Auch
rühmte man die Wanderungen von Demokrit, Platon und
Pythagoras als etwas Großes. Das waren doch wahrhaftig keine
sich weit erstreckenden, sondern eher Vorstadtwanderungen. In
unserer Zeit sind indes die meisten Teile des neuen Kontinents
und die Grenzen der alten Welt allseitig bekannt; der Schatz
der Erfahrung ist ins Unermeßliche gewachsen. Will man daher
nach Art der Astrologen aus der Stunde der Geburt oder der
Erzeugung Anzeichen entnehmen, so können die Anzeichen für
jene Philosophien als nicht sonderlich groß bezeichnet werden.

73.

Unter den Anzeichen ist keines zuverlässiger und bedeut-
samer als das von den Früchten entlehnte.

losophiarum velut sponsores et fidejussores sunt. Atque ex philosophiis istis Graecorum, et derivationibus earum per particulares scientias, jam per tot annorum spatia vix unum experimentum adduci potest, quod ad hominum statum levandum et juvandum spectet, et philosophiae speculationibus ac dogmatibus | vere acceptum referri possit. Idque Celsus ingenue ac prudenter fatetur; nimirum experimenta medicinae primo inventa fuisse, ac postea homines circa ea philosophatos esse et causas indagasse et assignasse; non ordine inverso evenisse, ut ex philosophia et causarum cognitione ipsa experimenta inventa aut deprompta essent*. Itaque mirum non erat, apud Aegyptios (qui rerum inventoribus divinitatem et consecrationem attribuerunt) plures fuisse brutorum animalium imagines quam hominum: quia bruta animalia, per instinctus naturales, multa inventa pepererunt; ubi homines ex sermonibus et conclusionibus rationalibus pauca aut nulla exhibuerint.

At chymicorum industria nonnulla peperit; sed tanquam fortuito et obiter, aut per experimentorum quandam variationem (ut mechanici solent), non ex arte aut theoria aliqua; nam ea quam confinxerunt, experimenta magis perturbat quam juvat. Eorum etiam qui in magia (quam vocant) naturali versati sunt, pauca reperiuntur inventa; eaque levia et imposturae propiora. Quocirca quemadmodum in religione cavetur, ut fides ex operibus monstretur; idem etiam ad philosophiam optime traduci-

---

* Celsus: De Medicina, Prooemium, 36 (Ausg. London, 1960, S. 18). Celsus berichtet dies nicht als eigenen, sondern als Standpunkt der Empiriker.

Denn die Früchte und die erfundenen Werke sind gleichsam die Bürgen und Gewährsmänner für die Wahrheit der Philosophien. Aber aus besagten Philosophien der Griechen und ihren Verzweigungen in die einzelnen Wissenschaften hat man innerhalb eines Zeitraumes von nun schon so vielen Jahrhunderten kaum ein einziges Experiment abgeleitet, welches sich auf eine Erleichterung und Verbesserung der Lage der Menschen bezieht, und von welchem man behaupten kann, daß es in der Tat mittels der Spekulationen und Dogmen der Philosophien gewonnen worden ist. Dies gesteht Celsus offenherzig und verständig ein, indem er sagt: In Wahrheit sind zunächst die medizinischen Experimente entdeckt worden, und nachher hätten die Menschen darüber philosophiert und deren Ursachen erforscht und bezeichnet; aber umgekehrt sei es nie vorgekommen, daß aus der Philosophie und der Erkenntnis der Ursachen die Experimente selbst erfunden oder entdeckt worden sind. Daher war es nicht verwunderlich, daß es bei den Ägyptern, welche den Erfindern von neuen Dingen Göttlichkeit und Verehrung zugestanden, mehr Bilder von unvernünftigen Tieren als von Menschen gegeben hat; denn die unvernünftigen Tiere haben durch ihren Naturinstinkt viele Entdeckungen zustande gebracht, wo die Menschen mit Reden und Vernunftschlüssen nichts oder Unbedeutendes zustande brachten.

Auch das Bemühen der Chemiker brachte manches zustande; dies aber mehr gelegentlich und zufällig, oder mittels einer gewissen Abwandlung in den Experimenten, wie es bei Handwerkern üblich ist, nicht aber infolge einer Kunst oder irgendeiner Theorie. Denn die Theorie, welche sie sich zurechtgedacht hatten, ist den Experimenten mehr ab- als zuträglich. Auch von denen, die sich mit der natürlichen Magie, wie man sie nennt, abgeben, ist weniges entdeckt worden, was obendrein recht unbedeutend und betrügerisch ist. Wie es daher in der Religion heißt, daß man den Glauben an den Werken erkenne, so kann dies auch ganz vortrefflich auf die Philosophie übertragen wer-

tur, ut ex fructibus judicetur et vana habeatur quae sterilis sit; atque eo magis si, loco fructuum uvae et olivae, producat disputationum et contentionum carduos et spinas.

LXXIV.

Capienda etiam sunt signa ex incrementis et progressibus philosophiarum et scientiarum. Quae enim in natura fundata sunt crescunt et augentur: quae autem in opinione, variantur non augentur. Itaque si istae doctrinae plane instar plantae a stirpibus suis revulsae non essent, sed utero naturae adhaererent atque ab eadem alerentur, id minime eventurum fuisset, quod per annos bis mille jam fieri videmus, nempe ut scientiae suis haereant vestigiis et in eodem fere statu maneant, neque augmentum aliquod memorabile sumpserint; quin potius in primo authore maxime floruerint, et deinceps declinaverint. In artibus autem mechanicis, quae in natura et experientiae luce fundatae sunt, contra evenire videmus: quae (quamdiu placent) veluti | spiritu quodam repletae continuo vegetant et crescunt; primo rudes, deinde commodae, postea excultae, et perpetuo auctae.

LXXV.

Etiam aliud signum capiendum est (si modo signi appellatio huic competat; cum potius testimonium sit atque adeo testimoniorum omnium validissimum); hoc est propria confessio authorum, quos homines nunc sequuntur. Nam et illi qui tanta

den, daß sie nach ihren Früchten beurteilt werde und die für eitel zu halten sei, welche unfruchtbar ist; dies um so mehr, wenn sie statt der Früchte an Trauben und Oliven die Disteln und Dornen der Disputationen und Streitereien hervorbringt.

74.

Man kann auch Anzeichen aus dem Anwachsen und den Fortschritten der Philosophien und Wissenschaften entnehmen. Was nämlich auf die Natur gegründet ist, wächst und mehrt sich; was aber auf Vermutungen beruht, wechselt und nimmt nicht zu. Wenn daher jene Lehrmeinungen nicht gleich Pflanzen wären, die von ihren Wurzeln abgerissen worden sind, sondern mit dem Schoß der Natur verbunden geblieben und so von ihr ernährt würden, hätte sich nicht ereignet, was, wie wir sehen, sich bereits zweitausend Jahre lang zuträgt: daß nämlich die Wissenschaften in ihren eignen Spuren hängengeblieben sind und in fast demselben Zustand verharren, ohne einen nennenswerten Fortschritt gemacht zu haben; ja, daß sie bei ihrem ersten Begründer noch am meisten geblüht haben und dann niedergegangen sind. In den mechanischen Künsten aber, welche sich auf die Natur und das Licht der Erfahrung stützen, beobachten wir das Gegenteil; solange sie Gefallen finden, wachsen und mehren sie sich stetig wie von einem Geiste erfüllt; zunächst sind sie noch roh, dann bequemer, schließlich durchgestaltet und immer sich mehrend und vervielfältigend.

75.

Auch noch ein anderes Anzeichen kann man feststellen, sofern nämlich die Benennung „Anzeichen" hier zutrifft, da es eher ein Zeugnis ist, und zwar das stärkste von allen. Es ist das Selbstbekenntnis der Begründer, denen die Menschen jetzt fol-

fiducia de rebus pronuntiant, tamen per intervalla cum ad se redeant, ad querimonias de naturae subtilitate, rerum obscuritate, humani ingenii infirmitate, se convertunt. Hoc vero si simpliciter fieret, alios fortasse qui sunt timidiores ab ulteriori inquisitione deterrere, alios vero qui sunt ingenio alacriori et magis fidenti ad ulteriorem progressum acuere et incitare possit. Verum non satis illis est de se confiteri, sed quicquid sibi ipsis aut magistris suis incognitum aut intactum fuerit id extra terminos Possibilis ponunt, et, tanquam ex arte, cognitu aut factu impossibile pronuntiant: summa superbia et invidia, suorum inventorum infirmitatem in naturae ipsius calumniam et aliorum omnium desperationem vertentes. Hinc schola Academiae Novae, quae Acatalepsiam ex professo tenuit, et homines ad sempiternas tenebras damnavit. Hinc opinio, quod Formae sive verae rerum differentiae (quae revera sunt leges actus puri) inventu impossibiles sint, et ultra hominem. Hinc opiniones illae in activa et operativa parte; calorem solis et ignis toto genere differre; ne scilicet homines putent, se per opera ignis aliquid simile iis quae in natura fiunt educere et formare posse. Hinc illud: compositionem tantum opus hominis, mistionem vero opus solius naturae esse*: ne scilicet homines sperent aliquam ex arte corporum naturalium generationem aut transformationem. Itaque ex hoc signo homines sibi persuaderi facile

---

  * Die Meinung wird vertreten von Galen: De Naturalibus Facultatibus, Buch 2. Kap. 3; Opera Omnia (Kuhn), Leipzig 1821, Vol. II, 82.

gen. Denn selbst die, welche mit einer so großen Zuversicht über die Dinge urteilen, klagen dennoch, wenn sie zuweilen insichgehen, über die Feinheit der Natur, die Dunkelheit der Dinge, über die Unzulänglichkeit des menschlichen Geistes. Geschähe dies nun in schlichter Form, könnte es vielleicht die Ängstlicheren von weiterer Forschung abschrecken, und die anderen, die von zäherem und mehr vertrauendem Geiste sind, würde es zu weiterem Fortschritt anstacheln und anreizen. Allein jene begnügen sich nicht damit, für sich selbst zu sprechen, sondern was auch immer ihnen selbst oder ihren Meistern unbekannt oder unerreichbar gewesen ist, verlegen sie außerhalb der Grenzen des Möglichen und erklären es gleichsam für unerkennbar und unausführbar. Aus maßlosem Stolz und Neid verkehren sie die Unzulänglichkeit ihrer Erfindungen in eine Verleumdung der Natur selbst und bringen andere in Verzweiflung.

So kam es, daß die Schule der Neuen Akademie, welche prinzipiell an der Acatalepsia festhielt, die Menschen zu immerwährender Finsternis verurteilte. Daher kommt dann die Meinung, daß die Formen oder die wahren Unterschiede der Dinge, die doch recht eigentlich die Gesetze der reinen Tätigkeit sind, unerforschbar und dem Menschen unerreichbar wären. Daher jene Meinungen in dem tätigen und ausübenden Teil der Wissenschaften, wonach sich die Wärme der Sonne und des Feuers der ganzen Art nach unterscheide, damit nicht etwa die Menschen glauben, sie könnten mit Hilfe des Feuers etwas den Werken der Natur Ähnliches hervorbringen und bilden. Daher jene Meinung, Werk der Menschen könne lediglich die Zusammenstellung sein, die Mischung aber müsse ausschließlich Werk der Natur bleiben, damit nämlich die Menschen sich nicht der Hoffnung hingäben, durch Kunst irgendeine Erzeugung oder Umwandlung der natürlichen Körper bereiten zu können. Daher lassen sich die Menschen durch solch ein Anzeichen leicht dahin überreden, nicht ferner ihr Vermögen und ihr

patientur, ne cum dogmatibus non solum desperatis sed etiam desperationi devotis fortunas suas et labores misceant.

LXXVI.

Neque illud signum praetermittendum est; quod tanta fuerit | inter philosophos olim dissensio et scholarum ipsarum varietas: quod satis ostendit viam a sensu ad intellectum non bene munitam fuisse, cum eadem materia philosophiae (natura scilicet rerum) in tam vagos et multiplices errores abrepta fuerit et distracta. Atque licet hisce temporibus dissensiones et dogmatum diversitates circa principia ipsa et philosophias integras ut plurimum extinctae sint; tamen circa partes philosophiae innumerae manent quaestiones et controversiae; ut plane appareat, neque in philosophiis ipsis neque in modis demonstrationum aliquid certi aut sani esse.

LXXVII.

Quod vero putant homines in philosophia Aristotelis magnum utique consensum esse; cum post illam editam antiquorum philosophiae cessaverint et exoleverint, ast apud tempora quae sequuta sunt nil melius inventum fuerit; adeo ut illa tam bene posita et fundata videatur, ut utrumque tempus ad se traxerit: primo, quod de cessatione antiquarum philosophiarum post Aristoteles opera edita homines cogitant, id falsum est; diu enim postea, usque ad tempora Ciceronis et saecula sequentia, manserunt opera veterum philosophorum.

Mühen mit solch verzweifelten und der Verzweiflung ganz anheimgegebenen Lehren zu verbinden.

76.

Auch das Anzeichen soll nicht unberücksichtigt bleiben, daß unter den Philosophen einst eine so große Uneinigkeit und Verschiedenheit der Schulen geherrscht hat.

Dies zeigt genügend, daß der Weg von den Sinnen zum Verstand nicht gut abgesichert gewesen ist, wenn derselbe Gegenstand der Philosophie, nämlich die Natur der Dinge, in weit auseinandergehende und vielfache Irrtümer zerrissen und zerstreut war. Wenn auch gegenwärtig die Streitigkeiten und Unterschiede der Lehrsätze bezüglich der Prinzipien und der gesamten Philosophien so gut wie beigelegt sind, bleiben dennoch in den einzelnen Teilen der Philosophie zahllose Streitfragen und Kontroversen. Daraus ist ersichtlich, daß es weder in den philosophischen Systemen selbst noch in den Arten ihrer Beweisführung etwas Gewisses oder Gesundes gibt.

77.

Allerdings sind die Menschen der Meinung, daß bezüglich der Philosophie des Aristoteles unbedingt eine große Übereinstimmung herrsche; da nach ihrem Erscheinen die älteren Systeme gewichen und erloschen sind und in den darauffolgenden Zeiten aber nichts Besseres entdeckt worden ist. Daher scheine jene so gut gestellt und fundiert, daß sie die Zeit vor und nach ihr an sich gezogen habe.

Zunächst ist es falsch, daß die Menschen meinen, nach dem Erscheinen der Werke des Aristoteles seien die älteren Systeme erloschen; denn lange nachher noch bis zu Ciceros Zeit und die folgenden Jahrhunderte erhielten sich die Werke der alten

Sed temporibus insequentibus, ex inundatione barbarorum in imperium Romanum postquam doctrina humana velut naufragium perpessa esset, tum demum philosophiae Aristotelis et Platonis, tanquam tabulae ex materia leviore et minus solida, per fluctus temporum servatae sunt. Illud etiam de consensu fallit homines, si acutius rem introspiciant. Verus enim consensus is est, qui ex libertate judicii (re prius explorata) in idem conveniente consistit. At numerus longe maximus eorum qui in Aristotelis philosophiam consenserunt, ex praejudicio et authoritate aliorum se illi mancipavit; ut sequacitas sit potius et coitio, quam consensus. Quod si fuisset ille verus consensus et late patens, tantum abest ut consensus pro vera et solida authoritate haberi debeat, ut etiam violentam praesumptionem inducat in contrarium. Pessimum enim omnium est augurium quod ex consensu capitur in rebus intellectualibus; exceptis divinis et politicis, in quibus suffragiorum jus est. Nihil enim multis placet, nisi imaginationem feriat, aut intellectum vulgarium notionom nodis astringat, ut supra dictum est. Itaque optime traducitur illud Phocionis a | moribus ad intellectualia; *ut statim se examinare debeant homines, quid erraverint aut peccaverint, si multitudo consentiat et complaudat**. Hoc signum igitur ex aversissimis est. Itaque quod signa veritatis et sanitatis philosophiarum et scientiarum quae in usu sunt, male se habeant; sive capiantur ex originibus ipsarum, sive ex fructibus, sive ex progressibus, sive ex confessionibus authorum, sive ex consensu; jam dictum est.

---

* Vergl. Plutarch: Vitae Parallelae, Phocion, Kap. 8, 745 o.

Systeme. Nur als in den folgenden Zeiten die Barbaren das
römische Reich überschwemmten und die menschliche Gelehrsamkeit gleichsam Schiffbruch erlitten hatte, haben sich nur die
Systeme des Aristoteles und Platons gleich Tafeln von leichte-
rem und weniger festem Stoff in den Fluten der Zeiten oben
erhalten.

Auch jene angebliche Übereinstimmung täuscht, schärfer besehen, die Menschen. Denn die wahre Übereinstimmung ist
jene, die aus der Freiheit des Urteils, nachdem zuvor die Sache
erforscht ist, entsteht. Aber die bei weitem größere Zahl derer,
die der Philosophie des Aristoteles zugestimmt haben, ergaben
sich ihr aus Vorurteil und auf das Ansehen anderer hin; so ist
es eher Folgsamkeit und Nachtrotten als Übereinstimmung.
Hätte aber auch eine wahre und weit verbreitete Übereinstimmung bestanden, so wäre sie dennoch weit entfernt davon gewesen, als wahre und verpflichtende Autorität zu gelten. Das
Gegenteil dürfte stimmen. Das Schlimmste von allem ist ein
Fürwahrhalten, welches in Sachen des Geistes infolge von Übereinstimmung zustande gekommen ist. Nur in den göttlichen und
politischen Dingen gilt das Recht der Abstimmung. Denn der
Menge gefällt nur, was die Phantasie aufpeitscht oder den Verstand an die gewöhnlichen Begriffe bindet, was bereits gesagt
worden ist. Daher läßt sich recht gut jener Ausspruch Phocions
über die Sitten auch auf die Dinge des Erkennens übertragen:
„Die Menschen müßten sich sogleich prüfen, worin sie geirrt
oder gefehlt haben, sobald die Menge beistimmt und Beifall
klatscht." Dies Anzeichen muß Mißtrauen erwecken. Hiernach
ist es mit den Anzeichen für die Wahrheit und Gesundheit der
gegenwärtigen Philosophiesysteme und Wissenschaften schlecht
bestellt; gleich ob man diese Anzeichen nach ihrem Ursprung
oder nach ihren Früchten oder nach ihren Fortschritten oder
nach den Selbstzeugnissen der Autoren oder nach dem Beifall
der Menge erfaßt.

LXXVIII.

Jam vero veniendum ad causas errorum, et tam diuturnae in illis per tot saecula morae; quae plurimae sunt et potentissimae: ut tollatur omnis admiratio, haec quae adducimus homines hucusque latuisse et fugisse; et maneat tantum admiratio, illa nunc tandem alicui mortalium in mentem venire potuisse, aut cogitationem cujuspiam subiisse: quod etiam (ut nos existimamus) felicitatis magis est cujusdam, quam excellentis alicujus facultatis; ut potius pro temporis partu haberi debeat, quam pro partu ingenii.

Primo autem tot saeculorum numerus, vere rem reputanti, ad magnas angustias recidit. Nam ex viginti quinque annorum centuriis, in quibus memoria et doctrina hominum fere versatur, vix sex centuriae seponi et excerpi possunt, quae scientiarum feraces earumve proventui utiles fuerunt. Sunt enim non minus temporum quam regionum eremi et vastitates. Tres enim tantum doctrinarum revolutiones et periodi recte numerari possunt: una, apud Graecos; altera, apud Romanos; ultima, apud nos, occidentales scilicet Europae nationes: quibus singulis vix duae centuriae annorum merito attribui possunt. Media mundi tempora, quoad scientiarum segetem uberem aut laetam, infoelicia fuerunt. Neque enim causa est, ut vel Arabum vel Scholasticorum mentio fiat: qui per intermedia tempora scientias potius contriverunt numerosis tractatibus, quam pondus earum auxerunt. Itaque prima causa tam pusilli in scientiis profectus ad angustias temporis erga illas propitii rite et ordine refertur.

78.

Ich komme nun zu den Ursachen der Irrtümer und ihres so zähen, durch so viele Jahrhunderte hindurch währenden Lebens; diese Ursachen sind so zahlreich und so mächtig, daß zu einer Verwunderung kein Grund besteht, wenn den Menschen das, was ich nun darlege, bisher verborgen geblieben und entgangen ist. Grund zum Wundern bleibt nur, daß jenes nun endlich einem der Sterblichen in den Sinn habe kommen und sein Denken habe beschäftigen können. Dies verdankt man meiner Meinung nach mehr dem Glück als der hervorragenden Begabung eines bestimmten Denkers, so daß es eher als ein Ergebnis der Zeit als des Genies anzusehen ist. Zunächst schrumpft für den, der die Sache recht betrachtet, die große Zahl der Jahrhunderte auf eine sehr kleine Spanne zusammen. Denn aus 25 Jahrhunderten, soweit die Erinnerung und das Wissen der Menschen etwa reicht, kann man kaum 6 Jahrhunderte ausnehmen und herausziehen, welche für die Wissenschaften fruchtbar und für deren Entwicklung nützlich gewesen sind. Denn es gibt in den Zeiten wie in den Landstrichen Wüsten und Einöden. Nur drei Umwälzungen und Perioden der Wissenschaften lassen sich richtig aufzählen: die eine bei den Griechen, die zweite bei den Römern, die letzte bei uns, d. h. bei den westlichen Völkern Europas; und diesen einzelnen kann man mit Recht kaum mehr als 2 Jahrhunderte zuteilen. Die dazwischen liegenden Zeiten der Welt waren für eine fruchtbare und glückliche Aussaat der Wissenschaften ungeeignet. Und die Araber oder die Scholastiker zu erwähnen, besteht keinerlei Anlaß, diese haben in der Zwischenzeit die Wissenschaften durch eine Masse von Traktaten eher zertrümmert als ihre Bedeutung vermehrt. Daher können wir als erste Ursache des so geringen Fortschrittes der Wissenschaften mit Fug und Recht die Kürze der für sie günstigen Zeit feststellen.

LXXIX.

At secundo loco se offert causa illa magni certe per omnia momenti: ea videlicet, quod per illas ipsas aetates quibus hominum ingenia et literae maxime vel etiam mediocriter floruerint, Naturalis Philosophia minimam partem humanae operae sortita sit. Atque haec ipsa nihilominus pro magna scientiarum matre haberi debet. Omnes enim artes et scientiae ab | hac stirpe revulsae, poliuntur fortasse et in usum effinguntur, sed nil admodum crescunt. At manifestum est, postquam Christiana fides recepta fuisset et adolevisset, longe maximam ingeniorum praestantissimorum partem ad Theologiam se contulisse; atque huic rei et amplissima praemia proposita, et omnis generis adjumenta copiosissime subministrata fuisse: atque hoc Theologiae studium praecipue occupasse tertiam illam partem sive periodum temporis apud nos Europaeos occidentales; eo magis, quod sub idem fere tempus et literae florere et controversiae circa religionem pullulare coeperint. At aevo superiori, durante periodo illa secunda apud Romanos, potissimae philosophorum meditationes et industriae in Morali Philosophia (quae Ethnicis vice Theologiae erat) occupatae et consumptae fuerunt: etiam summa ingenia illis temporibus ut plurimum ad res civiles se applicuerunt, propter magnitudinem imperii Romani, quod plurimorum hominum opera indigebat. At illa aetas, qua Naturalis Philosophia apud Graecos maxime florere visa est, particula fuit temporis minime diuturna; cum et antiquioribus temporibus septem illi qui sapientes nominabantur, omnes (praeter Thaletem) ad Moralem Philosophiam et civilia se applicuerint; et posterioribus temporibus postquam Socrates philosophiam de coelo in terras deduxisset, adhuc

79.

An zweiter Stelle bietet sich jene Ursache dar, die gewiß von überragender Bedeutung ist, daß nämlich selbst in jenen Zeiten, wo Geisteskraft und Wissenschaften stark oder wenigstens mittelmäßig geblüht haben, auf die Naturphilosophie der geringste Anteil der menschlichen Mühen verwendet worden ist. Dabei muß sie doch für die große Mutter der Wissenschaften gehalten werden. Denn alle Künste und Wissenschaften, die von diesem Stamm getrennt sind, werden vielleicht aufgeputzt und für den Gebrauch zurechtgemacht, aber sie sind ohne Wachstumskraft. Es ist ja bekannt, daß nach Aufnahme und Erstarken des christlichen Glaubens der bei weitem größte Teil der ausgezeichnetsten Geister sich der Theologie zugewandt hat. Für diesen Gegenstand waren die reichlichsten Belohnungen ausgesetzt, und Hilfsmittel jeglicher Art wurden dafür in Überfülle bereitgestellt. Diese Hingabe an die Theologie hat vornehmlich jenen dritten Teil der Zeit oder jene Periode bei uns im westlichen Europa ausgefüllt, dies um so mehr, als fast zu gleicher Zeit die Wissenschaften zu blühen und die Streitigkeiten über die Religion sich auszubreiten begannen.

Die zweite Periode bei den Römern ist von Untersuchungen und Arbeiten in der Moralphilosophie ganz und gar ausgefüllt worden, welche bei den Heiden die Rolle der Religion spielte. Auch wendeten sich die besten Geister jener Zeit meistens politischen Aufgaben zu, da die Größe des römischen Imperiums die Mitarbeit vieler Menschen erforderte.

Jenes Zeitalter aber, wo die Naturphilosophie bei den Griechen am meisten geblüht hat, war nur von allzu kurzer Dauer; denn selbst in den älteren Zeiten haben von den sieben sogenannten Weisen alle bis auf Thales der Moralphilosophie und den bürgerlichen Angelegenheiten sich zugewandt. In den späteren Zeiten, nachdem Sokrates die Philosophie vom Himmel auf die Erde herabgeholt hatte, wuchs die Moralphilosophie noch

magis valuerit Moralis Philosophia, et ingenia hominum a Naturali averterit.

At ipsissima illa periodus temporis in qua inquisitiones de natura viguerunt, contradictionibus et novorum placitorum ambitione corrupta est, et inutilis reddita. Itaque quandoquidem per tres istas periodos Naturalis Philosophia majorem in modum neglecta aut impedita fuerit, nil mirum si homines parum in ea re profecerint, cum omnino aliud egerint.

LXXX.

Accedit et illud, quod Naturalis Philosophia, in iis ipsis viris qui ei incubuerint, vacantem et integrum hominem, praesertim his recentioribus temporibus, vix nacta sit; nisi forte quis monachi alicujus in cellula, aut nobilis in villula lucubrantis, exemplum adduxerit: sed facta est demum Naturalis Philosophia instar transitus cujusdam et ponti-sternii ad alia.

Atque magna ista scientiarum mater mira indignitate ad officia ancillae detrusa est; quae medicinae aut mathematicis operibus ministret, et rursus quae adolescentium immatura ingenia lavet et imbuat velut tinctura quadam prima, ut aliam postea foelicius et commodius excipiant. Interim nemo expectet | magnum progressum in scientiis (praesertim in parte earum operativa), nisi Philosophia Naturalis ad scientias particulares producta fuerit, et scientiae particulares rursus ad Naturalem Philosophiam reductae. Hinc enim fit, ut astronomia, optica, musica, plurimae artes mechanicae, atque ipsa medicina, atque (quod quis magis miretur) philosophia moralis et civilis, et scientiae logicae, nil fere habeant altitudinis in profundo; sed

mehr im Ansehen und zog die Geister von der Naturphilosophie noch mehr ab. Und sogar eben jene Zeitperiode, in welcher die Untersuchungen über die Natur wuchsen, wurde durch Streitigkeiten und den Ehrgeiz, mit neuen Meinungen zu glänzen, verdorben und nutzlos gemacht. Wenn also daher in jenen drei Perioden die Naturphilosophie in hohem Maße vernachlässigt oder gehemmt worden ist, kann es nicht wundern, wenn die Menschen nur wenig darin fortschritten, da sie ja ganz anderes trieben.

80.

Hierzu kommt, daß die Naturphilosophie selbst bei den Männern, die sich ihr widmeten – zumal in jüngerer Zeit –, kaum einen Menschen fand, der sich ihr ungeteilt und restlos gewidmet hat. Nur hier und da hat irgendein Mönch in seiner Zelle oder ein Edelmann in der Muße seines Landlebens ein Beispiel gegeben. Schließlich aber ist die Naturphilosophie wie eine Überfahrt und eine Fähre zu anderem geworden. So ist diese große Mutter der Wissenschaften in schmählicher Weise zu Magddiensten entwürdigt worden; sie muß bei der Medizin und der Mathematik Dienste verrichten, den unreifen Geist der Jünglinge muß sie säubern und ihm gleichsam eine erste Färbung geben, damit er nachher um so leichter und williger eine andere annehme. Inzwischen darf niemand einen beachtlichen Fortschritt in den Wissenschaften, namentlich in ihren praktischen Zweigen, erwarten, solange die Naturphilosophie nicht bis zu besonderen Wissenschaften hingeführt worden ist, und solange nicht umgekehrt die einzelnen Wissenschaften wiederum auf die Naturphilosophie bezogen worden sind. Daher kommt es, daß der Astronomie, der Optik, der Musik, den meisten mechanischen Künsten, ja selbst der Medizin und, was noch merkwürdiger ist, der Moral- und Rechtsphilosophie und der Wissenschaft der Logik die ihnen zukommende Höhe und

per superficiem et varietatem rerum tantum labantur: quia
postquam particulares istae scientiae dispertitae et constitutae
fuerint, a Philosophia Naturali non amplius alantur; quae ex
fontibus et veris contemplationibus motuum, radiorum,
sonorum, texturae et schematismi corporum, affectuum, et
prehensionum intellectualium, novas vires et augmenta illis
impertiri potuerit. Itaque minime mirum est si scientiae non
crescant, cum a radicibus suis sint separatae.

LXXXI.

Rursus se ostendit alia causa potens et magna, cur scientiae
parum promoverint. Ea vero haec est; quod fieri non possit, ut
recte procedatur in curriculo, ubi ipsa meta non recte posita sit
et defixa. Meta autem scientiarum vera et legitima non alia est,
quam ut dotetur vita humana novis inventis et copiis. At turba
longe maxima nihil ex hoc sapit, sed meritoria plane est et professoria; nisi forte quandoque eveniat, ut artifex aliquis acrioris
ingenii et gloriae cupidus novo alicui invento det operam; quod
fere fit cum facultatum dispendio. At apud plerosque tantum
abest ut homines id sibi proponant, ut scientiarum et artium
massa augmentum obtineat, ut ex ea quae praesto est massa nil
amplius sumant aut quaerant, quam quantum ad usum profes-
sorium aut lucrum aut existimationem aut hujusmodi compendia convertere possint. Quod si quis ex tanta multitudine scientiam affectu ingenuo et propter se expetat; invenietur tamen
ille ipse, potius contemplationum et doctrinarum varietatem,
quam veritatis severam et rigidam inquisitionem sequi. Rursus,

Tiefe fehlen; sie schwanken nur auf der Oberfläche und in der Mannigfaltigkeit der Dinge umher. Nachdem nämlich diese besonderen Wissenschaften abgetrennt und gebildet worden waren, werden sie von der Naturphilosophie nicht mehr ernährt; nur sie konnte ihnen aus den Quellen und der wahren Untersuchung der Bewegungen, der Strahlen, der Töne, des Gewebes und der Bauform der Körper, der Gefühle und der geistigen Auffassungen neue Kräfte und Wachstum verleihen.

Daher ist es keineswegs so verwunderlich, wenn die Wissenschaften nicht wachsen, da sie von ihren Wurzeln getrennt waren.

81.

Es zeigt sich noch eine andere bedeutsame und wichtige Ursache, warum die Wissenschaften so wenig vorwärts gekommen sind. Sie liegt in folgendem: Es ist unmöglich, im Lauf richtig voranzukommen, wenn das Ziel selbst nicht recht gesteckt und festgemacht ist. Das wahre und rechtmäßige Ziel der Wissenschaften ist kein anderes, als das menschliche Leben mit neuen Erfindungen und Mitteln zu bereichern.

Der große Haufe freilich kümmert sich darum nicht sonderlich, sondern er schafft nur handwerksmäßig und für Lohn; nur zufällig bemüht sich irgendein Künstler von schärferem Geist, begierig nach Ruhm, um eine neue Erfindung, meist auf Kosten seines Vermögens. Aber den meisten liegt es so fern, die Menge der Künste und Wissenschaften zu vermehren, daß sie zufrieden von dem bereits vorhandenen Vorrat nur soviel nehmen oder erstreben, wie es zum Handwerk, Gewinn, oder zur Ehre oder anderen Vorteilen dienen kann. Wenn nun doch einer aus der großen Menge die Wissenschaft mit echter Zuneigung und um ihrer selbst willen sucht, so wird selbst dieser eher die Abwechslung in den Betrachtungen und Lehren suchen, als einem strengen und unerschrockenen Forschen nach der Wahrheit fol-

si alius quispiam fortasse veritatis inquisitor sit severior; tamen
et ille ipse talem sibi proponet veritatis conditionem, quae
menti et intellectui satisfaciat in redditione causarum rerum
quae jampridem sunt cognitae; non eam quae nova operum
pignora et novam axiomatum lucem assequatur. Itaque, si finis
scientiarum a nemine adhuc bene positus sit, non mirum est si
in iis quae sunt subordinata ad finem, sequatur aberratio. |

LXXXII.

Quemadmodum autem finis et meta scientiarum male posita
sunt apud homines; ita rursus etiamsi illa recte posita fuissent,
viam tamen sibi delegerunt omnino erroneam et imperviam.
Quod stupore quodam animum rite rem reputanti perculserit;
non ulli mortalium curae aut cordi fuisse, ut intellectui
humano, ab ipso sensu et experientia ordinata et bene condita,
via aperiretur et muniretur; sed omnia vel traditionum caligini,
vel argumentorum vertigini et turbini, vel casus et experientiae
vagae et inconditae undis et ambagibus permissa esse. Atque
cogitet quis sobrie et diligenter, qualis sit ea via quam in inquisitione et inventione alicujus rei homines adhibere consueverunt;
et primo notabit proculdubio inveniendi modum simplicem et
inartificiosum, qui hominibus maxime est familiaris. Hic autem
non alius est, quam ut is qui se ad inveniendum aliquid compa-
rat et accingit, primo quae ab aliis circa illa dicta sint inquirat et
evolvat; deinde propriam meditationem addat, atque per mentis multam agitationem spiritum suum proprium sollicitet, et

gen wollen. Selbst wenn einer etwa ernsthafter nach der Wahrheit forscht, so strebt selbst jener nur so zur Wahrheit, daß sie den Geist und den Verstand in der Angabe der Ursachen von Dingen, die längst bekannt sind, befriedige; man folgt nicht der Wahrheit, welche das Unterpfand für neue Werke und das Licht für neue Grundsätze ist. Wenn daher das Ziel der Wissenschaften von niemandem bisher richtig gesteckt worden ist, ist es kein Wunder, wenn sich in das, was sich nach diesem Ziele richten soll, der Irrtum einschleicht.

82.

Aber selbst wenn das so schlecht bei den Menschen abgesteckte Ziel der Wissenschaften nun doch richtig gesetzt worden wäre, so hat man doch einen durchaus irrigen und unbrauchbaren Weg dazu gewählt. Bedenkt man das richtig, so muß es einen verblüffen, daß es keinem Sterblichen am Herzen gelegen hat, dem menschlichen Geist von den Sinnen und der Erfahrung aus einen geordneten und gut fundierten Weg zu eröffnen und zu sichern, sondern daß man alles entweder der Finsternis der Überlieferung oder dem Wirbel und Tumult von Gründen oder den Wellen und Umwegen des Zufalls und einer unklaren und rohen Erfahrung überlassen hat. Betrachtet man aber nüchtern und sorgfältig den Weg, der von den Menschen zur Erforschung und Entdeckung eines Gegenstandes gewöhnlicherweise benutzt wird, so wird man zunächst ohne Zweifel ein einfaches kunstloses Forschungsverfahren antreffen, wie es den Menschen am natürlichsten liegt. Dies Verfahren besteht nun darin, daß der, welcher sich zum Erfinden von irgend etwas vorbereitet und rüstet, zunächst nachschlägt und wälzt, was andere darüber gesagt haben; dem fügt er darauf sein eigenes Nachdenken hinzu und nach vielem Hin- und Herüberlegen stachelt er wohl seinen eigenen Geist an und ruft ihm gleichsam zu, ihm doch ein

quasi invocet, ut sibi oracula pandat; quae res omnino sine fundamento est, et in opinionibus tantum volvitur.

At alius quispiam dialecticam ad inveniendum advocet, quae nomine tenus tantum ad id quod agitur pertinet. Inventio enim dialecticae non est principiorum et axiomatum praecipuorum, ex quibus artes constant, sed eorum tantum quae illis consentanea videntur. Dialectica enim magis curiosos et importunos, et sibi negotium facessentes, eamque interpellantes de probationibus et inventionibus principiorum sive axiomatum primorum, ad fidem, et veluti sacramentum cuilibet arti praestandum, notissimo responso rejicit.

Restat experientia mera, quae, si occurrat, casus; si quaesita sit, experimentum nominatur. Hoc autem experientiae genus nihil aliud est, quam (quod aiunt) scopae dissolutae*, et mera palpatio, quali homines noctu utuntur, omnia pertentando, si forte in rectam viam incidere detur; quibus multo satius et consultius foret diem praestolari, aut lumen accendere, et | deinceps viam inire. At contra, verus experientiae ordo primo lumen accendit, deinde per lumen iter demonstrat, incipiendo ab experientia ordinata et digesta, et minime praepostera aut erratica, atque ex ea educendo axiomata, atque ex axiomatibus constitutis rursus experimenta nova; quum nec verbum divinum in rerum massam absque ordine operatum sit.

Itaque desinant homines mirari si spatium scientiarum non confectum sit, cum a via omnino aberraverint; relicta prorsus et deserta experientia, aut in ipsa (tanquam in labyrintho) se intricando et circumcursando; cum rite institutus ordo per experientiae sylvas ad aperta axiomatum tramite constanti ducat.

---

* Das Sprichwort findet sich bei Cicero: Orator, 71, S. 235.

Orakel zu eröffnen. Ein solches Verfahren ist gänzlich ohne Grundlage und dreht sich nur in Meinungen um sich selbst.

Ein anderer nun ruft die Dialektik herbei, damit sie ihm beim Erfinden helfe; aber nur dem Namen nach gehört sie hierher. Denn die Auffindung der Prinzipien und wichtigen Lehrsätze, auf denen die Künste beruhen, ist nicht Sache der Dialektik, sondern nur die Auffindung derjenigen Sätze, welche mit ihnen übereinzustimmen scheinen. Denn die Dialektik speist diejenigen, die mehr wissen wollen, die in sie dringen und sie über Beweise und Auffindung der Prinzipien oder obersten Lehrsätze fragen, mit sattsam bekannten Antworten ab: sie verweist auf die Treue, die man den Prinzipien jeder einzelnen Kunst zu gewähren habe. So bleibt die bloße Erfahrung übrig; begegnet man ihr so obenhin, so heißt sie Zufall, sucht man sie, so nennt man sie Experiment. Diese Art von Erfahrung ist aber nichts anderes, als, wie man sagt, ein Besen ohne Band und ein bloßes Herumtappen, wie es die Menschen nachts machen, wo man alles befühlt, bis man etwa zufällig auf den rechten Weg gelangt ist; wo es doch ungleich ratsamer und sicherer wäre, den Tag abzuwarten oder ein Licht anzuzünden und dann den Weg zu betreten. Die wahre Ordnung der Erfahrung zündet zuerst ein Licht an, zeigt dann bei Licht den Weg, indem sie mit einer wohlgeordneten und gegliederten Erfahrung beginnt, keineswegs aber mit einer voreiligen und irrenden. Daraus entwickelt sie die Lehrsätze und aus diesen folgert sie wiederum neue Experimente; denn auch das göttliche Wort hat den Stoff der Dinge nicht ohne Ordnung behandelt.

Man höre darum auf, sich zu wundern, wenn der Bereich der Wissenschaften nicht vollendet ist, da man ja völlig vom Wege abgeirrt war. Völlig verlassen und einsam ist die Erfahrung, sie verwirrt sich im Umherlaufen wie in einem Labyrinth in sich selbst, während doch ein wohleingerichtetes Verfahren auf festem Pfad durch die Wälder der Erfahrung zu den Lichtungen der Lehrsätze führt.

LXXXIII.

Excrevit autem mirum in modum istud malum, ex opinione quadam sive aestimatione inveterata, verum tumida et damnosa; minui nempe mentis humanae majestatem, si experimentis, et rebus particularibus sensui subjectis et in materia determinatis, diu ac multum versetur: praesertim quum hujusmodi res ad inquirendum laboriosae, ad meditandum ignobiles, ad dicendum asperae, ad practicam illiberales, numero infinitae, et subtilitate tenues esse soleant. Itaque jam tandem huc res rediit, ut via vera non tantum deserta, sed etiam interclusa et obstructa sit; fastidita experientia, nedum relicta, aut male administrata.

LXXXIV.

Rursus vero homines a progressu in scientiis detinuit et fere incantavit reverentia antiquitatis, et virorum qui in philosophia magni habiti sunt authoritas, atque deinde consensus. Atque de consensu superius dictum est.

De antiquitate autem, opinio quam homines de ipsa fovent negligens omnino est, et vix verbo ipsi congrua. Mundi enim senium et grandaevitas pro antiquitate vere habenda sunt; quae temporibus nostris tribui debent, non juniori aetati mundi, qualis apud antiquos fuit. Illa enim aetas, respectu nostri antiqua et major, respectu mundi ipsius nova et minor fuit. Atque revera quemadmodum majorem rerum humanarum notitiam et maturius judicium ab homine sene exspectamus quam a juvene, propter experientiam et rerum quas vidit et audivit et cogitavit

83.

Auf eine wunderliche Art aber wuchs jenes Übel heran infolge einer Meinung oder veralteten, aber aufgeblasenen und verderblichen Ansicht, es tue der Majestät des menschlichen Geistes Abbruch, wenn er sich viel und lange mit Experimenten und einzelnen sinnlichen und bestimmten materiellen Dingen beschäftige; besonders, da dergleichen Dinge zur Untersuchung zu mühsam, für das Nachdenken zu gemein, für die Darstellung zu rauh, für die Praxis zu handwerklich, zu endlos der Zahl nach und zu zart der Feinheit nach zu sein pflegen. So ist es nun schließlich dahin gekommen, daß der wahre Weg nicht nur verlassen, sondern auch abgesperrt und zerstört ist, wobei die Erfahrung verabscheut, wenn nicht gar verlassen und schlecht behandelt wird.

84.

Weiter nun hemmte und verzauberte die Menschen im Fortschritt in den Wissenschaften die Ehrfurcht vor dem Altertum und vor den Männern, die in der Philosophie großes Ansehen genossen, und denen die Menge zustimmte. Davon ist schon die Rede gewesen.

Die Auffassung aber, die die Menschen von der Antike hegen, ist sorglos und entspricht nicht einmal dem Wort. Denn für das Altertum ist doch in Wahrheit das Greisen- und großväterliche Alter der Welt zu halten; und dieses muß von unserer Zeit ausgesagt werden und nicht von jenem jüngeren Zeitalter der Welt, in dem die Alten lebten. Denn jenes ist zwar mit Rücksicht auf unsere Zeit älter und entfernter, in bezug auf die Welt selbst aber neuer und jünger. Wie wir eine größere Kenntnis der menschlichen Verhältnisse und ein reiferes Urteil mit Recht von einem Greis als von einem Jüngling erwarten, wegen der Erfahrung und der Vielfalt und Menge der Dinge, die er

varietatem et copiam; eodem modo et a nostra aetate (si vires suas nosset, et experiri et intendere vellet) majora multo quam a priscis temporibus expectari par est; utpote aetate mundi grandiore, et infinitis experimentis et observationibus aucta et cumulata. |

Neque pro nihilo aestimandum, quod per longinquas navigationes et peregrinationes (quae saeculis nostris increbuerunt) plurima in natura patuerint et reperta sint, quae novam philosophiae lucem immittere possint. Quin et turpe hominibus foret, si globi materialis tractus, terrarum videlicet, marium, astrorum, nostris temporibus immensum aperti et illustrati sint; globi autem intellectualis fines inter veterum inventa et angustias cohibeantur.

Authores vero quod attinet, summae pusillanimitatis est authoribus infinita tribuere, authori autem authorum atque adeo omnis authoritatis, Tempori, jus suum denegare. Recte enim Veritas Temporis filia dicitur, non Authoritatis*. Itaque mirum non est si fascina ista antiquitatis et authorum et consensus, hominum virtutem ita ligaverint, ut cum rebus ipsis consuescere (tanquam maleficiati) non potuerint.

LXXXV.

Neque solum admiratio antiquitatis, authoritatis, et consensus, hominum industriam in iis quae jam inventa sunt acquiescere compulit; verum etiam operum ipsorum admiratio, quorum copia jampridem facta est humano generi. Etenim quum

---

* Als Quelle kommt infrage Aulus Gellius: Noctes Atticae, XII, 11; vergl. auch Aischylos: Der besiegte Prometheus, 1, 981.

sah und hörte und bedachte, so kann man auch von unserer Zeit, wenn sie nur ihre Kräfte erkennen, anwenden und anstrengen wollte, weit mehr als von den alten Zeiten erwarten, ist sie doch für die Welt die ältere und um unzählige Experimente und Beobachtungen vermehrt und bereichert.

Auch ist es nicht gering einzuschätzen, daß durch die weltweiten Fahrten zu Wasser und zu Lande, die in unserer Zeit so zugenommen haben, sehr vieles in der Natur entdeckt und aufgefunden worden ist, was über die Philosophie ein neues Licht ausbreiten kann. Es wäre ja auch eine Schande, wenn die Verhältnisse der materiellen Welt, nämlich die der Länder, Meere, Gestirne zu unserer Zeit bis ins Äußerste eröffnet und beschrieben worden sind, die Grenzen der geistigen Welt indes auf die Enge der alten Entdeckungen beschränkt bleiben sollten.

Was die Autoren betrifft, so zeugt es von höchstem Kleinmut, ihnen alles Verdienst zuzuerkennen, dem Autor aller Autoren aber und somit dem Urheber einer jeden Autorenschaft, der Zeit nämlich, ihr Recht zu verweigern. Denn mit Recht nennt man die Wahrheit eine Tochter der Zeit und nicht der menschlichen Autoritäten.

Daher kann man sich nicht wundern, wenn jener Zauber des Altertums, die Autoritäten und die Übereinstimmung die Kraft der Menschen so sehr gefesselt hat, daß sie gleich einem Verzauberten mit den Dingen selbst nicht haben vertraut werden können.

85.

Indes ließ nicht nur die Bewunderung der Antike, der Autoritäten und der Übereinstimmung den Fleiß der Menschen mit dem bisher schon Erreichten befriedigt sein; auch die Bewunderung der Werke selbst, die dem Menschengeschlecht schon seit längerer Zeit zur Verfügung standen, trug dazu bei. Hält man

quis rerum varietatem, et pulcherrimum apparatum qui per artes mechanicas ad cultum humanum congestus et introductus est, oculis subjecerit, eo certe inclinabit, ut potius ad opulentiae humanae admirationem quam ad inopiae sensum accedat; minime advertens primitivas hominis observationes atque naturae operationes (quae ad omnem illam varietatem instar animae sunt, et primi motus) nec multas nec alte petitas esse; caetera ad patientiam hominum tantum, et subtilem et ordinatum manus vel instrumentorum motum, pertinere. Res enim (exempli gratia) subtilis est certe et accurata confectio horologiorum, talis scilicet, quae coelestia in rotis, pulsum animalium in motu successivo et ordinato, videatur imitari; quae tamen res ex uno aut altero naturae axiomate pendet. |

Quod si quis rursus subtilitatem illam intueatur quae ad artes liberales pertinet; aut etiam eam quae ad corporum naturalium praeparationem per artes mechanicas spectat, et hujusmodi res suspiciat; veluti inventionem motuum coelestium in astronomia, concentuum in musica, literarum alphabeti (quae etiam adhuc in regno Synarum in usu non sunt) in grammatica; aut rursus in mechanicis, factorum Bacchi et Cereris, hoc est, praeparationum vini et cervisiae, panificiorum, aut etiam mensae delitiarum, et distillationum et similium; ille quoque si secum cogitet, et animum advertat, per quantos temporum circuitus (cum haec omnia, praeter distillationes, antiqua fuerint) haec ad eam quam nunc habemus culturam perducta sint, et (ut jam de horologiis dictum est) quam parum habeant ex observationibus et axiomatibus naturae, atque quam facile, et tanquam per

sich die Mannigfaltigkeit der Dinge und die Schönheit der Vorrichtungen vor Augen, welche durch die mechanischen Künste
für die menschliche Kultur geschaffen und eingeführt worden
sind, so wird man sicherlich geneigt sein, eher den Reichtum der
Menschen zu bewundern als auf die Unzulänglichkeit der Sinne
zu achten. Man bemerkt keineswegs, daß die ersten Beobachtungen des Menschen und die Vorgänge der Natur, welche bezüglich jener großen Vielfalt gleichsam Lebensgrundlage und der
erste Beweger sind, weder zahlreich noch weit hergeholt sind;
das übrige kommt lediglich auf das Konto der Geduld der Menschen und auf das einer feinen und geordneten Bewegung der
Hand oder der Instrumente. So ist beispielhalber die Anfertigung der Uhren eine gewiß feine und sorgfältige Angelegenheit;
eine solche nämlich, die den Lauf der Gestirne, den Pulsschlag
der Lebewesen in seiner fortschreitenden, wohlgeordneten Bewegung nachzuahmen scheint; indes hängt diese Sache nur von
einem oder von zwei Grundsätzen der Natur ab.

Wenn andererseits einer die Feinheit betrachtet, die den
freien Künsten eigen ist, oder auch die, welche die Umwandlung der Naturkörper durch die mechanischen Künste betrifft
und dergleichen Dinge würdigt, wie die Entdeckung der Bewegung der Himmelskörper in der Astronomie, der Harmonie
in der Musik, des Buchstabenalphabetes in der Grammatik (das
auch heute in China noch nicht im Gebrauch ist), oder weiter in
den mechanischen Künsten die Entdeckung der Werke des Bac-
chus und der Ceres, d. h. die Aufbereitung des Weines und des
Gerstentrankes, die der Brotherstellung oder auch der Küchen-
künste, die der destillierten Getränke und ähnlicher Dinge;
wenn nun jener in Ruhe überdenkt, welch lange Zeitperioden
vonnöten waren, ehe dies alles, was, mit Ausnahme der Destilla-
tion, schon den Alten bekannt war, auf den jetzigen Stand gebracht worden ist, und – von den Uhren sprachen wir schon –
eine wie geringe Rolle darin die Beobachtungen und Gesetze der
Natur spielten, und wie leicht und gleichsam durch naheliegende

occasiones obvias et contemplationes incurrentes, ista inveniri potuerint; ille (inquam) ab omni admiratione se facile liberabit, et potius humanae conditionis miserebitur, quod per tot saecula tanta fuerit rerum et inventorum penuria et sterilitas. Atque haec ipsa tamen quorum nunc mentionem fecimus inventa, philosophia et artibus intellectus antiquiora fuerunt. Adeo ut (si verum dicendum sit) cum hujusmodi scientiae rationales et dogmaticae inceperint, inventio operum utilium desierit.

Quod si quis ab officinis ad bibliothecas se converterit, et immensam quam videmus librorum varietatem in admiratione habuerit, is examinatis et diligentius introspectis ipsorum librorum materiis et contentis, obstupescet certe in contrarium; et postquam nullum dari finem repetitionibus observaverit, quamque homines eadem agant et loquantur, ab admiratione varietatis transibit ad miraculum indigentiae et paucitatis earum rerum quae hominum mentes adhuc tenuerunt et occuparunt.

Quod si quis ad intuendum ea quae magis curiosa habentur quam sana animum submiserit, et Alchymistarum aut Magorum opera penitius introspexerit, is dubitabit forsitan utrum risu an lachrymis potius illa digna sint. Alchymista enim | spem alit aeternam, atque ubi res non succedit errores proprios reos substituit; secum accusatorie reputando, se aut artis aut authorum vocabula non satis intellexisse, unde ad traditiones et auriculares susurros animum applicat; aut in practicae suae scrupulis et momentis aliquid titubatum esse, unde experimenta in infinitum repetit; ac interim quum inter experimen-

Umstände und sich aufdrängende Beobachtungen jenes zu erfinden möglich war, wird er sich leicht von jeglichem Erstaunen
freimachen und vielmehr das menschliche Geschick beklagen,
daß im Laufe so vieler Jahrhunderte ein solcher Mangel und
eine solche Unfruchtbarkeit an wirklichen Resultaten und Erfindungen geherrscht hat. Aber auch diese eben erwähnten Erfindungen sind älter als die Philosophie und die Künste des Verstandes. Daher hörte, wenn man die Wahrheit sagen soll, die
Erfindung nützlicher Werke in dem Augenblick auf, da die
rationalen und dogmatischen Wissenschaften ihren Einzug
hielten.

Wendet sich nun jemand von den Werkstätten zu den Biblio-
theken und zollt er der ungeheuren Mannigfaltigkeit der vorhandenen Bücher seine Bewunderung, so wird sich sein Staunen
gewiß in das Gegenteil verkehren, sobald er den Stoff und den
Inhalt der Bücher geprüft und sorgfältig untersucht hat. Wenn
er da bemerkt, daß die Wiederholungen kein Ende nehmen und
die Menschen dasselbe treiben und reden, so wird seine Bewunderung der Mannigfaltigkeit in ein Sichwundern über die
Dürftigkeit und Kargheit derjenigen Dinge umschlagen, die den
Verstand der Menschen bisher gefesselt und beschäftigt haben.

Wenn er sich nun zur Betrachtung dessen hinwendet, was
eher für sonderbar als für verständig einzuschätzen ist und die
Werke der Alchimisten und Magier mehr von innen her durchschaut hat, so wird er schwanken, ob sie mehr belacht oder be-
weint zu werden verdienen. Denn der Alchimist nährt eine
immerwährende Hoffnung; und wo die Sache nicht glückt, so
beschuldigt er nur sein eigenes Irren; er geht mit sich ins Gericht in der Meinung, daß er lediglich die Ausdrücke der Kunst
oder der Autoren nicht genügend verstanden habe; daher wendet er seinen Geist zu den Überlieferungen und zum Geflüster
der Ohrenzeugen; er schilt sich, daß er in seinem Verfahren
schwierige Punkte und Momente übersehen habe; daher wiederholt er die Versuche immer und immer wieder. Und stößt er

torum sortes in quaedam incidat aut ipsa facie nova aut utilitate non contemnenda, hujusmodi pignoribus animum pascit, eaque in majus ostentat et celebrat; reliqua spe sustentat. Neque tamen negandum est, Alchymistas non pauca invenisse et inventis utilibus homines donasse. Verum fabula illa non male in illos quadrat, de sene qui filiis aurum in vinea defossum (sed locum se nescire simulans) legaverit; unde illi vineae fodiendae diligenter incubuerunt, et aurum quidem nullum repertum, sed vindemia ex ea cultura facta est uberior.

At naturalis Magiae cultores, qui per rerum Sympathias et Antipathias omnia expediunt, ex conjecturis otiosis et supinissimis, rebus virtutes et operationes admirabiles affinxerunt; atque si quando opera exhibuerint, ea illius sunt generis, ut ad admirationem et novitatem, non ad fructum et utilitatem, accommodata sint.

In superstitiosa autem Magia (si et de hac dicendum sit) illud imprimis animadvertendum est, esse tantummodo certi cujusdam et definiti generis subjecta, in quibus artes curiosae et superstitiosae, per omnes nationes atque aetates atque etiam religiones, aliquid potuerint aut luserint. Itaque ista missa faciamus: interim nil mirum est si opinio copiae causam inopiae dederit.

LXXXVI.

Atque hominum admirationi quoad doctrinas et artes, per se satis simplici et prope puerili, incrementum accessit ab eorum astu et artificio qui scientias tractaverunt et tradiderunt. Illi enim ea ambitione et affectatione eas proponunt, atque in eum

beim Herumexperimentieren zufällig auf etwas, was durch sein neues Aussehen oder durch seine Nützlichkeit nicht zu verachten ist, so weidet er an solchen angeblichen Beweisstücken den Geist, er rühmt und preist dies überlaut; das übrige setzt er auf die Hoffnung. Dennoch darf man nicht leugnen, daß die Alchimisten nicht weniges erfunden und die Menschen mit nützlichen Ergebnissen versehen haben. Ihr Fall mag mit der Fabel von dem Greis verglichen werden, der seinen Söhnen einen im Weinberg vergrabenen Schatz vermachte und vorgab, den Ort nicht mehr zu wissen; so gruben die Söhne den Weinberg sorgfältig und fleißig um und fanden natürlich keinen Schatz, aber die Weinlese wurde infolge der Bearbeitung reicher.

Dagegen haben die Hüter der natürlichen Magie, die alles durch die Sympathie und Antipathie erklären, in müßigen und grundlosen Vermutungen den Dingen Kräfte und wundersame Wirkweisen angedichtet; und wenn sie etwas zustande gebracht hatten, war es von der Art, daß es mehr Staunen und Neugierde erweckte, als dem Nutzen und Gebrauch zu dienen.

Bei der abergläubischen Magie, falls auch darüber berichtet werden soll, ist besonders zu vermerken, daß diese eitlen und aberwitzigen Gebräuche bei allen Völkern und Zeiten und in allen Religionen lediglich in Dingen einer gewissen und bestimmten Art etwas vermochten. Darum übergehen wir diese.

Es darf nicht wundernehmen, daß gerade die Absicht, reich zu werden, die Ursache der Armut gewesen ist.

86.

Die schon an sich recht einfältige und fast kindliche Bewunderung der Menschen für Wissenschaften und Künste erfuhr Auftrieb durch die List und Schlauheit derer, welche die Wissenschaften betrieben und gelehrt haben. Diese legen sie nämlich in so ehrgeiziger und anspruchsvoller Weise vor und

modum efformatas ac veluti personatas in hominum conspec-
tum producunt, ac si illae omni ex parte perfectae essent et ad
exitum perductae. Si enim methodum aspicias et partitiones,
illae prorsus omnia complecti et concludere videntur quae in
illud subjectum cadere possunt. Atque licet membra illa male
impleta et veluti capsulae inanes sint, tamen apud intellectum
vulgarem scientiae formam et rationem integrae prae se ferunt. |

At primi et antiquissimi veritatis inquisitores, meliore fide et
fato, cognitionem illam, quam ex rerum contemplatione decer-
pere et in usum recondere statuebant, in *aphorismos*, sive breves
easdemque sparsas nec methodo revinctas sententias, conjicere
solebant; neque se artem universam complecti simulabant aut
profitebantur. At eo quo nunc res agitur modo, minime mirum
est si homines in iis ulteriora non quaerant, quae pro perfectis
et numeris suis jampridem absolutis traduntur.

LXXXVII.

Etiam antiqua magnum existimationis et fidei incrementum
acceperunt, ex eorum vanitate et levitate qui nova proposuerunt; praesertim in Philosophiae Naturalis parte activa et operativa. Neque enim defuerunt homines vaniloqui et phantastici,
qui partim ex credulitate, partim ex impostura, genus humanum promissis onerarunt: vitae prolongationem, senectutis
retardationem, dolorum levationem, naturalium defectuum
reparationem, sensuum deceptiones, affectuum ligationes et

führen sie derartig aufgeputzt und gleichsam personifiziert dem Anblick der Menschen vor, als ob sie allseitig vollendet und höchst entwickelt wären. Betrachtet man die Methode und die Einteilungen, so scheinen sie alles zu erfassen und einzuschließen, was unter den fraglichen Problemkreis fallen kann.

Und obgleich jene Glieder schlecht ausgefüllt und gleichsam taube Hülsen sind, so erscheinen sie doch dem gewöhnlichen Verstand in der Gestalt und Weise einer vollständigen Wissenschaft.

Die ersten und ältesten Erforscher der Wahrheit hingegen gingen ehrlicher und offener vor, sie pflegten die Erkenntnis, welche sie aus der Betrachtung der Dinge gewonnen hatten und für den Gebrauch zusammenzufassen beschlossen, in Aphorismen, in knappen, scharf umgrenzten Sätzen zusammenzufassen, ohne sie methodisch ineinander zu verketten; sie täuschten nicht vor, noch behaupteten sie, die gesamte Kunst zu erfassen. Wie aber die Sache jetzt betrieben wird, ist es keineswegs verwunderlich, daß die Menschen in den Dingen nicht in dem nach Weiterem forschen, was als vollendet und in allen Punkten als längst abgeschlossen überliefert wird.

87.

Auch erhielt das Ansehen und das Vertrauen auf das Alte durch die Eitelkeit und den Leichtsinn derer großen Auftrieb, die Neues vorbrachten, namentlich im aktiven und praktischen Teil der Naturphilosophie. Und es fehlte nicht an Prahlern und Phantasten, die teils leichtgläubig, teils böswillig das menschliche Geschlecht mit Versprechungen belasteten; sie versprachen und verhießen großspurig Verlängerung des Lebens, das Alter hinauszuschieben, die Schmerzen zu lindern, natürliche Mängel und Täuschungen der Sinne zu beheben, die Leidenschaften zu

incitationes, intellectualium facultatum illuminationes et exaltationes, substantiarum transmutationes, et motuum ad libitum roborationes et multiplicationes, aëris impressiones et alterationes, coelestium influentiarum deductiones et procurationes, rerum futurarum divinationes, remotarum repraesentationes, occultarum revelationes, et alia complura pollicitando et ostentando. Verum de istis largitoribus non multum aberraverit qui istiusmodi judicium fecerit, tantum nimirum in doctrinis philosophiae inter horum vanitates et veras artes interesse, quantum inter res gestas Julii Caesaris aut Alexandri Magni et res gestas Amadicii ex Gallia aut Arthuri ex Britannia* in historiae narrationibus intersit. Inveniuntur enim clarissimi illi imperatores revera majora gessisse quam umbratiles isti heroes etiam fecisse fingantur; sed modis et viis scilicet actionum minime fabulosis et prodigiosis. Neque propterea aequum est verae memoriae fidem derogari, quod a fabulis illa quandoque laesa sit et violata. Sed interim minime mirum est si propositionibus novis (praesertim cum mentione operum) magnum sit factum praejudicium per istos impostores qui similia tentaverunt; cum vanitatis excessus et fastidium etiam nunc omnem in ejusmodi conatibus magnanimitatem destruxerit.

LXXXVIII.

At longe majora a pusillanimitate, et pensorum quae humana industria sibi proposuit parvitate et tenuitate, detrimenta in | scientias invecta sunt. Et tamen (quod pessimum est) pusillanimitas ista non sine arrogantia et fastidio se offert.

---

* Gemeint sind Amadis von Gaula, Heldengestalt eines spanischen mittelalterlichen Ritterromans, erstmals gedruckt 1508; Artus, König der keltischen Briten und Bretonen ca. 500 n. Chr., der mit seiner Tafelrunde Gegenstand vieler Ritterromane wurde.

binden und zu erregen, die geistigen Fähigkeiten zu erleuchten
und zu stärken, die Substanzen umzuwandeln, Bewegungen
nach Belieben zu verstärken und zu vermehren; weiter,
Mischungen und Veränderungen der Luft zu machen, die Ableitungen und Zuleitungen himmlicher Einflüsse herauszufinden,
Prophezeiungen zukünftiger Dinge zu geben, Entferntes zu ver-
gegenwärtigen, Verborgenes zu offenbaren und dergleichen
mehr. Über diese anmaßenden Spender geht der in seinem
Urteil wohl nicht fehl, der im Bereich der philosophischen Meinungen zwischen ihren eitlen Aussagen und den wahren Künsten ebenso zu unterscheiden vermag wie im Bereich der Geschichte zwischen den Taten Julius Cäsars oder Alexanders des
Großen und denen des Amadis von Frankreich oder Arthurs
von England. Denn die so berühmten Feldherren haben in
Wahrheit Größeres vollbracht, als jene Schattenhelden von sich
heucheln, und zwar auf dem Wege wirklicher Taten, nicht in
Fabeln und Wundern. Darum ist es nicht recht, den wahren
Berichten keinen Glauben zu schenken, nur weil die Berichte
zuweilen durch Fabeln entstellt und verdorben worden sind.
Aber es kann manchmal nicht wundernehmen, wenn neuen
Vorschlägen, namentlich in bezug auf Werke, großes Mißtrauen
entgegengebracht wird. Das ist auf solche Betrüger zurück-
zuführen, die Ähnliches vorgaben. Bis heute hat das Übermaß
solcher Eitelkeit und der Überdruß davor jeden großzügigen
Sinn für solche Unternehmungen zerstört.

88.

Aber bei weitem größeren Schaden haben die Wissenschaften
durch Kleinlichkeit des Geistes und die Dürftigkeit und Gering-
fügigkeit der Aufgaben, welche sich der menschliche Verstand
stellte, erlitten. Gleichwohl bietet sich, was das Schlimmste ist,
diese Kleinlichkeit mit Anmaßung und Stolz dar.

Primum enim, omnium artium illa reperitur cautela jam facta familiaris, ut in qualibet arte authores artis suae infirmitatem in naturae calumniam vertant; et quod ars ipsorum non assequitur id ex eadem arte impossibile in natura pronunciant. Neque certe damnari potest ars, si ipsa judicet. Etiam philosophia quae nunc in manibus est, in sinu suo posita quaedam fovet, aut placita, quibus (si diligentius inquiratur) hoc hominibus omnino persuaderi volunt; nil ab arte vel hominis opere arduum, aut in naturam imperiosum et validum, expectari debere; ut de heterogenia caloris astri et ignis, et mistione, superius dictum est. Quae si notentur accuratius, omnino pertinent ad humanae potestatis circumscriptionem malitiosam, et ad quaesitam et artificiosam desperationem, quae non solum spei auguria turbet, sed etiam omnes industriae stimulos et nervos incidat atque ipsius experientiae aleas abjiciat; dum de hoc tantum solliciti sint, ut ars eorum perfecta censeatur; gloriae vanissimae et perditissimae dantes operam, scilicet ut quicquid adhuc inventum et comprehensum non sit, id omnino nec inveniri nec comprehendi posse in futurum credatur. At si quis rebus addere se et novum aliquod reperire conetur, ille tamen omnino sibi proponet et destinabit unum aliquod inventum (nec ultra) perscrutari et eruere; ut magnetis naturam, maris fluxum et refluxum, thema coeli, et hujusmodi, quae secreti aliquid habere videntur et hactenus parum foeliciter tractata sint: quum summae sit imperitiae, rei alicujus naturam in se ipsa perscrutari; quando-

Zunächst nun findet man in allen Künsten den schon gang und gäbe gewordenen Vorbehalt, wonach jeder Schöpfer die Unzulänglichkeit seiner Kunst der Natur zur Last legt; und wenn seine Kunst nicht das Erstrebte erreicht, so verkündet er mit der Autorität seiner Kunst, daß es auch in der Natur unmöglich sei. Freilich wird eine Kunst nicht verdammt werden, wenn sie selbst das Urteil spricht. Auch die jetzt gängige Philosophie befürwortet gewisse, in ihrem Schoß gehegte Sätze oder Meinungen, mit denen man, genauer besehen, die Menschen überzeugen will, daß man von der Kunst oder vom Werk des Menschen nichts Schwieriges, und nichts, was die Natur beherrschen und bewältigen werde, erwarten dürfe; ein Beispiel dafür gibt die oben erwähnte Lehre, nach der die Wärme der Gestirne und die des Feuers sich voneinander unterscheiden und ihre Vermischung unmöglich sein soll. Prüft man aber genauer, handelt es sich um eine böswillige Beschränkung der menschlichen Kraft, um künstlich Verzweiflung zu schüren, welche nicht nur die Verheißung der Hoffnung stört, sondern auch jeden Anreiz und Nerv zur Arbeit abschneidet und selbst die Würfel der Erfahrung wegwerfen heißt. Solche Leute sind nur darum besorgt, daß ihre Kunst als vollkommen gilt. Sie sehen in der eitelsten und verderblichsten Weise den Ruhm darin, den Glauben zu verbreiten, daß das, was bisher nicht entdeckt und begriffen worden ist, auch in alle Zukunft weder entdeckt noch begriffen werden kann. Selbst wenn irgend jemand sich den Dingen widmet und etwas Neues zu entdecken sich müht, so wird auch dieser sich als Ziel und Bestimmung setzen, nur eins zu finden, ohne nach Weiterem zu forschen und zu suchen, wie nach der Natur des Magneten, Ebbe und Flut des Meeres, nach der Problematik des Himmels und ähnlichen Dingen, die etwas Geheimnisvolles zu enthalten scheinen und bisher mit wenig Glück behandelt worden sind. Es ist nämlich ein Zeichen größter Unerfahrenheit, die Natur irgendeines Dinges nur an ihm allein zu ergründen; zuweilen ist die gleiche

quidem eadem natura, quae in aliis videtur latens et occulta, in aliis manifesta sit et quasi palpabilis, atque in illis admirationem, in his ne attentionem quidem moveat; ut fit in natura consistentiae, quae in ligno vel lapide non notatur, sed solidi appellatione transmittitur, neque amplius de fuga separationis aut solutionis continuitatis inquiritur: at in aquarum bullis eadem res videtur subtilis et ingeniosa; quae bullae se conjiciunt in pelliculas quasdam in hemisphaerii formam curiose effictas, ut ad momentum temporis evitetur solutio continuitatis. |

Atque prorsus illa ipsa quae habentur pro secretis, in aliis habent naturam manifestam et communem; quae nunquam se dabit conspiciendam, si hominum experimenta aut contemplationes in illis ipsis tantum versentur. Generaliter autem et vulgo, in operibus mechanicis habentur pro novis inventis, si quis jampridem inventa subtilius poliat, vel ornet elegantius, vel simul uniat et componat, vel cum usu commodius copulet, aut opus majore aut etiam minore quam fieri consuevit mole vel volumine exhibeat, et similia.

Itaque minime mirum est si nobilia et genere humano digna inventa in lucem extracta non sint, quum homines hujusmodi exiguis pensis et puerilibus contenti et delectati fuerint; quinetiam in iisdem se magnum aliquod sequutos aut assequutos putaverint.

LXXXIX.

Neque illud praetermittendum est, quod nacta sit Philosophia Naturalis per omnes aetates adversarium molestum et difficilem; superstitionem nimirum, et zelum religionis caecum et

Eigenschaft, die hier verhüllt und verborgen erscheint, dort, im anderen, offenbar und gleichsam handgreiflich und erregt in jenen Bewunderung, in diesen nicht einmal vorübergehende Aufmerksamkeit; so geschieht es mit der Eigenschaft des Festen, welche beim Holz und beim Stein nicht beachtet, sondern mit der Bezeichnung des Dichten erledigt wird, ohne daß weiter über diese Scheu vor der Trennung oder Lösung der Zusammengehörigkeit geforscht wird; andererseits erscheint in den Wasserblasen die gleiche Sache verästelt und kunstvoll. Die Blasen überziehen sich mit bestimmten Häutchen, die zierlich nach Art von Halbkugeln gebildet sind, um für einen Augenblick die Lösung des Zusammenhangs zu verhindern. Gerade das, was man für geheimnisvoll hält, ist in anderem eine auf der Hand liegende und gewöhnliche Eigenschaft. Sie tritt niemals in den Vordergrund, wenn die Experimente oder Beobachtungen der Menschen nur bei jenen stehenbleiben. Im allgemeinen hält man in den mechanischen Künsten für neue Erfindungen, wenn jemand längst Erfundenes feiner zurechtmacht, glänzender aufputzt oder zusammenstellt, für den Gebrauch bequemer einrichtet oder aber den Gegenstand in größerer oder auch kleinerer Gestalt oder Form darbietet, als man es bisher gewöhnt war und dergleichen. Daher darf man sich nicht wundern, daß edle und des Menschengeschlechts würdige Erfahrungen nicht ans Licht gekommen sind, da sich die Menschen mit solch kleinen und kindischen Aufgaben zufriedengaben und daran ihre Freude fanden; dabei war man noch der Meinung, damit etwas Großes verfolgt oder erreicht zu haben.

89.

Auch darf man nicht übersehen, daß die Naturphilosophie zu allen Zeiten einen zähen und schwierigen Gegner angetroffen hat, nämlich den Aberglauben und einen blinden und maßlosen

immoderatum. Etenim videre est apud Graecos, eos qui primum causas naturales fulminis et tempestatum insuetis adhuc hominum auribus proposuerunt, impietatis in deos eo nomine damnatos: nec multo melius a nonnullis antiquorum patrum religionis christianae exceptos fuisse eos, qui ex certissimis demonstrationibus (quibus nemo hodie sanus contradixerit) terram rotundam esse posuerunt, atque ex consequenti antipodas esse asseruerunt.

Quinetiam ut nunc sunt res, conditio sermonum de natura facta est durior et magis cum periculo, propter theologorum scholasticorum summas et methodos; qui cum theologiam (satis pro potestate) in ordinem redegerint et in artis formam effinxerint, hoc insuper effecerunt, ut pugnax et spinosa Aristotelis philosophia corpori religionis plus quam par erat immisceretur.

Eodem etiam spectant (licet diverso modo) eorum commentationes, qui veritatem christianae religionis ex principiis et authoritatibus philosophorum deducere et confirmare haud veriti sunt; fidei et sensus conjugium tanquam legitimum multa | pompa et solennitate celebrantes, et grata rerum varietate animos hominum permulcentes; sed interim divina humanis impari conditione permiscentes. At in hujusmodi misturis theologiae cum philosophia, ea tantum quae nunc in philosophia recepta sunt comprehenduntur; sed nova, licet in melius mutata, tantum non summoventur et exterminantur.

Denique invenias ex quorundam theologorum imperitia aditum alicui philosophiae, quamvis emendatae, pene interclusum esse. Alii siquidem simplicius subverentur ne forte altior in

Religionseifer. In der Tat sieht man es bei den Griechen, daß diejenigen, die zuerst die natürlichen Ursachen des Blitzes und der Stürme den bisher daran nicht gewöhnten Ohren vortrugen, deshalb des Frevels gegen die Götter beschuldigt wurden. Nicht viel besser sind von einigen Kirchenvätern der christlichen Religion diejenigen angegriffen worden, welche auf Grund sicherster Beweise, denen heute kein Vernünftiger widerspricht, die Erde für eine Kugel erklärt haben und folgerichtig von der Existenz der anderen Hemisphäre und ihrer Bewohner überzeugt waren.

Ja, wie gegenwärtig die Sachen stehen, ist die Diskussion über die Natur schwieriger und infolge der Schriften und Methoden der Scholastiker mit großer Gefahr verbunden; da diese die Theologie zur Verstärkung ihres Einflusses wohlgeordnet und zu einer kunstmäßigen Form gestaltet haben, haben sie es dahin gebracht, daß die streitsüchtige und dornige Philosophie des Aristoteles mit dem Inhalt der Religion, mehr als recht war, vermischt wurde.

Hierher gehören auch, wenngleich in anderer Weise, die Arbeiten derjenigen, die sich nicht scheuen, die Wahrheit der christlichen Religion aus den Prinzipien der Philosophen abzuleiten oder durch ihre Autoritäten zu bestätigen; sie feiern die Verbindung von Glaubens- und sinnlicher Wahrheit gleichsam als rechtmäßig mit großem Pomp und Gepränge und erfreuen so die Geister der Menschen durch einen willkommenen Wechsel der Dinge. Aber dabei vermischen sie Göttliches und Menschliches, was sich nicht verträgt. Und in derartigen Mischungen von Theologie und Philosophie wird nur das zugelassen, was gegenwärtig in der Philosophie gilt, aber das Neue, auch wenn es besser ist, wird nicht nur abgewiesen, sondern ausgetilgt.

So kann man schließlich feststellen, daß durch die Torheit einiger Theologen der Zugang zu einer verbesserten Philosophie so gut wie verschlossen ist. Andere befürchten in ihrer Einfalt,

naturam inquisitio ultra concessum sobrietatis terminum pene-
tret; traducentes et perperam torquentes ea quae de divinis
mysteriis in scripturis sacris adversus rimantes secreta divina
dicuntur, ad occulta naturae quae nullo interdicto prohibentur.
Alii callidius conjiciunt et animo versant, si media ignorentur,
singula ad manum et virgulam divinam (quod religionis ut
putant maxime intersit) facilius posse referri: quod nihil aliud
est quam *Deo per mendacium gratificari velle**. Alii ab exemplo
metuunt, ne motus et mutationes circa philosophiam in religionem incurrant ac desinant. Alii denique solliciti videntur, ne in
naturae inquisitione aliquid inveniri possit quod religionem
(praesertim apud indoctos) subvertat, aut saltem labefactet. At
isti duo posteriores metus nobis videntur omnino sapientiam
animalem sapere; ac si homines, in mentis suae recessibus et
secretis cogitationibus, de firmitudine religionis et fidei in
sensum imperio diffiderent ac dubitarent; et propterea ab inquisitione veritatis in naturalibus periculum illis impendere
metuerent. At vere rem reputanti Philosophia Naturalis, post
verbum Dei, certissima superstitionis medicina est; eademque
probatissimum fidei alimentum. Itaque merito religioni dona-
tur tanquam fidissima ancilla: cum altera voluntatem Dei, altera
potestatem manifestet. Neque enim erravit ille qui dixit, *Erratis,
nescientes scripturas et potestatem Dei***: informationem de
voluntate et meditationem de potestate nexu individuo com-
miscens et copulans. Interim minus mirum est si Naturalis

* Anspielung vermutlich auf Hiob, 13, 7 (vergl. De Augm. I,
436).
** Matthaeus 22, 29.

daß eine tiefere Erforschung der Natur über die erlaubte Grenze gebotener Mäßigung hinausginge. Sie beziehen fälschlich das, was in der Bibel über die göttlichen Mysterien gegen diejenigen gesagt wird, die sich der göttlichen Geheimnisse bemächtigen wollen, auf das Verborgene der Natur. Das aber untersteht keinem Verbot. Andere, schlauer, bedenken und überlegen, daß, wenn man die zweiten Ursachen nicht kennt, das Einzelne leichter auf die göttliche Führung und Zucht zurückgeführt werden könnte; das sei gerade wichtig im Hinblick auf die Religion. Doch heißt dies nichts anderes, als Gott durch die Lüge gefällig sein wollen. Andere fürchten das Beispiel, damit nicht etwa die Bewegungen und Veränderungen in der Philosophie auf die Religion übergreifen und erst da haltmachen. Wieder andere schließlich scheinen darüber besorgt zu sein, es könnte bei der Erforschung der Natur etwas entdeckt werden, was die Religion, besonders bei den Ungelehrten, umstürzen oder wenigstens erschüttern könnte.

Allein jene beiden letzten Befürchtungen scheinen aus irdischer Weisheit zu stammen, als ob die Menschen in den Winkeln ihres Geistes und in ihren geheimen Gedanken der Festigkeit der Religion und des Glaubens gegenüber dem Reich der Sinne mißtrauten und an ihr zweifelten; und so fürchtet man, daß durch Erforschung der Wahrheit in den natürlichen Dingen den göttlichen Gefahr drohe; für den, der die Sache richtig bedenkt, ist aber die Naturphilosophie, nächst dem Worte Gottes, die sicherste Medizin gegen den Aberglauben und ebensosehr der erprobteste Nährboden für den Glauben. Daher wird sie mit Recht der Religion als ihre treueste Dienerin beigesellt, da die eine den Willen Gottes, die andere seine Macht offenbart. Denn jener irrte sich nicht, der da sagte: „Ihr irrt, da ihr die Schrift und die Macht Gottes nicht kennt." Er mischte und verknüpfte durch ein besonderes Band die Offenbarung über den Willen und das Nachdenken über die Macht. So ist es nicht wunderlich, wenn das Wachstum der Naturphiloso-

Philosophiae incrementa cohibita sint, cum religio, quae plurimum apud animos hominum pollet, per quorundam imperitiam et zelum incautum in partem contrariam transierit et abrepta fuerit.

XC.

Rursus in moribus et institutis scholarum, academiarum, collegiorum, et similium conventuum, quae doctorum hominum | sedibus et eruditionis culturae destinata sunt, omnia progressui scientiarum adversa inveniuntur. Lectiones enim et exercitia ita sunt disposita, ut aliud a consuetis haud facile cuiquam in mentem veniat cogitare aut contemplari. Si vero unus aut alter fortasse judicii libertate uti sustinuerit, is sibi soli hanc operam imponere possit; ab aliorum autem consortio nihil capiet utilitatis. Sin et hoc toleraverit, tamen in capessenda fortuna industriam hanc et magnanimitatem sibi non levi impedimento fore experietur. Studia enim hominum in ejusmodi locis in quorundam authorum scripta, veluti in carceres, conclusa sunt; a quibus si quis dissentiat, continuo ut homo turbidus et rerum novarum cupidus corripitur. At magnum certe discrimen inter res civiles et artes: non enim idem periculum a novo motu et a nova luce. Verum in rebus civilibus mutatio etiam in melius suspecta est ob perturbationem; cum civilia auctoritate, consensu, fama, et opinione, non demonstratione, nitantur. In artibus autem et scientiis, tanquam in metalli-fodinis, omnia novis operibus et ulterioribus progressibus circumstrepere debent.

phie gehemmt worden ist, da die Religion, welche am meisten auf die Herzen der Menschen wirkt, durch die Torheit und den blinden Eifer einiger auf die Gegenseite übergetreten und wurzellos geworden ist.

90.

Ferner findet man in den Gebräuchen und in den Einrichtungen der Schulen, Akademien, Kollegien und ähnlicher Kreise, die zum Sitz der Gelehrten und zur Pflege der Kultur bestimmt sind, daß hier alles dem Fortschritt der Wissenschaften feindlich ist. Die Vorlesungen und Übungen sind so eingerichtet, daß es niemandem so leicht einfällt, etwas anderes als das Herkömmliche zu denken und zu betrachten. Falls nun einer doch von der Freiheit des Urteils Gebrauch machen will, so muß er sich dieser Mühe allein auf sich gestellt unterziehen; von einer Zusammenarbeit mit anderen wird er keinen Nutzen ziehen. Aber selbst, wenn er das auf sich nimmt, wird er bald die Erfahrung machen, daß dieser Eifer und dieser Großmut kein leichtes Hindernis für sein weiteres Fortkommen sind. Denn das Studium der Menschen ist an solchen Orten wie im Gefängnis auf die Schriften bestimmter Lehrer eingeschränkt. Falls jemand von ihnen abweicht, wird er sofort als ein Unruhestifter, der nach Neuerungen strebt, angepackt.

Nun ist sicher ein großer Unterschied zwischen politischen und wissenschaftlichen Angelegenheiten; es droht nämlich nicht die gleiche Gefahr von einer neuen Bewegung wie von einer neuen Wahrheit. In der Politik ist selbst eine Änderung zum Besseren wegen der damit verbundenen Unruhe verdächtig, da sich die bürgerlichen Angelegenheiten auf Autorität, Übereinstimmung, Überlieferung und Meinung, nicht immer auf die logische Beweisführung stützen. In den Künsten aber und in den Wissenschaften muß wie in den Hüttenwerken alles vom Lärm neuer Werke und weiterer Fortschritte förmlich erfüllt

Atque secundum rectam rationem res ita se habet, sed interim non ita vivitur; sed ista, quam diximus, doctrinarum administratio et politia scientiarum augmenta durius premere consuevit.

XCI.

Atque insuper licet ista invidia cessaverit; tamen satis est ad cohibendum augmentum Scientiarum, quod hujusmodi conatus et industriae praemiis careant. Non enim penes eosdem est cultura scientiarum et praemium. Scientiarum enim augmenta a magnis utique ingeniis proveniunt; at pretia et praemia scientiarum sunt penes vulgus aut principes viros, qui (nisi raro admodum) vix mediocriter docti sunt. Quinetiam hujusmodi progressus non solum praemiis et beneficentia hominum, verum etiam ipsa populari laude, destituti sunt. Sunt enim illi supra captum maximae partis hominum, et ab opinionum vulgarium ventis facile obruuntur et extinguuntur. Itaque nil mirum si res illa non foeliciter successerit, quae in honore non fuit.

XCII.

Sed longe maximum progressibus scientiarum et novis pensis ac provinciis in iisdem suscipiendis obstaculum deprehenditur in desperatione hominum, et suppositione Impossibilis. Solent enim viri prudentes et severi in hujusmodi rebus plane diffidere: naturae obscuritatem, vitae brevitatem, sensuum fallacias

sein. So liegt die Sache der richtigen Vernunft nach, aber man verfährt nicht danach, und die soeben geschilderte Verwaltung und Verfassung der Gelehrten pflegte die Entwicklung der Wissenschaften recht hart unter Druck zu halten.

91.

Aber mag auch jener Neid weichen, so genügt er doch, den Fortschritt der Wissenschaften dadurch zu hemmen, daß Versuche und Anstrengungen dieser Art nicht belohnt werden. Pflege der Wissenschaften und der Lohn dafür gehen nicht Hand in Hand; denn der Ausbau der Wissenschaften geht von genialen Köpfen aus, aber der Preis und der Lohn der Wissenschaften ist in der Hand der Menge oder hängt von hochstehenden Männern ab, deren Bildung nur in Ausnahmefällen hinreichend, im allgemeinen aber kaum mittelmäßig ist. Daher entbehren solche Fortschritte nicht nur des Lohnes und der Unterstützung, sondern auch selbst der Anerkennung seitens des Volkes. Denn solche Leistung geht über die Fassungskraft des größten Teils der Menschen hinaus und wird vom Winde der öffentlichen Meinung leicht verweht und ausgelöscht. Was Wunder, wenn jenes Wirken, mit dem keine Ehre verbunden ist, nicht glücklich vorangeht.

92.

Aber das größte Hindernis für den Fortschritt der Wissenschaften, für die Übernahme neuer Aufgaben und das Erforschen neuer Gebiete liegt in der Mutlosigkeit der Menschen, die leicht etwas für unmöglich halten. Selbst kluge und ernste Männer hegen bei solchen Dingen starkes Mißtrauen im Gedanken an das Dunkel der Natur, an die Kürze des Lebens, an die Täuschungen der Sinne, an die Schwäche der Urteilskraft, an

judicii infirmitatem, experimentorum difficultates, et similia
secum | reputantes. Itaque existimant esse quosdam scientiarum, per temporum et aetatum mundi revolutiones, fluxus et
refluxus; cum aliis temporibus crescant et floreant, aliis declinent et jaceant: ita tamen, ut cum ad certum quendam gradum
et statum pervenerint, nil ulterius possint.

Itaque si quis majora credat aut spondeat, id putant esse
cujusdam impotentis et immaturi animi; atque hujusmodi conatus, initia scilicet laeta, media ardua, extrema confusa habere.
Atque cum hujusmodi cogitationes eae sint quae in viros graves
et judicio praestantes facile cadant, curandum revera est ne rei
optimae et pulcherrimae amore capti severitatem judicii relaxemus aut minuamus; et sedulo videndum quid spei affulgeat, et
ex qua parte se ostendat; atque auris levioribus spei rejectis, eae
quae plus firmitudinis habere videntur omnino discutiendae
sunt et pensitandae. Quinetiam prudentia civilis ad consilium
vocanda est et adhibenda, quae ex praescripto diffidit, et de
rebus humanis in deterius conjicit. Itaque jam et de spe
dicendum est; prasertim cum nos promissores non simus, nec
vim aut insidias hominum judiciis faciamus aut struamus, sed
homines manu et sponte ducamus. Atque licet longe potentissimum futurum sit remedium ad spem imprimendam, quando
homines ad particularia, praesertim in Tabulis nostris Inveniendi digesta et disposita (quae partim ad secundam, sed multo
magis ad quartam Instaurationis nostrae partem pertinent),
adducemus; cum hoc ipsum sit non spes tantum, sed tanquam
res ipsa: tamen ut omnia clementius fiant, pergendum est in
instituto nostro de praeparandis hominum mentibus; cujus

die Schwierigkeit der Versuche und ähnliches. Daher meint man,
für die Wissenschaften beständen gewisse durch die Umwälzungen der Zeiten und Epochen der Welt bedingte Flut- und
Ebbe-Erscheinungen; in einem Zeitabschnitt wachsen und blühen sie, in anderen welken und liegen sie darnieder, so daß sie
nicht mehr weiter können, wenn sie einen bestimmten Grad und
einen bestimmten Stand erreicht haben.

Erhofft und verspricht daher jemand Größeres, so hält man
dies für das Zeichen eines schwachen und unreifen Geistes. Solche Unternehmen haben, so meint man, einen gewiß erfreu-
lichen Anfang, aber harten Fortgang. Ihr Ausgang sei ver-
schwommen und unklar. Da nun Erwägungen dieser Art auch
ernste, verständige Männer leicht überfallen, muß man ernstlich
dafür sorgen, daß wir, durchdrungen von der Liebe zur besten
und schönsten Sache, in der Strenge des Urteils nicht weich
werden oder uns treiben lassen. Ohne Unterlaß ist danach
Ausschau zu halten, was an Hoffnung aufglänzt und von welcher Seite aus sie sich zeigt. Und nachdem wir die leichteren
Brisen der Hoffnung beiseite geschoben haben, müssen wir das,
was fester zu sein scheint, unter allen Umständen durchdenken
und untersuchen. Auch ist der Rat der Rechtsgelehrten zu hören
und zu befolgen, deren Regel es ist, zu mißtrauen und in
menschlichen Angelegenheiten argwöhnisch zu sein.

Hier muß von der Hoffnung die Rede sein, zumal ich nicht
bloße Versprechungen gebe, noch den Urteilen der Menschen Gewalt antue oder Schlingen lege, sondern sie ganz frei führen will.
Das bei weitem wirksamste Mittel, Hoffnung zu erwecken, besteht darin, daß ich die Menschen an das Einzelne heranführe.
Dargelegt ist das in meinen Tafeln der Erfindungen. Das gehört
namentlich zum zweiten, mehr noch zum vierten Teil meiner
großen Erneuerung. Hier geht es nicht mehr bloß um Hoffnung,
sondern um die Sache selbst. Gleichwohl, damit alles schonen-
der vonstatten geht, fahre ich in meinem Unternehmen fort,
den Geist der Menschen vorzubereiten. Dabei ist das Aufzeigen

praeparationis ista ostensio spei pars est non exigua. Nam absque ea, reliqua faciunt magis ad contristationem hominum (scilicet ut deteriorem et viliorem habeant de iis quae jam in usu sunt opinionem quam nunc habent, et suae conditionis infortunium plus sentiant et pernoscant), quam ad alacritatem aliquam inducendam, aut industriam experiendi acuendam. Itaque conjecturae nostrae, quae spem in hac re faciunt probabilem, aperiendae sunt et praeponendae; sicut Columbus fecit, ante navigationem illam suam mirabilem maris Atlantici, cum rationes adduxerit cur ipse novas terras et continentes, praeter eas quae ante cognitae fuerunt, inveniri posse confideret: quae rationes, licet primo rejectae, postea tamen experimento probatae sunt et rerum maximarum causae et initia fuerunt. |

XCIII.

Principium autem sumendum a Deo: hoc nimirum quod agitur, propter excellentem in ipso boni naturam, manifeste a Deo esse, qui author boni et pater luminum est. In operationibus autem divinis, initia quaeque tenuissima exitum certo trahunt. Atque quod de spiritualibus dictum est, *regnum Dei non venit cum observatione**, id etiam in omni majore opere providentiae divinae evenire reperitur; ut omnia sine strepitu et sonitu placide labantur, atque res plane agatur priusquam homines eam agi putent aut advertant. Neque omittenda est prophetia Danielis de ultimis mundi temporibus: *Multi pertransibunt et multiplex erit scientia***: manifeste innuens et significans esse in fatis, id est in providentia, ut pertransitus mundi (qui per tot longin-

* Lukas 17, 20.
** Daniel 12, 4.

der Hoffnung ein wesentlicher Teil dieser Vorbereitung. Denn
ohne sie bewirkt das übrige, statt zu erfreuen und den Eifer für
die Nachforschung zu steigern, eher eine traurige Stimmung der
Menschen, so daß sie nämlich eine noch schlechtere und minder-
wertigere Ansicht über das gegenwärtige Wissen gewinnen, als
sie bis jetzt hatten und so ihre unglückliche Lage noch mehr
empfinden und erkennen. Daher muß ich meine Auffassungen,
welche die Hoffnung in dieser Sache anregen, offen darlegen
und unterbreiten. So machte es Kolumbus, bevor er seine berühmte Seereise durch den Atlantischen Ozean antrat. Er legte
die Gründe dar, warum er überzeugt war, neue Länder und
Erdteile außer den schon bekannten aufzufinden. Wenn diese
Gründe zunächst auch verworfen wurden, so sind sie später
doch durch die Erfahrung bestätigt worden. Sie wurden die
Ursachen und Anfänge der größten Ergebnisse.

93.

Den Anfang aber muß man von Gott hernehmen. Denn das,
worum es hier geht, ist offenbar wegen seiner ausgezeichneten,
guten Eigenschaft von Gott, der der Urheber des Guten und der
Vater allen Lichtes ist. Bei göttlichen Werken ziehen selbst die
bescheidensten Anfänge ein glückliches Ende sicher nach. Von
den geistigen Dingen ist gesagt worden: „Das Reich Gottes
kommt nicht mit Gepränge." Dies gilt auch für jedes größere
Werk der göttlichen Vorsehung, alles schreitet ohne Lärm und
Getöse still vorwärts, und die Sache mag wohl bereits in vollem
Gange sein, ehe die Menschen glauben oder bemerken, daß das
geschieht. Auch die Prophezeiung Daniels über die letzten
Zeiten der Welt ist nicht zu überhören: „Viele werden vorübergehen, und von vielerlei Art wird die Wissenschaft sein." Sie
deutet klar an und weist darauf hin, es sei von der Vorsehung
beschlossen, daß die Durchwanderung der Welt, die nach so

quas navigationes impletus plane aut jam in opere esse videtur)
et augmenta scientiarum in eandem aetatem incidant.

XCIV.

Sequitur ratio omnium maxima ad faciendam spem; nempe
ex erroribus temporis praeteriti et viarum adhuc tentatarum.
Optima enim est ea reprehensio, quam de statu civili haud pru-
denter administrato quispiam his verbis complexus est: *Quod
ad praeterita pessimum est, id ad futura optimum videri debet. Si
enim vos omnia quae ad officium vestrum spectant praestitissetis,
neque tamen res vestrae in meliore loco essent, ne spes quidem ulla
reliqua foret eas in melius provehi posse. Sed cum rerum vestrarum
status non a vi ipsa rerum sed ab erroribus vestris male se habeat,
sperandum est, illis erroribus missis aut correctis, magnam rerum
in melius mutationem fieri posse**. Simili modo, si homines per
tanta annorum spatia viam inveniendi et colendi scientias tenu-
issent, nec tamen ulterius progredi potuissent, audax proculdubio et temeraria foret opinio, posse rem in ulterius provehi.
Quod si in via ipsa erratum sit, atque hominum opera in iis con-
sumpta in quibus minime oportebat, sequitur ex eo, non in
rebus ipsis difficultatem oriri, quae potestatis nostrae non sunt,
sed in intellectu humano ejusque usu et applicatione, quae res
remedium et medicinam suscipit. Itaque optimum fuerit illos
ipsos errores proponere: quot enim fuerint errorum impedi-
menta in praeterito, tot sunt spei argumenta in futurum. Ea

---

* Vergl. Demosthenes: Philippica, 1 (40, 3) sowie 3 (111, 5).

vielen langen Seereisen so gut wie erreicht oder wenigstens schon nahe bevorzustehen scheint, und die Vertiefung der Wissenschaften in dasselbe Zeitalter fallen.

94.

Es folgt nun der allerwichtigste Grund, um Vertrauen zu fassen: er ergibt sich nämlich aus den Irrtümern der Vergangenheit und der bisher begangenen Wege. Ganz treffend ist nämlich jener Tadel, den jemand über einen schlecht verwalteten Staat in folgende Worte zusammenfaßte: „Was für die Vergangenheit das Schlimmste ist, muß für die Zukunft als das Beste gelten. Hättet ihr alles getan, was zu eurer Pflicht gehört, und eure Lage wäre dennoch nicht besser geworden, so müßte jedes Hoffen auf Besserung schwinden. Indes, weil eure Lage nicht durch die Macht der Dinge selbst, sondern wegen eurer Fehler so übel ist, ist eine große Wendung der Dinge zum Besseren hin zu erhoffen, sobald ihr eure Fehler ablegt oder verbessert." Gleicherweise wäre es zweifellos eine kühne und verwegene Meinung, daß besagte Angelegenheit weitere Fortschritte machen könnte, wenn die Menschen in den langen Zeiträumen der Jahre den rechten Weg zur Erforschung und Pflege der Wissenschaften eingehalten und dennoch keine weiteren Fortschritte gemacht hätten. Irrte man aber im Wege selbst und gaben die Menschen ihre Kraft an Dinge hin, die des Einsetzens nicht wert waren, so folgt daraus, daß die Schwierigkeit nicht aus den Dingen selbst entsteht, die nicht in unserer Macht liegen, sondern aus dem menschlichen Verstand, dessen Gebrauch und Anwendung, wo Heilmittel und Medizin verwendet werden können. Daher wird es das Beste sein, gerade diese Irrtümer klarzulegen; denn soviel als in der Vergangenheit Hindernisse durch diese Irrtümer entstanden; soviel Gründe zur Hoffnung für die Zukunft ergeben

vero licet in | his quae superius dicta sunt non intacta omnino fuerint, tamen ea etiam nunc breviter verbis nudis ac simplicibus repraesentare visum est.

XCV.

Qui tractaverunt scientias aut Empirici aut Dogmatici fuerunt. Empirici, formicae more, congerunt tantum et utuntur; Rationales, aranearum more, telas ex se conficiunt: apis vero ratio media est, quae materiam ex floribus horti et agri elicit, sed tamen eam propria facultate vertit et digerit. Neque absimile philosophiae verum opificium est; quod nec mentis viribus tantum aut praecipue nititur, neque ex historia naturali et mechanicis experimentis praebitam materiam, in memoria integram, sed in intellectu mutatam et subactam, reponit. Itaque ex harum facultatum (experimentalis scilicet et rationalis) arctiore et sanctiore foedere (quod adhuc factum non est) bene sperantum est.

XCVI.

Naturalis Philosophia adhuc sincera non invenitur, sed infecta et corrupta: in Aristotelis schola per logicam, in Platonis schola per theologiam naturalem; in secunda schola Platonis, Procli et aliorum, per mathematicam; quae philosophiam naturalem terminare, non generare aut procreare debet. At ex philosophia naturali pura et impermista meliora speranda sunt.

sich daraus. Wenn auch in dem Bisherigen diese Zusammen-
hänge berührt worden sind, so will ich dies doch jetzt in
klaren und einfachen Worten darlegen.

95.

Die, welche die Wissenschaften betrieben haben, sind Empiriker oder Dogmatiker gewesen. Die Empiriker, gleich den
Ameisen, sammeln und verbrauchen nur, die aber, die die Vernunft überbetonen, gleich den Spinnen, schaffen die Netze aus
sich selbst. Das Verfahren der Biene aber liegt in der Mitte; sie
zieht den Saft aus den Blüten der Gärten und Felder, behandelt
und verdaut ihn aber aus eigener Kraft. Dem nicht unähnlich ist
nun das Werk der Philosophie; es stützt sich nicht ausschließlich oder hauptsächlich auf die Kräfte des Geistes, und es nimmt
den von der Naturlehre und den mechanischen Experimenten
dargebotenen Stoff nicht unverändert in das Gedächtnis auf,
sondern verändert und verarbeitet ihn im Geiste. Daher könne
man bei einem engeren und festeren Bündnisse dieser Fähigkeiten, der experimentellen nämlich und der rationalen, welches
bis jetzt noch nicht bestand, bester Hoffnung sein.

96.

Eine reine Naturphilosophie findet man bisher nicht, sie ist
angesteckt und verdorben: in der Schule des Aristoteles durch
die Logik, in der Schule Platons durch die natürliche Theologie,
in der zweiten Schule Platons, des Proklos und anderer, durch
die Mathematik, diese soll die Naturphilosophie eingrenzen,
nicht aber befruchten und schöpferisch gestalten. Von einer
reinen und unvermengten Naturphilosophie ist Besseres zu erwarten.

XCVII.

Nemo adhuc tanta mentis constantia et rigore inventus est, ut decreverit et sibi imposuerit, theorias et notiones communes penitus abolere, et intellectum abrasum et aequum ad particularia de integro applicare. Itaque ratio illa humana quam habemus, ex multa fide et multo etiam casu, nec non ex puerilibus quas primo hausimus notionibus, farrago quaedam est et congeries.

Quod si quis aetate matura et sensibus integris et mente repurgata se ad experientiam et ad particularia de integro applicet, de eo melius sperandum est. Atque hac in parte nobis spondemus fortunam Alexandri Magni: neque quis non vanitatis arguat, antequam exitum rei audiat, quae ad exuendam omnem vanitatem spectat.

Etenim de Alexandro et ejus rebus gestis Aeschines ita loquutus est: *Nos certe vitam mortalem non vivimus; sed in | hoc nati sumus, ut posteritas de nobis portenta narret et praedicet*: perinde ac si Alexandri res gestas pro miraculo habuisset*.

At aevis sequentibus Titus Livius melius rem advertit et introspexit, atque de Alexandro hujusmodi quippiam dixit: *Eum non aliud quam bene ausum vana contemnere***. Atque simile etiam de nobis judicium futuris temporibus factum iri existimamus: *nos nil magni fecisse, sed tantum ea quae pro magnis habentur minoris fecisse*. Sed interim (quod jam diximus) non est spes nisi in *regeneratione* scientiarum; ut eae scilicet ab Experientia certo ordine excitentur et rursus condantur: quod adhuc factum esse aut cogitatum nemo (ut arbitramur) affirmaverit.

* Vergl. Aeschines: Contra Ctesiphontem, § 132.
** Livius: Röm. Geschichte, IX, Kap. 17, 16.

97.

Niemand bisher ward gefunden, der eine solche Festigkeit und Härte des Geistes aufgebracht hätte, entschlossen, die üblichen Theorien und Begriffe völlig abzulehnen und den so befreiten und gereinigten Verstand von neuem auf das Einzelne zu richten. Daher ist die menschliche Vernunft, welche wir haben, ein eigenartiges Gemisch von vielem Vertrauen und auch vielem Zufall wie auch von kindischen, oberflächlich genommenen Begriffen.

Wenn nun jemand im reifen Alter, bei klaren Sinnen und unverdorbenem Geiste sich unvoreingenommen der Erfahrung und den Einzeldingen zuwendet, so kann man Besseres von ihm erhoffen. Und hierin verspreche ich mir das Glück eines Alexanders des Großen. Niemand soll mich der Eitelkeit zeihen, bevor er den Ausgang der Sache hört, die darauf zielt, jede Eitelkeit abzulegen. Denn über Alexander und seine Taten hat Aeschines so gesprochen: „Wir leben wahrlich kein sterbliches Leben, sondern wir sind dazu geboren, daß die Nachwelt Wunderbares von uns erzähle!" Das klingt, als wenn er die Taten Alexanders fast für Wunder gehalten hätte. Aber zu späterer Zeit hat Titus Livius den Zusammenhang besser beobachtet und durchschaut und hat über Alexander folgendes gesagt: „Die Geschichte muß zu seinem Lobe künden, daß er gewagt hat, das Schlechte zu verachten." Und ich bin der Meinung, daß man in späteren Zeiten ein ähnliches Urteil auch über mich fällen wird: Ich hätte nichts Großes geleistet, sondern nur das anderwärts Überschätzte auf das rechte Maß zurückgeführt. Inzwischen aber beruht, wie bereits gesagt, alle Hoffnung nur auf der Erneuerung der Wissenschaften, sie nämlich in strenger Ordnung von der Erfahrung her aufzubauen und neu zu begründen. Daß dies bereits geschehen oder auch nur geplant sei, hat meiner Meinung nach bisher noch niemand glaubhaft machen können.

XCVIII.

Atque Experientiae fundamenta (quando ad hanc omnino deveniendum est) aut nulla aut admodum infirma adhuc fuerunt; nec particularium sylva et materies, vel numero vel genere vel certitudine, informando intellectui competens aut ullo modo sufficiens, adhuc quaesita est et congesta. Sed contra homines docti (supini sane et faciles) rumores quosdam Experientiae, et quasi famas et auras ejus, ad philosophiam suam vel constituendam vel confirmandam exceperunt, atque illis nihilominus pondus legitimi testimonii attribuerunt. Ac veluti si regnum aliquod aut status non ex literis et relationibus a legatis et nuntiis fide-dignis missis, sed ex urbanorum sermunculis et ex triviis, consilia sua et negotia gubernaret; omnino talis in philosophiam administratio, quatenus ad Experientiam, introducta est. Nil debitis modis exquisitum, nil verificatum, nil numeratum, nil appensum, nil dimensum in Naturali Historia reperitur. At quod in observatione indefinitum et vagum, id in informatione fallax et infidum est. Quod si cui haec mira dictu videantur et querelae minus justae propiora, cum Aristoteles, tantus ipse vir et tanti regis opibus subnixus, tam accuratam de Animalibus historiam confecerit, atque alii nonnulli majore diligentia (licet strepitu minore) multa adjecerint, et rursus alii de plantis, de metallis, et fossilibus, historias et narrationes copiosas conscripserint; is sane non satis attendere et perspicere videtur quid agatur in praesentia. Alia enim est ratio Naturalis Historiae quae propter se confecta est; alia ejus quae collecta est ad in|formandum intellectum in ordine ad condendam

98.

Nun waren die Grundlagen der Erfahrung, der wir uns zuwenden müssen, bisher entweder gar nicht oder nur schwach entwickelt. Bis jetzt ist kein Versuch gemacht worden, einen Grundstock von besonderen Beobachtungen zu sammeln, der nach Zahl, Art und Gewißheit oder in irgendeiner andern entsprechenden Weise genügen würde, um dem Verstand eine Hilfe zu geben. Im Gegenteil, die Gelehrten haben oberflächlich und leichtfertig bloße Gerüchte über die Erfahrung zum Aufbau oder zur Festigung ihrer Philosophie verwendet. Dieses Verfahren sollte gleichwohl als vollgültiges Zeugnis gelten. Gleichwie in einem Reiche oder einem Staate, wo man zum Maßstab der Beschlüsse und Unternehmungen das öffentliche Stadt- und Straßengeschwätz nehmen würde, statt die Briefe und eingesandten Berichte der Gesandten und glaubwürdigen Geschäftsträger, so ist in der Philosophie ein ganz ähnliches Verfahren bezüglich der Erfahrung eingeführt worden. Nichts, was gebührend untersucht, geprüft, gezählt, gewogen, gemessen worden ist, findet man in der Naturgeschichte. Was in der Beobachtung unbestimmt und schwankend bleibt, ist für die Klärung trügerisch und unzuverlässig. Wenn nun einem diese Aussagen sonderbar und diese Klagen weniger berechtigt erscheinen, weil Aristoteles, selbst ein so großer und durch die Mittel eines mächtigen Königs gestützter Mann, eine so genaue Geschichte über die Tiere geschrieben hat und andere diese mit noch größerem Fleiß, wenn auch mit weniger Aufsehen vervollständigt und wieder andere zahlreiche Berichte über die Pflanzen, die Metalle und Fossilien verfaßt haben, so beachtet er wohl gar nicht, was heutzutage geschehen kann. Es ist nämlich ein Unterschied zwischen einer Naturgeschichte, welche um ihrer selbst willen zusammengestellt worden ist und einer, welche zur Unterrichtung des Geistes im Hinblick auf die Begründung einer Philosophie gesammelt worden ist.

philosophiam. Atque hae duae historiae tum aliis rebus, tum praecipue in hoc differunt; quod prima ex illis specierum naturalium varietatem, non artium mechanicarum experimenta, contineat. Quemadmodum enim in civilibus ingenium cujusque et occultus animi affectuumque sensus melius elicitur cum quis in perturbatione ponitur, quam alias: simili modo, et occulta naturae magis se produnt per vexationes artium, quam cum cursu suo meant. Itaque tum demum bene sperandum est de Naturali Philosophia, postquam Historia Naturalis (quae ejus basis est et fundamentum) melius instructa fuerit; antea vero minime.

XCIX.

Atque rursus in ipsa experimentorum mechanicorum copia, summa eorum quae ad intellectus informationem maxime faciunt et juvant detegitur inopia. Mechanicus enim, de veritatis inquisitione nullo modo sollicitus, non ad alia quam quae operi suo subserviunt aut animum erigit aut manum porrigit. Tum vero de scientiarum ulteriore progressu spes bene fundabitur, quum in Historiam Naturalem recipientur et aggregabuntur complura experimenta, quae in se nullius sunt usus, sed ad inventionem causarum et axiomatum tantum faciunt; quae nos *lucifera* experimenta, ad differentiam *fructiferorum*, appellare consuevimus. Illa autem miram habent in se virtutem et conditionem; hanc videlicet, quod nunquam fallant aut frustrentur. Cum enim ad hoc adhibeantur, non ut opus aliquod efficiant

Diese beiden unterscheiden sich, abgesehen von anderen Dingen, hauptsächlich in folgendem: Die erste von ihnen enthält wohl die Vielfalt der natürlichen Arten, nicht aber die Experimente der mechanischen Künste. Wie nämlich im politischen Leben der Geist eines jeden und das verborgene Wirken seiner Neigungen und Affekte besser hervortreten, wenn dieser mehr in das bunte Treiben hineingestellt ist als für gewöhnlich, so offenbart sich in ähnlicher Weise das Verborgene der Natur mehr durch das Drängen der Kunst, als wenn alles seinen natürlichen Lauf nimmt. Deshalb kann man erst dann Gutes für die Naturphilosophie erhoffen, wenn die Naturgeschichte – ihre Grundlage – auf ein besseres Niveau gebracht ist. Vorher aber nicht.

99.

Und weiter! Selbst bei der Menge der mechanischen Versuche macht sich ein ungeheurer Mangel gerade an denjenigen bemerkbar, welche für die Belehrung des Geistes von größter Bedeutung und Hilfe sind. Denn der Handwerker ist an der Erforschung der Wahrheit in keiner Weise interessiert, und er strengt seinen Geist nur so lange und seine Hand nur so weit an, als es zur Vollendung des Werkes selbst nötig ist. Aber auf einen weiteren Fortschritt in den Wissenschaften kann man nur dann mit Recht hoffen, wenn man in die Naturgeschichte eine große Anzahl solcher Experimente aufnimmt und sammelt, die zwar keinen unmittelbaren Nutzen bringen, aber für die Erforschung der Ursachen und Gesetze von großem Wert sind: Ich pflege sie als die lichtbringenden Versuche im Unterschied zu den fruchtbringenden zu bezeichnen. Jene aber haben in sich eine wunderbare Kraft und Eigenschaft, die nämlich, niemals zu täuschen oder irrezuführen. Da sie nicht zu dem Zweck verwendet werden, irgendein Werk herzustellen, sondern um die natürliche Ursache einer Wirkung zu klären, erfüllen sie, mögen

sed ut causam naturalem in aliquo revelent, quaquaversum cadunt, intentioni aeque satisfaciunt; cum quaestionem terminent.

C.

At non solum copia major experimentorum quaerenda est et procuranda, atque etiam alterius generis, quam adhuc factum est; sed etiam methodus plane alia et ordo et processus continuandae et provehendae Experientiae introducenda. Vaga enim Experientia et se tantum sequens (ut superius dictum est) mera palpatio est, et homines potius stupefacit quam informat. At cum Experientia lege certa procedet, seriatim et continenter, de scientiis aliquid melius sperari poterit.

CI.

Postquam vero copia et materies Historiae Naturalis et Experientiae, talis qualis ad opus intellectus sive ad opus philosophicum requiritur, praesto jam sit et parata; tamen nullo modo sufficit intellectus, ut in illam materiem agat sponte et memoriter; | non magis, quam si quis computationem alicujus ephemeridis memoriter se tenere et superare posse speret. Atque hactenus tamen potiores meditationis partes quam scriptionis in inveniendo fuerunt; neque adhuc Experientia literata facta est: atqui nulla nisi de scripto inventio probanda est. Illa vero in usum inveniente, ab Experientia facta demum literata melius sperandum.

sie ausfallen wie sie wollen, immer in gleicher Weise ihren Zweck, denn sie entscheiden die Frage.

100.

Es ist aber nicht nur eine größere Anzahl von Versuchen anzustreben und neu vorzubereiten, wie auch eine andere Art, als sie bisher betrieben worden ist, sondern eine völlig andere Methode, Anordnung und ein anderer Ablauf ist bei der Entwicklung der Erfahrung einzuführen. Denn eine planlose und sich selbst überlassene Erfahrung ist, wie bereits erwähnt, ein bloßes Umhertappen im Dunklen, das die Menschen eher verdummt als belehrt. Wenn aber die Erfahrung eindeutig und stetig nach einer sicheren Regel voranschreitet, läßt sich Besseres für die Wissenschaften erhoffen.

101.

Wenn nun der Vorrat und der Stoff der Naturgeschichte und der Erfahrung, wie es die Aufgabe des Geistes und der Philosophie erfordert, vorbereitet sind, genügt es doch nicht, daß der Verstand diesen Stoff nach freiem Ermessen und nur gedächtnismäßig bearbeitet, ebensowenig wie jemand die Berechnung der täglichen Ausgaben einer Wirtschaft nur gedächtnismäßig behalten und bewältigen kann. Und doch hat man bisher beim Entdecken weit mehr mit bloßem Nachdenken als mit Aufzeichnungen gearbeitet, auch sind die Erfahrungen bisher nicht schriftlich niedergelegt worden. Aber keine Erfindung ist zufriedenstellend, wenn sie nicht schriftlich vorliegt. Kommt nun diese Methode in Übung, so kann man von einer erst schriftlich niedergelegten Erfahrung Besseres erhoffen.

CII.

Atque insuper cum tantus sit particularium numerus et quasi exercitus, isque ita sparsus et diffusus, ut intellectum disgreget et confundat, de velitationibus et levibus motibus et transcursibus intellectus non bene sperandum est; nisi fiat instructio et coordinatio, per tabulas inveniendi idoneas et bene dispositas et tanquam vivas, eorum quae pertinent ad subjectum in quo versatur inquisitio, atque ad harum tabularum auxilia praeparata et digesta mens applicetur.

CIII.

Verum post copiam particularium rite et ordine veluti sub oculos positorum, non statim transeundum est ad inquisitionem et inventionem novorum particularium aut operum; aut saltem, si hoc fiat, in eo non acquiescendum. Neque enim negamus, postquam omnia omnium artium experimenta collecta et digesta fuerint atque ad unius hominis notitiam et judicium pervenerint, quin ex ipsa traductione experimentorum unius artis in alias multa nova inveniri possint ad humanam vitam et statum utilia, per istam Experientiam quam vocamus Literatam; sed tamen minora de ea speranda sunt; majora vero a nova luce Axiomatum ex particularibus illis certa via et regula eductorum, quae rursus nova particularia indicent et designent. Neque enim in plano via sita est, sed ascendendo et descendendo; ascendendo primo ad Axiomata, descendendo ad Opera.

102.

Da die große Zahl der Einzeldinge so verstreut und weit-
läufig ist, daß sie den Geist zerstreut und verwirrt, ist von ober-
flächlichen Wortsammlungen, flüchtiger Kenntnisnahme und
bloßen Übersichten nicht viel zu erhoffen. Es muß das, was zu
einem bestimmten Forschungsgegenstand gehört, allseitig geordnet und mittels Tafeln, die zur Weiterführung der Entdek-
kung geeignet, gut gegliedert und gleichsam lebendig sind, auf-
gegliedert werden. An diese Tafeln als an wohl vorbereitete
Hilfsmittel muß sich der Geist halten.

103.

Wenn das Einzelne in seiner Fülle richtig und ordnungsgemäß
gleichsam vor Augen gestellt ist, darf man nicht gleich zur Erforschung und Erfindung neuer Einzelerscheinungen oder Werke
übergehen. Wenigstens darf man, falls es geschieht, darauf nicht
ausruhen. Wenn auch alle Experimente aus allen Künsten gesammelt und geordnet sind und zur Kenntnis und Beurteilung
für einen Menschen vorliegen, so kann man nicht leugnen, daß
schon durch die Übertragung der Versuche aus einer Kunst in
die andere durch das Mittel der Erfahrung, die ich die gelehrte
Erfahrung nenne, viel Neues entdeckt werden könne, was für
das menschliche Leben und dessen Lage von Nutzen ist. Doch
das wäre noch das Geringere. Größeres hingegen ist von dem
neuen Licht der aus den Einzeldingen nach festen Methoden und
Regeln abgeleiteten Kernsätze zu erhoffen, welche wieder auf
neues Einzelne hinführen und es bezeichnen. Denn der Weg
liegt nicht in einer Ebene, sondern es geht bergauf und bergab,
zunächst bergauf zu den Grundsätzen, bergab dann zu den
Werken.

CIV.

Neque tamen permittendum est, ut intellectus a particulari-|
bus ad axiomata remota et quasi generalissima (qualia sunt principia, quae vocant, artium et rerum) saliat et volet; et ad eorum
immotam veritatem axiomata media probet et expediat: quod
adhuc factum est, prono ad hoc impetu naturali intellectus,
atque etiam ad hoc ipsum, per demonstrationes quae fiunt per
syllogismum, jampridem edocto et assuefacto. Sed de scientiis
tum demum bene sperandum est, quando per scalam veram, et
per gradus continuos et non intermissos aut hiulcos, a particularibus ascendetur ad axiomata minora, et deinde ad media, alia
aliis superiora, et postremo demum ad generalissima. Etenim
axiomata infima non multum ab experientia nuda discrepant.
Suprema vero illa et generalissima (quae habentur) notionalia
sunt et abstracta, et nil habent solidi. At media sunt axiomata
illa vera et solida et viva, in quibus humanae res et fortunae sitae
sunt; et supra haec quoque, tandem ipsa illa generalissima; talia
scilicet quae non abstracta sint, sed per haec media vere limitan-
tur.

Itaque hominum intellectui non plumae addendae, sed plum-
bum potius et pondera; ut cohibeant omnem saltum et vola-
tum. Atque hoc adhuc factum non est; quum vero factum
fuerit, melius de scientiis sperare licebit.

CV.

In constituendo autem axiomate, forma Inductionis alia
quam adhuc in usu fuit excogitanda est; eaque non ad principia

104.

Doch ist nicht zulässig, daß der Geist von den Einzeldingen zu den entlegenen und allgemeinsten Sätzen, den Prinzipien der Künste und der Dinge, wie sie genannt werden, planlos hinüberspringt, wobei deren Wahrheit dann für unveränderlich gilt und die mittleren Sätze nach ihnen eingerichtet werden. Allerdings läßt sich der Geist dazu durch einen natürlichen Drang verleiten. Er ist dazu auch durch syllogistische Beweisführungen immer erzogen und abgerichtet worden. Aber für die Wissenschaften wird man erst dann Hoffnung schöpfen können, wenn man auf einer richtigen Leiter und auf zusammenhängenden Stufen ohne Unterbrechung von dem Einzelnen zu den unteren Grundsätzen aufsteigt, dann zu den mittleren, von denen die einen höher als die anderen liegen, und erst zuletzt zu den allgemeinsten. Denn die untersten Sätze sind wenig von der bloßen Erfahrung verschieden. Aber jene höchsten und allgemeinsten sind Ausgeburten des Denkens, abstrakte Dinge ohne Zuverlässigkeit. Dagegen sind die mittleren Sätze jene wahren, zuverlässigen und lebendigen, auf denen das Leben und das Glück der Menschen beruht. Über diesen liegen endlich jene ganz allgemeinen Sätze, die nicht mehr völlig leer, sondern durch diese mittleren angemessen bestimmt sind.

Daher soll man den menschlichen Geist nicht mit Flügeln, sondern eher mit Bleigewichten versehen, um so jedes Springen und Fliegen zu verhindern. Bis jetzt ist dies noch nicht geschehen; wenn es in der Tat geschehen sollte, darf man Besseres von den Wissenschaften erhoffen.

105.

Für die Feststellung der Lehrsätze muß eine andere Form der Induktion als bisher erdacht werden, sie soll nicht bloß zur Ent-

tantum (quae vocant) probanda et invenienda, sed etiam ad axiomata minora et media, denique omnia. Inductio enim quae procedit per enumerationem simplicem res puerilis est, et precario concludit, et periculo exponitur ab instantia contradictoria, et plerumque secundum pauciora quam par est, et ex his tantummodo quae praesto sunt, pronunciat. At Inductio quae ad inventionem et demonstrationem scientiarum et artium erit utilis naturam separare debet, per rejectiones et exclusiones debitas; ac deinde, post negativas tot quot sufficiunt, super affirmativas concludere; quod adhuc factum non est, nec tentatum certe, nisi tantummodo a Platone, qui ad excutiendas definitiones et ideas, hac certe forma inductionis aliquatenus utitur. Verum | ad hujus inductionis, sive demonstrationis, instructionem bonam et legitimam, quamplurima adhibenda sunt quae adhuc nullius mortalium cogitationem subiere; adeo ut in ea major sit consumenda opera, quam adhuc consumpta est in syllogismo. Atque hujus inductionis auxilio, non solum ad axiomata invenienda, verum etiam ad notiones terminandas, utendum est. Atque in hac certe Inductione spes maxima sita est.

CVI.

At in axiomatibus constituendis per hanc inductionem, examinatio et probatio etiam facienda est, utrum quod constituitur axioma aptatum sit tantum et ad mensuram factum eorum particularium ex quibus extrahitur; an vero sit amplius et latius. Quod si sit amplius aut latius, videndum an eam suam amplitudinem et latitudinem per novorum particularium designationem, quasi fide-jussione quadam, firmet; ne vel in jam notis tantum haereamus, vel laxiore fortasse complexu umbras et formas abstractas, non solida et determinata in materia,

deckung und zum Beweis der sogenannten obersten Prinzipien, sondern auch der niederen und mittleren und schließlich aller Sätze dienen. Denn die auf bloßer Aufzählung beruhende Induktion ist ein nicht ernstzunehmendes Ding, ihre Schlüsse sind unsicher, sie bleibt der Gefahr entgegengesetzter Fälle offen, sie urteilt meistens auf Grund einer zu kleinen Anzahl von Fällen und dabei nur nach jenen, die auf der Hand liegen. Aber die Induktion, die für die Entdeckung und die Beweisführung von Wissenschaft und Kunst dienlich sein soll, muß die zu untersuchenden Fälle durch gebührende Zurückweisungen und Aussonderungen trennen, und dann muß sie, je nachdem es die verneinenden Fälle zulassen, aus den bejahenden Schlüsse ziehen. Dies ist bisher weder geschehen noch versucht worden, ausgenommen bei Platon, der sich zur Gewinnung seiner Definitionen und Bilder zuweilen dieser Form der Induktion bedient. Zu einer guten und richtigen Induktion oder Beweisführung ist vielerlei nötig, was bisher keinem Sterblichen eingefallen ist; freilich ist dazu mehr Arbeit aufzuwenden als bisher für den Syllogismus aufgewendet ward. Mit Hilfe dieser Induktion sind nicht nur die Grundsätze aufzufinden, sondern auch die Begriffe zu bestimmen. Auf diese Art Induktion darf man die größte Hoffnung setzen.

106.

Bei der Aufstellung von Grundsätzen mittels dieser Induktion muß auch geprüft und erprobt werden, ob der so ermittelte Satz nur dem Maß der Einzelfälle, aus denen er abgeleitet worden ist, entspricht, oder ob sein Umfang weiter und größer ist. Ist letzteres der Fall, so ist zu prüfen, ob er diese Weite und diesen Umfang durch Angabe von neuen Einzelfällen gleich Bürgen bestätigen kann, damit wir weder im bereits Bekannten hängenbleiben, noch durch eine zu weite Fassung etwa zu Schattenbildern und abstrakten Formen abgleiten, sondern zu festen und

prensemus. Haec vero cum in usum venerint, solida tum demum spes merito affulserit.

CVII.

Atque hic etiam resumendum est, quod superius dictum est de Naturali Philosophia producta, et scientiis particularibus ad eam reductis, ut non fiat scissio et truncatio scientiarum; nam etiam absque hoc minus de progressu sperandum est.

CVIII.

Atque de desperatione tollenda et spe facienda, ex praeteriti temporis erroribus valere jussis aut rectificatis, jam dictum est. Videndum autem et si quae alia sint quae spem faciant. Illud vero occurrit; si hominibus non quaerentibus, et aliud agentibus, | multa utilia, tanquam casu quodam aut per occasionem, inventa sint; nemini dubium esse posse, quin iisdem quaerentibus et hoc agentibus, idque via et ordine, non impetu et desultorie, longe plura detegi necesse sit. Licet enim semel aut iterum accidere possit, ut quispiam in id forte fortuna incidat, quod magno conatu et de industria scrutantem antea fugit; tamen in summa rerum proculdubio contrarium invenitur. Itaque longe plura et meliora, atque per minora intervalla, a ratione et industria et directione et intentione hominum speranda sunt, quam a casu et instinctu animalium et hujusmodi, quae hactenus principium inventis dederunt.

bestimmten Dingen gelangen. Erst dann wird mit Recht eine sichere Hoffnung aufglänzen, wenn dies Verfahren angewendet wird.

107.

Hier ist auch an das zu erinnern, was bereits über die Grundlegung der Naturphilosophie und über die auf sie zurückgeführten Einzelwissenschaften gesagt worden ist, damit kein Zerschneiden und Verstümmeln der Wissenschaften eintritt. Sonst kann man auf einen Fortschritt kaum rechnen.

108.

Daß man nicht verzweifeln, sondern Mut fassen soll, nachdem man den Irrtümern vergangener Zeiten entsagt oder sie berichtigt hat, ist bereits dargelegt worden. Mit Ernst ist nachzusehen, ob sonst noch etwas zu Hoffnungen berechtigen kann. Folgendes kann eintreten: daß die Menschen, ohne danach zu suchen und während sie sich mit anderem beschäftigen, trotzdem viel Nützliches gleichsam zufällig oder gelegentlich entdecken können. Dann kann es niemandem zweifelhaft sein, daß man gewiß vielmehr entdecken wird, wenn dieselben Menschen absichtlich danach suchen und sich damit methodisch und geordnet ohne Hast beschäftigen. Mag es auch immerhin dann und wann eintreten, daß jemand, vom Schicksal begünstigt, zufällig auf etwas stößt, was dem mit großer Anstrengung und Fleiß Forschenden vorher entgangen ist, so darf doch alles in allem genommen das Entgegengesetzte als Regel gelten.

Daher kann man von der Vernunft, dem Fleiß, der klaren Richtung und Absicht der Menschen weit mehr und Besseres und in kürzeren Zeiträumen erwarten, als vom Zufall, vom tierischen Instinkt und dergleichen, worin bisher die Erfindungen ihren Ursprung hatten.

CIX.

Etiam illud ad spem trahi possit, quod nonnulla ex his quae jam inventa sunt ejus sint generis ut antequam invenirentur haud facile cuiquam in mentem venisset de iis aliquid suspicari; sed plane quis illa ut impossibilia contempsisset. Solent enim homines de rebus novis ad exemplum veterum, et secundum phantasiam ex iis praeceptam et inquinatam, hariolari; quod genus opinandi fallacissimum est, quandoquidem multa ex his quae ex fontibus rerum petuntur per rivulos consuetos non fluant.

Veluti si quis, ante tormentorum igneorum inventionem, rem per effectus descripsisset, atque in hunc modum dixisset: inventum quoddam detectum esse, per quod muri et munitiones quaeque maximae ex longo intervallo concuti et dejici possint; homines sane de viribus tormentorum et machinarum per pondera et rotas et hujusmodi arietationes et impulsus multiplicandis, multa et varia secum cogitaturi fuissent; de vento autem igneo, tam subito et violenter se expandente et exsufflante, vix unquam aliquid alicujus imaginationi aut phantasiae occursurum fuisset; utpote cujus exemplum in proximo non vidisset, nisi forte in terrae motu aut fulmine, quae, ut magnalia naturae et non imitabilia ab homine, homines statim rejecturi fuissent.

Eodem modo si, ante fili bombycini inventionem, quispiam hujusmodi sermonem injecisset: esse quoddam fili genus inventum ad vestium et supellectilis usum, quod filum linteum aut laneum tenuitate et nihilominus tenacitate, ac etiam splendore et mollitie, longe superaret; homines statim aut de serico aliquo vegetabili, aut de animalis alicujus pilis delicatioribus, aut de |

109.

Auch der Umstand kann zu Hoffnung leiten, daß einige der bisherigen Erfindungen der Art sind, daß es vor ihrer Erfindung kaum jemandem in den Sinn gekommen wäre, darüber überhaupt nur Vermutungen anzustellen. Er hätte derartiges als unmöglich abgetan. Den Menschen ist es nämlich eigen, über Neues nach dem Beispiel des Alten und gemäß ihrer danach gebildeten und getrübten Phantasie zu schwätzen. Diese Art des Mutmaßens ist aber äußerst trügerisch, da ja vieles, was sich aus den Quellen der Dinge schöpfen läßt, nicht in dem bekannten Bächlein fließt.

Hätte z. B. jemand vor Erfindung der Feuerwaffen sie nur nach ihren Wirkungen beschrieben und in folgender Weise gesprochen: Es sei etwas erfunden worden, wodurch aus weiter Entfernung Mauern und selbst die stärksten Festungswerke durchbohrt und zerstört werden könnten, so würden die Menschen über die Kräfte der Vorrichtungen und Maschinen viel und mannigfaltig nachgedacht haben, um die Wirkung durch Gewichte, Räder, durch Stoß- und Antriebsvorrichtungen zu erhöhen. Auf einen feurigen Luftstrom aber, der sich plötzlich und gewaltig ausdehnt und aufbläht, würde kaum einer in seiner Einbildung oder Phantasie gekommen sein, hatte man ja ein irgendwie ähnlich geartetes Beispiel nie gesehen, es sei denn beim Erdbeben oder Blitz, die aber – unnachahmliche Großtaten der Natur – außerhalb menschlicher Fähigkeit liegen.

Hätte in gleicher Weise jemand vor Entdeckung der Seide gesagt, man habe eine Art Faden entdeckt, der zu Kleidern und anderen Gebrauchsgegenständen tauglich sei, darüber aber den leinenen und wollenen Faden an Feinheit und Festigkeit wie auch an Glanz und Weichheit weit überträfe, die Menschen hätten sogleich an irgendeine Pflanzenfaser, an das viel feinere Haar eines Tieres oder an die Federn und den Flaum der Vögel

avium plumis et lanugine, aliquid opinaturi fuissent; verum de vermis pusilli textura, eaque tam copiosa et se renovante et anniversaria, nil fuissent certe commenturi. Quod si quis etiam de vermi verbum aliquod injecisset, ludibrio certe futurus fuisset, ut qui novas aranearum operas somniaret.

Similiter, si ante inventionem acus nauticae quispiam hujusmodi sermonem intulisset: inventum esse quoddam instrumentum, per quod cardines et puncta coeli exacte capi et dignosci possint; homines statim de magis exquisita fabricatione instrumentorum astronomicorum, ad multa et varia, per agitationem phantasiae, discursuri fuissent; quod vero aliquid inveniri possit, cujus motus cum coelestibus tam bene conveniret, atque ipsum tamen ex coelestibus non esset, sed tantum substantia lapidea aut metallica, omnino incredibile visum fuisset. Atque haec tamen et similia per tot mundi aetates homines latuerunt, nec per philosophiam aut artes rationales inventa sunt, sed casu et per occasionem; suntque illius (ut diximus) generis, ut ab iis quae antea cognita fuerunt plane heterogenea et remotissima sint, ut praenotio aliqua nihil prorsus ad illa conducere potuisset.

Itaque sperandum omnino est, esse adhuc in naturae sinu multa excellentis usus recondita, quae nullam cum jam inventis cognationem habent aut parallelismum, sed omnino sita sunt extra vias phantasiae; quae tamen adhuc inventa non sunt; quae poculdubio per multos saeculorum circuitus et ambages et ipsa quandoque prodibunt, sicut illa superiora prodierunt; sed per viam quam nunc tractamus, propere et subito et simul repraesentari et anticipari possunt.

gedacht, aber auf das Gewebe eines kleinen Wurmes, das sich jährlich in solcher Menge neu bildet, wäre gewiß niemand gekommen. Hätte auch jemand ein Wort von solch einem Wurm fallenlassen, wie wäre er verspottet worden, da er von neuen Werken der Spinnen träume.

Hätte ebenso jemand vor der Erfindung des Kompasses erzählt: es sei ein Instrument erfunden worden, durch welches die Richtungen und Punkte des Himmels exakt erkannt und unterschieden werden können, so wären die Menschen sogleich der Verfertigung der feinsten astronomischen Instrumente nachgegangen und hätten in der Hitze ihrer Phantasie vieles und mancherlei ausgedacht, es wäre aber als ganz und gar unglaublich erschienen, daß etwas gefunden werden könne, dessen Bewegung mit der des Himmels so gut zusammenstimme und dabei doch nicht zu den himmlischen Dingen gehöre, sondern nur aus einem steinernen oder metallischen Stoff bestehe. Dennoch ist dies und ähnliches, das so lange Zeit hindurch den Menschen verborgen war, weder durch die Philosophie noch durch die rationalen Künste, sondern durch Zufall und bei Gelegenheit entdeckt worden, und es gehört zu dem, was, wie bereits erwähnt, von dem bisher Bekannten völlig verschieden war und ihm so fern stand, daß irgendein bloßer Begriff niemals hätte hinführen können.

Daher ist durchaus zu hoffen, daß die Natur in ihrem Schoße noch viele kostbare Sachen verborgen hält, die mit dem bisher Erfundenen keinerlei Verwandtschaft oder Ähnlichkeit haben, sondern weitab von den Pfaden der Phantasie gelegen und bis jetzt noch nicht entdeckt worden sind. Auch diese werden zweifelsohne im weiteren Fortgang und Ablauf der Jahrhunderte einst ans Licht treten, wie die früheren auch. Aber auf dem von mir dargelegten Weg kann dies schnell und entschieden und auf einmal erfaßt und vorweggenommen werden.

CX.

Attamen conspiciuntur et alia inventa ejus generis quae fidem faciant, posse genus humanum nobilia inventa, etiam ante pedes posita, praeterire et transilire. Utcunque enim pulveris tormentarii vil fili bombycini vel acus nauticae vel sacchari vel papyri vel similium inventa quibusdam rerum et naturae proprietatibus niti videantur, at certe Imprimendi artificium nil | habet quod non sit apertum et fere obvium. Et nihilominus homines, non advertentes literarum modulos difficilius scilicet collocari quam literae per motum manus scribantur, sed hoc interesse, quod literarum moduli semel collocati infinitis impressionibus, literae autem per manum exaratae unicae tantum scriptioni, sufficiant; aut fortasse iterum non advertentes atramentum ita inspissari posse, ut tingat, non fluat; praesertim literis resupinatis et impressione facta desuper; hoc pulcherrimo invento (quod ad doctrinarum propagationem tantum facit) per tot saecula caruerunt.

Solet autem mens humana, in hoc inventionis curriculo, tam laeva saepenumero et male composita esse, ut primo diffidat, et paulo post se contemnat; atque primo incredibile ei videatur aliquid tale inveniri posse, postquam autem inventum sit, incredibile rursus videatur id homines tamdiu fugere potuisse. Atque hoc ipsum ad spem rite trahitur; superesse nimirum adhuc magnum inventorum cumulum, qui non solum ex operationibus incognitis eruendis, sed et ex jam cognitis transferendis et componendis et applicandis, per eam quam diximus Experientiam literatam deduci possit.

110.

Doch finden sich auch andere Entdeckungen dieser Art, die bestätigen, daß das menschliche Geschlecht selbst an vortrefflichen Entdeckungen, auch wenn sie gleichsam vor den Füßen liegen, vorübergehen und sie übersehen kann. Denn wie auch immer das Schießpulver, das Seidengespinst, der Kompaß, der Zucker, das Papier und ähnliche Erfindungen ganz klar sich auf gewisse Eigenschaften der Dinge und der Natur stützen, so ist doch bei der Buchdruckerkunst alles offen und fast am Wege liegend. Trotzdem haben die Menschen nicht bemerkt, daß es wohl schwieriger sei, die Lettern zu setzen als die Buchstaben durch die Bewegung der Hand zu schreiben, aber daß diese Lettern, einmal gesetzt, zu zahllosen Abdrücken benutzt werden können, während die von der Hand gezogenen Buchstaben nur für eine einzige Schrift zu verwenden sind. Man hatte vielleicht nicht bemerkt, daß die Tinte so verdickt werden kann, daß sie färbt, aber nicht fließt, zumal wenn die Buchstaben erhaben sind und der Druck von oben erfolgt. So hat man diese vortreffliche Erfindung, die zur Verbreitung des Wissens so viel beigetragen hat, viele Jahrhunderte entbehrt. Der menschliche Geist pflegt auf diesem Lauf nach Erfindungen linkisch und oft so schlecht in Form zu sein, daß er sich anfangs wenig zutraut und sich bald nachher verachtet. Und zunächst erscheint es ihm unglaublich, daß so etwas überhaupt gefunden werden kann. Nachdem es aber erfunden worden ist, erscheint es ihm vielleicht wiederum unglaublich, daß dies den Menschen so lange habe entgehen können. So kann man auch hier mit Recht Hoffnung hegen: Es gibt noch eine unbeschreiblich große Menge von Erfindungen, welche nicht bloß aus bisher unbekannten noch zu entdeckenden Verfahrensweisen zu gewinnen sind, sondern auch aus der Übertragung, Verknüpfung und Anwendung der bereits bekannten, mittels der bereits erwähnten gelehrten Erfahrung abgeleitet werden können.

CXI.

Neque illud omittendum ad faciendam spem: reputent (si placet) homines infinitas ingenii, temporis, facultatum expensas, quas homines in rebus et studiis longe minoris usus et pretii collocant; quorum pars quota si ad sana et solida verteretur, nulla non difficultas superari possit. Quod idcirco adjungere visum est, quia plane fatemur Historiae Naturalis et Experimentalis collectionem, qualem animo metimur et qualis esse debet, opus esse magnum, et quasi regium, et multae operae atque impensae.

CXII.

Interim particularium multitudinem nemo reformidet, quin potius hoc ipsum ad spem revocet. Sunt enim artium et naturae particularia Phaenomena manipuli instar ad ingenii commenta, postquam ab evidentia rerum disjuncta et abstracta fuerint. Atque hujus viae exitus in aperto est, et fere in propinquo; alterius exitus nullus, sed implicatio infinita. Homines enim adhuc parvam in Experientia moram fecerunt, et eam leviter perstrinxerunt, sed in meditationibus et commentationibus ingenii infinitum tempus contriverunt. Apud nos vero si esset | praesto quispiam qui de facto naturae ad interrogata responderet, paucorum annorum esset inventio causarum et scientiarum omnium.

111.

Auch folgendes darf für die Stärkung der Hoffnung nicht außer Betracht bleiben. Die Menschen mögen bedenken, daß man einen unermeßlichen Aufwand an Geisteskraft, Zeit und Können für Dinge und Arbeiten von ungleich geringerem Nutzen und Wert aufgewendet hat. Wollte man nur einen kleinen Teil davon auf das Gesunde und Ernste verwenden, würde keine Schwierigkeit unüberwindlich sein. Dies mußte deshalb angeführt werden, weil nach meiner klaren Erkenntnis die Sammlung der Naturgeschichte und der Experimente, wie sie mir geistig vor Augen steht und wie sie sein soll, ein großes und gleichsam königliches Unternehmen von vieler Arbeit und großen Aufwendungen ist.

112.

Inzwischen möge niemand die Fülle des Einzelnen fürchten, weil dadurch vielmehr die Hoffnung nur gestärkt wird. Denn die einzelnen Erscheinungen der Künste und der Natur sind gleichsam nur eine Handvoll gegenüber den Erdichtungen des Geistes, wenn sie von der Gewißheit der Dinge getrennt und entfernt sind. Auch liegt das Ziel dieses Weges offen und fast in greifbarer Nähe, während es auf dem anderen kein Ende, sondern nur eine Verwicklung ins Endlose gibt. Die Menschen haben nämlich bisher der Erfahrung nur wenig Zeit geschenkt und sie nur obenhin durchforscht, aber mit dem Nachdenken und den Plänen des Verstandes hat man unendlich viel Zeit vergeudet. Hätten wir unter uns nur jemanden bei der Hand, der auf die Fragen der Natur sachlich antwortete, so wäre in wenigen Jahren die Entdeckung der Ursachen und aller Wissenschaften fest in unserem Besitz.

CXIII.

Etiam nonnihil hominibus spei fieri posse putamus ab exemplo nostro proprio; neque jactantiae causa hoc dicimus sed quod utile dictu sit. Si qui diffidant, me videant, hominem inter homines aetatis meae civilibus negotiis occupatissimum, nec firma admodum valetudine (quod magnum habet temporis dispendium), atque in hac re plane protopirum, et vestigia nullius sequutum, neque haec ipsa cum ullo mortalium communicantem, et tamen veram viam constanter ingressum et ingenium rebus submittentem, haec ipsa aliquatenus (ut existimamus) provexisse; et deinceps videant, quid ab hominibus otio abundantibus, atque a laboribus consociatis, atque a temporum successione, post haec indicia nostra expectandum sit; praesertim in via quae non singulis solummodo pervia est (ut fit in via illa rationali), sed ubi hominum labores et operae (praesertim quantum ad experientiae collectam) optime distribui et deinde componi possint. Tum enim homines vires suas nosse incipient, cum non eadem infiniti, sed alia alii praestabunt.

CXIV.

Postremo, etiamsi multo infirmior et obscurior aura spei ab ista Nova Continente spiraverit, tamen omnino experiendum esse (nisi velimus animi esse plane abjecti) statuimus. Non enim res pari periculo non tentatur, et non succedit; cum in illo ingentis boni, in hoc exiguae humanae operae, jactura vertatur.

113.

Auch glaube ich, daß mein eigenes Beispiel den Menschen Hoffnung bringen kann. Ich sage das nicht aus Überheblichkeit, sondern um des Nutzens willen. Mißtraut jemand noch, so schaue er auf mich, einen Menschen, der unter den Männern meines Alters mit Staatsgeschäften überladen ist, dabei von schwacher Gesundheit, die mich stark hemmt. In dieser wichtigen Frage folge ich keinem Vorbild und keinen Spuren, kann mich auch mit niemand austauschen, gehe aber den wahren Weg beharrlich und unterstelle meinen Geist der Sache, so daß ich glaube, die Sache selbst ein wenig vorangebracht zu haben. Deshalb bedenke man, was erst von Menschen mit voller Muße und was von Gemeinschaftsarbeit in einer längeren Reihe von Jahren nach diesen meinen Hinweisen zu erwarten ist, namentlich auf einem Weg, der keineswegs nur für einzelne gangbar ist, wie auf jenem Wege des reinen Denkens, sondern wo die Aufgaben und Arbeiten, namentlich für die Sammlung von Erfahrung, aufs beste verteilt und dann wieder vereinigt werden können. Denn die Menschen werden erst dann anfangen, ihre Kräfte zu erkennen, wenn nicht unzählige dasselbe, sondern jeder anderes zustande bringt.

114.

Schließlich aber müßte man, auch wenn der Wind der Hoffnung von jenem neuen Erdteil weit schwächer und weniger spürbar herüberwehte, sich dennoch zum Versuch entschließen, wenn wir nicht ganz verzagten Sinnes dastehen wollen. Es ist nämlich beim Unterlassen und beim augenblicklichen Nichtglücken der Sache nicht gleichviel zu befürchten, denn beim Unterlassen steht ein unermeßliches Gut, beim Mißlingen ein geringer Aufwand menschlicher Arbeit auf dem Spiele. Aus dem, was ich

Verum ex dictis, atque etiam ex non dictis, visum est nobis spei abunde subesse, non tantum homini strenuo ad experiendum, sed etiam prudenti et sobrio ad credendum.

CXV.

Atque de desperatione tollenda, quae inter causas potentissimas ad progressum scientiarum remorandum et inhibendum fuit, jam dictum est. Atque simul sermo de signis et causis errorum, et inertiae et ignorantiae quae invaluit, absolutus est; praesertim | cum subtiliores causae, et quae in judicium populare aut observationem non incurrunt, ad ea quae de Idolis animi humani dicta sunt referri debeant.

Atque hic simul pars destruens Instaurationis nostrae claudi debet, quae perficitur tribus redargutionibus; redargutione nimirum *Humanae Rationis Nativae* et sibi permissae; redargutione *Demonstrationum*; et redargutione *Theoriarum*, sive philosophiarum et doctrinarum quae receptae sunt. Redargutio vero earum talis fuit qualis esse potuit; videlicet per signa, et evidentiam causarum; cum confutatio alia nulla a nobis (qui et de principiis et de demonstrationibus ab aliis dissentimus) adhiberi potuerit.

Quocirca tempus est, ut ad ipsam artem et normam Interpretandi Naturam veniamus; et tamen nonnihil restat quod praevertendum est. Quum enim in hoc primo Aphorismorum libro illud nobis propositum sit, ut tam ad intelligendum quam ad recipiendum ea quae sequuntur mentes hominum praeparentur; expurgata jam et abrasa et aequata mentis area, sequitur ut mens sistatur in positione bona, et tanquam aspectu benevolo, ad ea quae proponemus. Valet enim in re nova ad prae-

gesagt und auch noch nicht gesagt habe, glänzt reichlich Hoffnung für jeden auf, der eifrig im Versuchen und klug und nüchtern im Glauben ist.

115.

Soviel zur Beseitigung der Verzweiflung, einer der mächtigsten Ursachen, die den Fortschritt der Wissenschaften hemmt
und hindert. Und damit ist zugleich die Abhandlung über die
Anzeichen und Ursachen der Irrtümer, der Trägheit und der
herrschenden Unwissenheit beendet, namentlich, da die feineren Ursachen, die dem Urteil oder der Beobachtung der Menge
unzugänglich sind, sich darauf beziehen, was über die Idole des
menschlichen Geistes gesagt worden ist.

Hier soll zugleich der niederreißende Teil meiner Erneuerung
der Wissenschaften schließen. Er vollzieht sich durch eine drei-
fache Widerlegung, die der menschlichen Vernunft in ihrem
natürlichen und sich selbst überlassenen Zustand, die der Beweisführungen und die der Theorien und der überkommenen
Philosophien und Lehrmeinungen. Diese Widerlegung hat sich
so vollzogen, wie sie möglich war, durch die Zeichen und durch
Aufdecken der Ursachen; eine andere Widerlegung konnte von
mir nicht angewendet werden, da ich in meiner Auffassung von
den Prinzipien und Beweisverfahren von den Vertretern anderer Systeme abweiche.

So ist es an der Zeit, mit der Kunst selbst und der Regel der
Interpretation der Natur zu beginnen. Indes bleibt noch etwas,
was vorausgenommen werden muß. Da nämlich in diesem
ersten Buch der Aphorismen mein Ziel war, den Geist der
Menschen auf das Verständnis und die Aufnahme des folgenden
vorzubereiten, so müssen nun die Geister, die bereits gereinigt,
ausgekehrt und geglättet sind, zu dem rechten Standpunkt und
gleichsam in eine meinem Vorhaben günstige Stimmung gebracht werden. Denn die Vorurteile gegen Neues stützen sich

judicium, non solum praeoccupatio fortis opinionis veteris, sed et praeceptio sive praefiguratio falsa rei quae affertur. Itaque conabimur efficere ut habeantur bonae et verae de iis quae adducimus opiniones, licet ad tempus tantummodo, et tanquam usurariae, donec res ipsa pernoscatur.

CXVI.

Primo itaque postulandum videtur, ne existiment homines nos, more antiquorum Graecorum, aut quorundam novorum hominum, Telesii, Patricii, Severini, sectam aliquam in philosophia condere velle. Neque enim hoc agimus; neque etiam multum interesse putamus ad hominum fortunas quales quis | opiniones abstractas de natura et rerum principiis habeat; neque dubium est, quin multa hujusmodi et vetera revocari et nova introduci possint; quemadmodum et complura themata coeli supponi possunt, quae cum phaenomenis sat bene conveniunt, inter se tamen dissentiunt.

At nos de hujusmodi rebus opinabilibus, et simul inutilibus, non laboramus. At contra nobis constitutum est experiri, an revera potentiae et amplitudinis humanae firmiora fundamenta jacere ac fines in latius proferre possimus. Atque licet sparsim et in aliquibus subjectis specialibus, longe veriora habeamus et certiora (ut arbitramur) atque etiam magis fructuosa quam quibus homines adhuc utuntur, (quae in quintam Instaurationis nostrae partem congessimus,) tamen theoriam nullam universalem aut integram proponimus. Neque enim huic rei tempus adhuc adesse videtur. Quin nec spem habemus vitae producendae ad sextam Instaurationis partem (quae philosophiae per legitimam Naturae Interpretationem inventae destinata est)

nicht nur auf zähe Voreingenommenheit der alten Meinung, sondern auch auf die verkehrte Einbildung und falsche Vorstellung von dem, was vorgelegt wird. Daher versuche ich, eine gute und wahre Meinung über das, was ich anführe, zu erwirken, wenigstens befristet und gleichsam als Vorschuß, bis die Sache selbst erfaßt wird.

116.

Die erste Forderung besteht wohl darin, daß die Menschen nicht annehmen mögen, daß ich nach Art der alten Griechen oder einiger Neuerer, wie Telesius, Patricius, Severinus, in der Philosophie eine neue Sekte gründen will. Weder liegt mir daran, noch bin ich der Auffassung, daß es für das Glück der Menschen etwas bedeute, welche abstrakten Meinungen jemand über die Natur und die Prinzipien der Dinge hat. Man könnte vieles an Altem herbeiholen und an Neuem einführen, wie man ja auch viele Deutungen der Himmelserscheinungen aufstellen kann, die wohl den Vorgängen Rechnung tragen, aber untereinander sich widersprechen.

Aber ich verwende auf solche nur mutmaßlichen und zugleich unnützen Dinge keine Mühe. Ich habe im Gegenteil das Ziel zu versuchen, ob ich in der Tat festere Grundlagen für die menschliche Macht und Größe legen und deren Grenzen weiter ausdehnen kann. Ich habe zwar hier und da zu einigen besonderen Gegenständen manches weit wahrhaftiger und sicherer erkannt, was auch mehr Früchte bringen wird, als es bisher üblich war, und was ich im fünften Teil meiner Erneuerung der Wissenschaften zusammengestellt habe; aber deshalb lege ich doch keine allgemeine oder fehlerfreie Theorie dar. Die Zeit scheint mir dafür noch nicht reif zu sein. Ich habe nicht einmal die Hoffnung, noch in diesem Leben den sechsten Teil der „Erneuerung" zu vollenden, der für die in der rechten Erklärung der Natur gegründete Philosophie bestimmt ist. Es

absolvendam; sed satis habemus si in mediis sobrie et utiliter nos geramus, atque interim semina veritatis sincerioris in posteros spargamus, atque initiis rerum magnarum non desimus.

CXVII.

Atque quemadmodum sectae conditores non sumus, ita nec operum particularium largitores aut promissores. Attamen possit aliquis hoc modo occurrere; quod nos, qui tam saepe operum mentionem faciamus et omnia eo trahamus, etiam operum aliquorum pignora exhibeamus. Verum via nostra et ratio (ut saepe perspicue diximus et adhuc dicere juvat) ea est; ut non opera ex operibus sive experimenta ex experimentis (ut empirici), sed ex operibus et experimentis causas et axiomata, atque ex causis et axiomatibus rursus nova opera et experimenta (ut legitimi Naturae Interpretes), extrahamus.

Atque licet in tabulis nostris inveniendi (ex quibus quarta pars Instaurationis consistit), atque etiam exemplis particularium (quae in secunda parte adduximus), atque insuper in observationibus nostris super historiam (quae in tertia parte operis descripta est), quivis vel mediocris perspicaciae et solertiae complurium operum nobilium indicationes et designationes ubique notabit; ingenue tamen fatemur, historiam naturalem quam adhuc habemus, aut ex libris aut ex inquisitione propria, non tam copiosam esse et verificatam, ut legitimae Interpretationi satisfacere aut ministrare possit. |

Itaque si quis ad mechanica sit magis aptus et paratus, atque sagax ad venanda opera ex conversatione sola cum experimentis, ei permittimus et relinquimus illam industriam, ut ex histo-

genügt mir, wenn ich in den mittleren Jahren sachlich und mit
Nutzen arbeite und einstweilen die Samenkörner der reineren
Wahrheit für die Nachwelt ausstreue und nicht ablasse, den
Anfang für die großen Dinge zu legen.

117.

So wie ich keine Sekte gründen will, so will ich auch nicht
besondere Werke bescheren oder versprechen. Jemand könnte
mir zwar entgegnen, daß ich, der ich die Werke so oft erwähne
und alles daraufhin anlege, auch ein Pfand irgendwelcher
Werke vorweisen müsse. Allein mein Weg und meine Methode,
wie ich oft deutlich genug gesagt habe und hier wiederholen
will, besteht darin, nicht Werke aus Werken oder Experimente
aus Experimenten, wie die Empiriker, abzuleiten, sondern aus
den Werken und Experimenten die Ursachen und Grundsätze,
und aus diesen beiden wieder neue Werke und Experimente –
wie ein rechter Dolmetscher der Natur – zu entnehmen. In
meinen Tafeln der Erfindung, welche den vierten Teil meiner
Erneuerung bilden, und auch in den einzelnen Beispielen, welche ich im zweiten Teil anführe, und darüber hinaus in meinen
Beobachtungen über die Geschichte, welche im dritten Teile des
Werkes beschrieben sind, wird jedermann selbst mit mittel-
mäßigem Scharfsinn und Fleiß überall Andeutungen und Be-
schreibungen von vielen bedeutenden Werken feststellen. Doch
ich gestehe offen, daß die Naturgeschichte, die ich mir bisher
aus Büchern oder aus eigener Untersuchung angeeignet habe,
noch nicht so vollständig und zuverlässig ist, daß sie für eine
rechtmäßige Auslegung genügen und dienen könnte.
Ist daher jemand zu mechanischen Arbeiten geschickter und
geneigter und weiterhin infolge des Umganges mit Experimenten im Aufspüren von Werken scharfsinnig, so gestatte und
lasse man ihm diesen Eifer. Er wird aus meiner Geschichte und

ria nostra et tabulis multa tanquam in via decerpat et applicet ad opera, ac veluti foenus recipiat ad tempus, donec sors haberi possit. Nos vero, cum ad majora contendamus, moram omnem praeproperam et praematuram in istiusmodi rebus tanquam Atalantae pilas (ut saepius solemus dicere) damnamus. Neque enim aurea poma pueriliter affectamus, sed omnia in victoria cursus artis super naturam ponimus; neque muscum aut segetem herbidam demetere festinamus, sed messem tempestivam expectamus.

CXVIII.

Occurret etiam alicui proculdubio, postquam ipsam historiam nostram et inventionis tabulas perlegerit, aliquid in ipsis experimentis minus certum, vel omnino falsum; atque propterea secum fortasse reputabit, fundamentis et principiis falsis et dubiis inventa nostra niti. Verum hoc nihil est; necesse enim est talia sub initiis evenire. Simile enim est ac si in scriptione aut impressione una forte litera aut altera perperam posita aut collocata sit; id enim legentem non multum impedire solet, quandoquidem errata ab ipso sensu facile corriguntur. Ita etiam cogitent homines multa in historia naturali experimenta falso credi et recipi posse, quae paulo post a causis et axiomatibus inventis facile expunguntur et rejiciuntur. Sed tamen verum est, si in historia naturali et experimentis magna et creba et continua fuerint errata, illa nulla ingenii aut artis foelicitate corrigi aut emendari posse. Itaque si in historia nostra naturali, quae tanta diligentia et severitate et fere religione probata et collecta est, aliquid in particularibus quandoque subsit falsitatis aut erroris, quid tandem de naturali historia vulgari, quae prae nostra tam

meinen Tafeln vieles gleichsam im Vorbeigehen pflücken und zu seinen Werken benutzen können. Dies nehme er einstweilen als Zins, bis er das Kapital selbst erlangen kann. Da ich aber nach Größerem strebe, verurteile ich alle voreilige und unreife Beschäftigung mit dergleichen Dingen, die den oft erwähnten Äpfeln der Atalanta gleichen. Denn ich begehre nicht kindisch goldene Früchte, sondern setze alles auf den Sieg im Wettlauf der Kunst mit der Natur, noch dränge ich danach, das Moos oder die grüne Saat zu mähen, sondern warte auf die Zeit der Ernte.

118.

Sicherlich wird gar mancher beim Durchlesen meiner Geschichte und der Tafeln der Erfindungen auf einzelnes nicht ganz Sicheres oder auf Falsches in den Versuchen selbst stoßen. Deshalb wird er vielleicht vermuten, meine Entdeckungen stützen sich auf falsche und schwankende Prinzipien und Grundlagen. Dies besagt aber nichts. Dergleichen ist am Anfang unvermeidlich. Es ist ebenso, wenn in Schrift und Druck der eine oder der andere Buchstabe zufällig falsch gestellt oder eingeordnet ist. Dies pflegt den Leser wenig zu stören, da ja die Irrtümer durch den Sinn selbst leicht berichtigt werden. Vielleicht meint man auch, es könnten in der Naturgeschichte viele Experimente falsch gedeutet und aufgenommen sein, die durch später entdeckte Ursachen und Grundsätze leicht ausgeschieden und beseitigt werden könnten. Allein, wenn in der Naturgeschichte und in den Experimenten viele erhebliche und fortlaufende Irrtümer sich befänden, würde der Geist und die Kunst diese auch im glücklichsten Fall nicht berichtigen und ausmerzen können. Wenn daher in meiner Naturgeschichte, welche mit so großer Sorgfalt und Strenge und mit fast gläubiger Hingebung geprüft und gesammelt ist, dennoch im einzelnen manch Falsches oder mancher Irrtum unterlaufen sind, was muß man erst dann von

negligens est et facilis, dicendum erit? aut de philosophia et scientiis super hujusmodi arenas (vel syrtes potius) aedificatis? Itaque hoc quod diximus neminem moveat.

CXIX.

Occurrent etiam in historia nostra et experimentis plurimae res, primo leves et vulgatae, deinde viles et illiberales, postremo | nimis subtiles ac mere speculativae, et quasi nullius usus: quod genus rerum, hominum studia avertere et alienare possit.

Atque de istis rebus quae videntur vulgatae, illud homines cogitent; solere sane eos adhuc nihil aliud agere, quam ut eorum quae rara sunt causas ad ea quae frequenter fiunt referant et accommodent, at ipsorum quae frequenter eveniunt nullas causas inquirant, sed ea ipsa recipiant tanquam concessa et admissa.

Itaque non ponderis, non rotationis coelestium, non caloris, non frigoris, non luminis, non duri, non mollis, non tenuis, non densi, non liquidi, non consistentis, non animati, non inanimati, non similaris, non dissimilaris, nec demum organici, causas quaerunt; sed illis, tanquam pro evidentibus et manifestis, receptis, de ceteris rebus quae non tam frequenter et familiariter occurrunt disputant et judicant.

Nos vero, qui satis scimus nullum de rebus raris aut notabilibus judicium fieri posse, multo minus res novas in lucem protrahi, absque vulgarium rerum causis et causarum causis rite examinatis et repertis, necessario ad res vulgarissimas in histo-

der gewöhnlichen Naturgeschichte sagen, welche vor der meinigen so nachlässig und so leichthin zusammengestellt worden ist, oder von der Philosophie und den Wissenschaften, die auf solchem Sand oder vielmehr auf solchen Untiefen errichtet worden sind? Daher nehme niemand Anstoß an dem, was ich gesagt habe.

119.

Auch werden in meiner Geschichte und in den Experimenten sehr viele Dinge vorkommen, die gering und alltäglich, weiterhin niedrig und unedel, ja schließlich spitzfindig, rein spekulativ und gleichsam wertlos sind. Diese Art der Dinge könnte den Eifer der Menschen vom Studium derselben abbringen und es ihnen entfremden.

Bei den Dingen, die alltäglich erscheinen, mögen die Menschen folgendes bedenken: bisher pflegten sie nichts anderes zu tun, als die Ursachen des Seltenen auf das, was häufig geschieht, zurückzuführen und ihm anzupassen, aber für das, was häufig geschieht, hat man keine Ursachen gesucht, sondern man nimmt es als selbstverständlich an.

So fragt man nicht nach der Ursache der Schwere, der Bewegung der Himmelskörper, der Wärme, der Kälte, des Lichtes, des Harten, des Weichen, des Lockeren, des Dichten, des Flüssigen, des Festen, des Belebten, des Unbelebten, des Ähnlichen, des Unähnlichen, nicht einmal nach der Ursache des Organischen. Man sieht das alles als klar und deutlich an, man streitet und urteilt nur über die Dinge, die weniger im Alltag vorkommen und deshalb unbekannt sind.

Ich aber vertrete die Meinung, man könne an Hand von seltenen und auffallenden Dingen weder urteilen, noch viel weniger neue Dinge ans Licht bringen, ohne die Ursachen der gewöhnlichen Dinge und die Ursachen dieser Ursachen gebührend geprüft und gefunden zu haben. Daher werde ich notwendig dahin

riam nostram recipiendas compellimur. Quinetiam nil magis philosophiae offecisse deprehendimus quam quod res quae familiares sunt et frequenter occurrunt contemplationem hominum non morentur et detineant, sed recipiantur obiter, neque earum causae quaeri soleant: ut non saepius requiratur informatio de rebus ignotis, quam attentio in notis.

CXX.

Quod vero ad rerum vilitatem attinet, vel etiam turpitudinem, quibus (ut ait Plinius) honos praefandus est*; eae res, non minus quam lautissimae et pretiosissimae, in historiam naturalem recipiendae sunt. Neque propterea polluiter naturalis historia: sol enim aeque palatia et cloacas ingreditur, neque tamen polluitur. Nos autem non Capitolium aliquod aut Pyramidem hominum superbiae dedicamus aut condimus, sed templum sanctum ad exemplar mundi in intellectu humano fundamus. Itaque exemplar sequimur. Nam quicquid essentia dignum est, id etiam scientia dignum, quae est essentiae imago. At vilia aeque subsistunt ac lauta. Quinetiam, ut e quibusdam putridis materiis, veluti musco et zibetho, aliquando optimi odores | generantur; ita et ab instantiis vilibus et sordidis quandoque eximia lux et informatio emanat. Verum de hoc nimis multa; cum hoc genus fastidii sit plane puerile et effoeminatum.

CXXI.

At de illo omnino magis accurate dispiciendum; quod plurima in historia nostra captui vulgari, aut etiam cuivis intellec-

---

* Vergl. Plinius: Naturalis Historia, Praefatio, 13.

gebracht, auch die gewöhnlichsten Dinge in meine Geschichte aufzunehmen. Freilich hat nach meiner Ansicht nichts der Philosophie mehr geschadet, als daß die Menschen die Dinge, die bekannt sind und häufig begegnen, nicht betrachtet und beachtet, sondern sie nur obenhin angenommen haben, ohne nach ihren Ursachen zu suchen. Daher tut nicht so sehr Belehrung über unbekannte Dinge als vielmehr Achtsamkeit auf die bekannten Dinge not.

120.

Was gar die niederen oder auch anstößigen Dinge anlangt, für deren Nennung man nach Plinius erst um Erlaubnis bitten muß, so gehören sie nicht weniger als die erhabensten und wertvollsten in meine Naturgeschichte. Dadurch wird die Naturgeschichte nicht beschmutzt. Dringt doch die Sonne in gleicher Weise durch Paläste und Abfallgruben, ohne sich zu beschmutzen. Auch errichte oder erbaue ich keineswegs dem menschlichen Hochmut irgendein Kapitol oder eine Pyramide; sondern ich lege im menschlichen Geist den Grundstein für einen heiligen Tempel nach dem Modell der Welt. Daher folge ich diesem Modell. Denn was würdig ist zu existieren, das ist auch wert, erkannt zu werden, denn das Wissen ist das Abbild des Seins.

Das Gemeine hat in gleicher Weise Dasein wie das Erhabene. So wie selbst aus bestimmten üblen Stoffen, wie aus Moschus und Zibet zuweilen die angenehmsten Düfte erzeugt werden, so bricht mitunter aus nichtigen und schmutzigen Dingen wundersames Licht und Belehrung hervor. Doch genug davon, da so ein Widerwille beinahe kindisch und weibisch ist.

121.

Dagegen verdient ein anderes genauer dargelegt zu werden. Dem durchschnittlichen Verstande oder auch dem nur an das

tui (rebus praesentibus assuefacto), videbuntur curiosae cujusdam et inutilis subtilitatis. Itaque de hoc ante omnia et dictum et dicendum est; hoc scilicet; nos jam sub initiis et ad tempus, tantum *lucifera* experimenta, non *fructifera* quaerere; ad exemplum creationis divinae, quod saepius diximus, quae primo die lucem tantum produxit, eique soli unum integrum diem attribuit, neque illo die quicquam materiati operis immiscuit.

Itaque si quis istiusmodi res nullius esse usus putet, idem cogitat ac si nullum etiam lucis esse usum censeat, quia res scilicet solida aut materiata non sit. Atque revera dicendum est, simplicium naturarum cognitionem bene examinatam et definitam instar lucis esse; quae ad universa operum penetralia aditum praebet, atque tota agmina operum et turmas, et axiomatum nobilissimorum fontes, potestate quadam complectitur et post se trahit; in se tamen non ita magni usus est. Quin et literarum elementa per se et separatim nihil significant nec alicujus usus sunt, sed tamen ad omnis sermonis compositionem et apparatum instar materiae primae sunt. Etiam semina rerum potestate valida, usu (nisi in processu suo) nihili sunt. Atque lucis ipsius radii dispersi, nisi coeant, beneficium suum non impertiuntur.

Quod si quis subtilitatibus speculativis offendatur, quid de scholasticis viris dicendum erit, qui subtilitatibus immensum indulserunt? quae tamen subtilitates in verbis, aut saltem vulgaribus notionibus (quod tantundem valet), non in rebus aut natura consumptae fuerunt, atque utilitatis expertes erant, non tantum in origine, sed etiam in consequentiis; tales autem non fuerunt, ut haberent in praesens utilitatem nullam, sed per consequens infinitam; quales sunt eae de quibus loquimur. Hoc vero

Gegenwärtige gewöhnten Geist wird sehr vieles in meiner Geschichte gesucht und nutzlos überspitzt erscheinen. Hierzu
sprach ich bereits grundsätzlich und betonte es wieder: Ich
erstrebe von Anfang an und auch jetzt nur lichtbringende,
nicht fruchtbringende Experimente, nach dem Beispiel des
göttlichen Schöpfungsaktes, der − wie gesagt −. am ersten
Tage nur das Licht hervorbrachte und ihm allein einen ganzen
Tag widmete und an diesem Tag kein materielles Werk ein-
mischte.

Wenn einer dergleichen für völlig nutzlos hält, so verfährt
er ebenso, als wenn er auch das Licht für völlig nutzlos erach-
tete, weil es sich nämlich nicht um einen dichten und materiellen
Gegenstand handelt. In der Tat muß man sagen, daß eine gut
überprüfte und klare Erkenntnis der einfachen Eigenschaften
dem Lichte gleicht, sie gewährt Zugang zu den Geheimnissen
der Werkstätte der Natur, mit ihrer Macht umfaßt und zieht
sie nach sich ganze Massen und Gruppen von Werken und die
Quellen für die wertvollsten Grundsätze. In sich selbst ist sie
nicht besonders nützlich. Auch die Buchstaben für sich und getrennt sind ohne Bedeutung und Nutzen, und doch sind sie für
die Formung und den Aufbau einer Rede gleich dem Urstoff
unentbehrlich. Auch der Same der Dinge mit seiner starken
Kraft ist außerhalb seines Prozesses zu nichts nütze. Selbst die
Strahlen des Lichtes bringen keinen Vorteil, wenn sie zerstreut
sind und nicht zusammengehen.

Wenn aber jemand an der spekulativen Spitzfindigkeit Anstoß nimmt, was wäre dann erst über die Scholastiker zu sagen,
die sich diesen Spitzfindigkeiten bis zum Übermaß ergeben
haben? Ihre Überspitzungen nun bewegten sich nur in Worten
oder höchstens in gewöhnlichen Begriffen, was gleichwertig ist,
nicht aber in den Dingen oder in der Natur. Sie waren nicht nur
zu Beginn, sondern auch in ihrem Fortgang ohne jeden Nutzen.
Sie gleichen nicht denen, die ich behandle, die zwar anfangs
keinen, aber in der Folge einen unendlichen Nutzen aufweisen.

sciant homines pro certo, omnem subtilitatem disputationum et discursuum mentis, si adhibeatur tantum post axiomata inventa, seram esse et praeposteram; et subtilitatis tempus verum ac proprium, aut saltem praecipuum, versari in pensitanda experientia et inde constituendis axiomatibus; nam illa altera subtilitas naturam prensat et captat, sed nunquam apprehendit | aut capit. Et verissimum certe est quod de occasione sive fortuna dici solet, si transferatur ad naturam: videlicet, *eam a fronte comatam, ab occipitio calvam esse**.

Denique de contemptu in naturali historia rerum aut vulgarium, aut vilium, aut nimis subtilium et in originibus suis inutilium, illa vox mulierculae ad tumidum principem, qui petitionem ejus ut rem indignam et majestate sua inferiorem abjecisset, pro oraculo sit; *Desine ergo rex esse***: quia certissimum est, imperium in naturam, si quis hujusmodi rebus ut nimis exilibus et minutis vacare nolit, nec obtineri nec geri posse.

CXXII.

Occurrit etiam et illud; mirabile quiddam esse*** et durum, quod nos omnes scientias atque omnes authores simul ac veluti uno ictu et impetu summoveamus: idque non assumpto aliquo ex antiquis in auxilium et praesidium nostrum, sed quasi viribus propriis.

Nos autem scimus, si minus sincera fide agere voluissemus, non difficile fuisse nobis, ista quae afferuntur vel ad antiqua saecula ante Graecorum tempora (cum scientiae de natura magis fortasse sed tamen majore cum silentio floruerint, neque

---

* Die Sentenz kann bezogen sein aus Phaedrus: Fabeln, B. V. fab. 8 (= 101) oder Dionysius Cato: Disticha (Ed. Tobler) II, 26.

** Gemeint ist Philip von Macedonien; vergl. Plutarch: Apophthegmata, 179, 25–29.

*** Spedding schlägt vor „ocurret".

Davon sei man indes überzeugt: aller Scharfsinn in Rede und
Gegenrede, der erst nach Entdeckung der Grundsätze angewendet wird, ist verspätet und verkehrt. Die wahre und passende
oder wenigstens die vorzügliche Zeit für Beweis von Scharfsinn
ist die, wo die Erfahrung überdacht und darauf die Grundsätze
aufgebaut werden. Denn jener andere Scharfsinn möchte die
Natur packen und halten, ergreift und erfaßt sie aber niemals.
Was man über den Zufall oder das Glück zu sagen pflegt, ist
sicher nur allzu wahr, wenn man es auf die Natur überträgt:
sie trage an der Stirn einen Haarschopf, am Hinterkopf aber
sei sie kahl.

Verachtet man in der Naturgeschichte die gewöhnlichen,
niedrigen oder allzu feinen und in ihren Anfängen nutzlosen
Dinge, dann gilt dafür der Ausspruch jener Frau, die einem
hochmütigen Fürsten gleich einem Orakel die Worte zurief,
nachdem er ihre Bitte als zu minderwertig und seiner Majestät
unwürdig abgelehnt hatte: „So höre denn auf, König zu sein!"
Darum steht es unumstößlich fest, die Herrschaft über die
Natur wird keiner erlangen noch behaupten können, der diesen
Dingen wegen ihrer allzu großen Billigkeit und Minderwertig-
keit keine Aufmerksamkeit schenkt.

122.

Man mag auch entgegnen, es sei etwas Unerhörtes und Har-
tes, wenn ich alle Wissenschaften und alle Autoren zugleich und
wie mit einem Schlag und einem Angriff beseitige, und dies
ohne Hilfe und Unterstützung von einem der Alten, sondern
aus eigenen Kräften. Freilich wäre es mir, wenn ich weniger
aufrichtig hätte verfahren wollen, nicht schwierig gewesen, das,
was ich dargelegt habe, auf die früheren Jahrhunderte vor den
Griechen zurückzuführen, als die Naturwissenschaften vielleicht mehr, wenn auch in größerer Stille geblüht haben, ehe sie

in Graecorum tubas et fistulas adhuc incidissent), vel etiam (per partes certe) ad aliquos ex Graecis ipsis referre, atque astipulationem et honorem inde petere: more novorum hominum, qui nobilitatem sibi ex antiqua aliqua prosapia, per genealogiarum favores, astruunt et affingunt. Nos vero rerum evidentia freti, omnem commenti et imposturae conditionem rejicimus; neque ad id quod agitur plus interesse putamus, utrum quae jam invenientur antiquis olim cognita, et per rerum vicissitudines et saecula occidentia et orientia sint, quam hominibus curae esse debere, utrum Novus Orbis fuerit insula illa Atlantis* et veteri mundo cognita, an nunc primum reperta. Rerum enim inventio a naturae luce petenda, non ab antiquitatis tenebris repetenda est.

Quod vero ad universalem istam reprehensionem attinet, certissimum est vere rem reputanti, eam et magis probabilem esse et magis modestam, quam si facta fuisset ex parte. Si enim in primis notionibus errores radicati non fuissent, fieri non potuisset quin nonnulla recte inventa alia perperam inventa correxissent. Sed cum errores fundamentales fuerint, atque ejusmodi ut homines potius res neglexerint ac praeterierint, | quam de illis pravum aut falsum judicium fecerint; minime mirum est, si homines id non obtinuerint quod non egerint, nec ad metam pervenerint quam non posuerint aut collocarint, neque viam emensi sint quam non ingressi sint aut tenuerint.

Atque insolentiam rei quod attinet; certe si quis manus constantia atque oculi vigore lineam magis rectam aut circulum

---

* Vergl. Platon: Kritias 112 e 2 ff.

in die Trompeten und Rohrpfeifen der Griechen geraten waren. Ich hätte auch, mindestens gewisse Teile, von den Griechen herleiten können, um mir so Anhang und Ehre zu verschaffen, so etwa nach der Art von Emporkömmlingen, die sich aus irgendeinem alten Stammbaum durch die Gunst der Genealogen einen Adel erschleichen und andichten. Allein, ich vertraue auf die Anschaulichkeit und Wahrheit der Dinge und verwerfe jeglichen Anflug von Erdichtung und Betrug. Auch bleibt es für meine Aufgabe mehr als gleichgültig, ob das, was entdeckt werden soll, bereits den Alten bekannt war und ob es im Wechsel der Dinge und Zeiten aufging oder unterging, wie es auch den Menschen kein Kopfzerbrechen bereiten sollte, ob die Neue Welt jene den Vorfahren bekannte Insel Atlantis gewesen oder ob sie jetzt zum erstenmal entdeckt worden ist. Denn neue Entdeckungen muß man vom Licht der Natur, nicht aber von der Finsternis der alten Zeit erwarten.

Was aber die Allgemeinheit des Vorwurfs betrifft, so ist es doch für den, der sich die Sache recht überlegt, über alle Maßen sicher, daß er wahrscheinlicher und maßvoller ist als ein teilweiser Vorwurf, der nur einzelnes betrifft. Denn wären nicht schon in den obersten Begriffen Irrtümer verwurzelt gewesen, dann hätten manch gute Entdeckungen andere falsche berichtigen müssen. Da aber die Irrtümer die Grundlagen betrafen und man deshalb die Dinge eher vernachlässigte und überging, sie als falsch oder schlecht beurteilte, so ist es nicht überraschend, wenn die Menschen das nicht erreichten, wofür sie sich nicht einsetzen, wenn sie nicht ans Ziel kamen, da sie sich keins gesetzt und gesteckt hatten, wenn sie den Weg nicht durchmaßen, den sie gar nicht beschritten oder innegehalten hatten.

Was den Vorwurf der Anmaßung betrifft, sei folgendes gesagt: nur dann wird man zu einem Vergleich der Fähigkeiten veranlaßt, wenn jemand sich anmaßt, aus freier Hand und mit bloßem Auge eine Linie gerader oder einen Kreis vollkommener

magis perfectum se describere posse quam alium quempiam sibi assumat, inducitur scilicet facultatis comparatio: quod si quis asserat se adhibita regula aut circumducto circino lineam magis rectam aut circulum magis perfectum posse describere, quam aliquem alium vi sola oculi et manus, is certe non admodum jactator fuerit. Quin hoc quod dicimus non solum in hoc nostro conatu primo et incoeptivo locum habet; sed etiam pertinet ad eos qui huic rei posthac incumbent. Nostra enim via inveniendi scientias exaequat fere ingenia, et non multum excellentiae eorum relinquit: cum omnia per certissimas regulas et demonstrationes transigat. Itaque haec nostra (ut saepe diximus) foelicitatis cujusdam sunt potius quam facultatis, et potius temporis partus quam ingenii. Est enim certe casus aliquis non minus in cogitationibus humanis, quam in operibus et factis.

CXXIII.

Itaque dicendum de nobis ipsis quod ille per jocum dixit, praesertim cum tam bene rem secet: *fieri non potest ut idem sentiant, qui aquam et qui vinum bibant**. At caeteri homines, tam veteres quam novi, liquorem biberunt crudum in scientiis, tanquam aquam vel sponte ex intellectu manantem, vel per dialecticam, tanquam per rotas ex puteo, haustam. At nos liquorem bibimus et propinamus ex infinitis confectam uvis, iisque maturis et tempestivis, et per racemos quosdam collectis ac decerptis, et subinde in torculari pressis, ac postremo in vase repurgatis et clarificatis. Itaque nil mirum si nobis cum aliis non conveniat.

---

* Vergl. Demosthenes: De Falsa Legatione, 355, 46.

ziehen zu können als ein anderer; behauptet er indes nur, daß
er mit einem Lineal oder einem Zirkel eine Linie gerader oder
einen Kreis vollkommener zeichnen könne als ein anderer nach
bloßem Augenmaß und mit bloßer Hand, so wird man einen
solchen gewiß nicht Prahler nennen können. Was ich sage, gilt
nicht nur für dieses mein erstes Beginnen, es gilt auch für die,
welche sich später der Sache widmen werden. Denn mein Weg,
in den Wissenschaften Entdeckungen zu machen, stellt die
Geister fast gleich und läßt für überragende Fähigkeiten einzelner wenig Raum, da alles durch bestimmte Regeln und Hin-
weise festgelegt wird. Daher ist also mein Schaffen, wie schon
oft betont, mehr das Geschenk des Glückes als das der Geschick-
lichkeit und mehr die Geburt der Zeit als die eines Genies.
Denn der Zufall spielt sicherlich nicht weniger in den Gedanken
des Menschen als in seinen Werken und Taten eine Rolle.

123.

Deshalb gilt auch von mir, was jener im Scherz sagte,
namentlich, da es die Sache so gut trifft. „Unmöglich können
die, welche Wasser und die, welche Wein trinken, den gleichen
Geschmack empfinden." Nun haben alle übrigen Menschen, Vorfahren wie Zeitgenossen, in den Wissenschaften einen rohen
Saft gleich dem Wasser getrunken, wie er von selbst aus dem
Verstand floß oder wie er durch die Dialektik wie durch ein
Räderwerk aus einem Brunnen geschöpft wurde. Ich aber trinke
und biete einen Saft, der aus zahllosen reifen und erlesenen
Trauben hergestellt ist, diese sind achtsam Rebe für Rebe ge-
sammelt und abgesucht, darauf in der Kelterei gepreßt und
schließlich im Faß geklärt und gereinigt worden. So ist es kein
Wunder, wenn ich mit den anderen nicht übereinstimme.

CXXIV.

Occurret proculdubio et illud: nec metam aut scopum scientiarum a nobis ipsis (id quod in aliis reprehendimus) verum et optimum praefixum esse. Esse enim contemplationem veritatis omni operum utilitate et magnitudine digniorem et celsiorem: longam vero istam et sollicitam moram in experientia et materia et rerum particularium fluctibus, mentem veluti humo affigere, vel potius in Tartarum quoddam confusionis et perturbationis dejicere; atque ab abstractae sapientiae serenitate et tranquillitate | (tanquam a statu multo diviniore) arcere et summovere. Nos vero huic rationi libenter assentimur; et hoc ipsum, quod innuunt ac praeoptant, praecipue atque ante omnia agimus. Etenim verum exemplar mundi in intellectu humano fundamus; quale invenitur, non quale cuipiam sua propria ratio dictaverit. Hoc autem perfici non potest, nisi facta mundi dissectione atque anatomia diligentissima. Modulos vero ineptos mundorum et tanquam simiolas, quas in philosophiis phantasiae hominum extruxerunt, omnino dissipandas edicimus. Sciant itaque homines (id quod superius diximus) quantum intersit inter humanae mentis Idola, et divinae mentis Ideas. Illa enim nihil aliud sunt quam abstractiones ad placitum: hae autem sunt vera signacula Creatoris super creaturas, prout in materia per lineas veras et exquisitas imprimuntur et terminantur. Itaque ipsissimae res sunt (in hoc genere) veritas et utilitas: atque opera ipsa pluris facienda sunt, quatenus sunt veritatis pignora, quam propter vitae commoda.

124.

Vielleicht wird man auch einwenden: Ich hätte nicht das wahre und beste Ziel für die Wissenschaften aufgestellt, obgleich ich dasselbe bei anderen tadele. Denn die Betrachtung der Wahrheit sei doch weit würdevoller und erhabener als aller Nutzen und alle Größe von Werken; jenes so lange und eifrig betriebene Verweilen bei der Erfahrung, bei der Materie und bei dem wogenden Auf und Ab der Einzeldinge fessele unseren Geist gleichsam an die Erde oder stürze ihn in eine Hölle voll Irrungen und Verwirrungen, halte ihn fern und trenne ihn von der heiteren Ruhe der reinen Weisheit, also von einem gleichsam viel gottähnlicherem Zustande. Diesem Einwand nun pflichte ich gern bei, denn gerade das, was man dabei im Sinne hat und anstrebt, ist es, was ich vorzugsweise und vor allem betreibe. Denn ich lege im menschlichen Geist den Grund zu einem Bild der Welt, wie sie vorgefunden wird und nicht wie sie die eigene Überlegung einem diktiert hat. Dies kann aber ohne die sorgfältigste Zerlegung und Anatomie der Welt nicht geschehen. Ich verlange, daß man jene törichten und gleichsam nachgeäfften Modelle der Welt, die von der Phantasie in den Philosophien gebildet worden sind, gänzlich verjage. Die Menschen mögen dazu bedenken, worauf ich schon hinwies, wie groß der Unterschied zwischen den Idolen des menschlichen Geistes und den Ideen des göttlichen Geistes ist. Jene sind nichts anderes als willkürliche Abstraktionen; diese aber sind die echten Siegel des Schöpfers an seinen Geschöpfen, wie sie der Materie durch wahre und besondere Linien eingeprägt und eingemeißelt werden. Daher sind hier Wahrheit und Nutzen dieselben Dinge. Die Werke selbst sind höher einzuschätzen, weil sie Pfänder der Wahrheit sind und nicht so sehr der gewährten Annehmlichkeiten des Lebens wegen.

CXXV.

Occurret fortasse et illud: nos tanquam actum agere, atque antiquos ipsos eandem quam nos viam tenuisse. Itaque verisimile putabit quispiam etiam nos, post tantum motum et molitionem, deventuros tandem ad aliquam ex illis philosophiis quae apud antiquos valuerunt. Nam et illos in meditationum suarum principiis vim et copiam magnam exemplorum et particularium paravisse, atque in commentarios per locos et titulos digessisse, atque inde philosophias suas et artes confecisse, et postea, re comperta, pronuntiasse, et exempla ad fidem et | docendi lumen sparsim addidisse; sed particularium notas et codicillos ac commentarios suos in lucem edere supervacuum et molestum putasse; ideoque fecisse quod in aedificando fieri solet, nempe post aedificii structuram machinas et scalas a conspectu amovisse. Neque aliter factum esse credere certe oportet. Verum nisi quis omnino oblitus fuerit eorum quae superius dicta sunt, huic objectioni (aut scrupulo potius) facile respondebit. Formam enim inquirendi et inveniendi apud antiquos et ipsi profitentur*, et scripta eorum prae se ferunt. Ea autem non alia fuit, quam ut ab exemplis quibusdam et particularibus (additis notionibus communibus, et fortasse portione nonnulla ex opinionibus receptis quae maxime placuerunt) ad conclusiones maxime generales sive principia scientiarum advolarent, ad quorum veritatem immotam et fixam conclusiones inferiores per media educerent ac probarent; ex quibus artem constitue-

---

* Im Original „profitemur": offensichtlich ein Druckfehler.

125.

Man wird mir vielleicht auch entgegnen, ich betriebe etwas, das schon vorher getan worden ist, und schon die Alten hätten den gleichen Weg wie ich eingeschlagen. Demnach wird man wahrscheinlich glauben, auch ich werde trotz der so großen Vorbereitung und Zurüstung schließlich bei einem jener philosophischen Systeme anlangen, die bei den Alten in Geltung waren. Denn auch jene hätten sich – wie man sagt – am Beginn ihrer Überlegungen eine große Menge von bedeutsamen Beispielen und Einzelfällen verschafft, sie in ihren Schriften nach Kapiteln und Titeln der Reihe nach geordnet und danach ihre Systeme und Künste zusammengebaut, und erst nach Prüfung an der Sache selbst, hätten sie Urteile gefällt und diese mit Beispielen zur Bestätigung und Erläuterung hier und da belegt. Dagegen hätten sie es für überflüssig und lästig gehalten, die Anmerkungen, kurzen schriftlichen Aufzeichnungen und Erläuterungen über das Einzelne bekannt zu machen, vielmehr hätten sie es gehalten, wie man es beim Bauen zu tun pflegt, wo man nämlich nach vollendetem Bau die Maschinen und Leitern aus dem Gesichtsfeld entfernt. Und gewiß muß man annehmen, daß sie nicht anders verfahren sind.

Falls nun jemand nicht gänzlich vergessen hat, was vorher gesagt worden ist, wird er leicht diesem Einwand oder Bedenken begegnen können. Die Form des Forschens und Erfindens, wie sie bei den Alten üblich war, haben sie ja selbst beschrieben, und sie ist leicht aus ihren Schriften zu entnehmen. Diese Form aber ist folgende gewesen: von einigen Beispielen und Einzelfällen flogen sie mit Hilfe gewöhnlicher Begriffe und vielleicht noch einer Anzahl von liebgewordenen Meinungen zu den allgemeinsten Schlußfolgerungen und Prinzipien der Wissenschaften hin. Deren Wahrheit betrachteten sie als unveränderlich und unerschütterlich und folgerten und bewiesen aus ihnen über die mittleren die niederen Sätze, so erbauten sie die Kunst. Falls nun

bant. Tum demum si nova particularia et exempla mota essent
et adducta quae placitis suis refragarentur, illa aut per distinctio-
nes aut per regularum suarum explanationes in ordinem subtili-
ter redigebant, aut demum per exceptiones grosso modo sum-
movebant: at rerum particularium non refragantium causas ad
illa principia sua laboriose et pertinaciter accommodabant.
Verum nec historia naturalis et experientia illa erat, quam fuisse
oportebat, (longe certe abest,) et ista advolatio ad generalissima
omnia perdidit.

CXXVI.

Occurret et illud: nos, propter inhibitionem quandam pronuntiandi et principia certa ponendi donec per medios gradus
ad generalissima rite perventum sit, suspensionem quandam
judicii tueri, atque ad Acatalepsiam rem deducere. Nos vero
non *Acatalepsiam*, sed *Eucatalepsiam* meditamur et proponimus: sensui enim non derogamus, sed ministramus; et intellectum non contemnimus, sed regimus. Atque melius est scire
quantum opus sit, et tamen nos non penitus scire putare, quam
penitus scire nos putare, et tamen nil eorum quae opus est scire.

CXXVII.

Etiam dubitabit quispiam, potius quam objiciet, utrum nos
de Naturali tantum Philosophia, an etiam de scientiis reliquis,
Logicis, Ethicis, Politicis, secundum viam nostram perficiendis
| loquamur. At nos certe de universis haec quae dicta sunt intelli-
gimus, atque quemadmodum vulgaris logica, quae regit res per
Syllogismum, non tantum ad naturales, sed ad omnes scientias

später neue Einzeltatsachen und Fälle gefunden und beigebracht wurden, die sich mit ihren Lehren nicht vertrugen, so wurden sie durch künstliche Unterscheidungen oder durch Deutungen ihrer Regeln spitzfindig in ihr System gebracht oder schließlich als Ausnahmen rücksichtslos ausgemerzt. Dagegen wurden die Ursachen der nicht entgegenstehenden Fälle mühsam jenen Prinzipien angeglichen. Doch war bei weitem ihre Naturgeschichte und Erfahrung nicht so, wie sie hätte sein sollen, und jenes Hinauffliegen zu dem Allgemeinen hat alles verdorben.

126.

Man wird mir vielleicht auch entgegenhalten, daß ich durch mein Verbot, Prinzipien für gewiß zu halten und auszusprechen, ehe sie nicht getreulich durch die mittleren Stufen zum höchsten Allgemeinen gelangt sind, eine Art Enthaltung des Urteils verlange und das vertrete, was die Griechen Acatalepsia nannten. Allein ich erwäge und lege nicht Acatalepsia dar, sondern Eucatalepsia, kein Enthalten, sondern ein Wohlverhalten des Urteils. Die Sinne nämlich verleugne ich nicht, sondern unterstütze sie, und den Geist verachte ich nicht, sondern leite ihn. Es ist doch besser zu wissen, was nottut, und nicht zu meinen, man wisse alles, statt vorzugeben, man wisse alles, und doch nichts von dem zu wissen, was nottut.

127.

Man wird wohl zweifeln, wenn auch der Einwand nicht laut wird, ob ich hier nur von der Naturphilosophie spreche oder ob auch die übrigen Wissenschaften, die Logik, Ethik, Politik, nach meiner Methode vollendet werden sollen. Nun gilt das, was ich hier gesagt habe, gewiß für alles. So wie schon die gewöhnliche Logik, welche durch den Syllogismus regiert, sich nicht bloß auf

pertinet; ita et nostra, quae procedit per Inductionem, omnia complectitur. Tam enim historiam et tabulas inveniendi conficimus de Ira, Metu, et Verecundia, et similibus; ac etiam de exemplis rerum Civilium: nec minus de motibus mentalibus Memoriae, Compositionis et Divisionis, Judicii, et reliquorum: quam de Calido et Frigido, aut Luce, aut Vegetatione, aut similibus. Sed tamen cum nostra ratio Interpretandi, post historiam praeparatam et ordinatam, non mentis tantum motus et discursus (ut logica vulgaris), sed et rerum naturam intueatur; ita mentem regimus, ut ad rerum naturam se, aptis per omnia modis, applicare possit. Atque propterea multa et diversa in doctrina Interpretationis praecipimus, quae ad subjecti de quo inquirimus qualitatem et conditionem, modum inveniendi nonnulla ex parte applicent.

CXXVIII.

At illud de nobis ne dubitare quidem fas sit; utrum nos philosophiam et artes et scientias quibus utimur destruere et demoliri cupiamus: contra enim, earum et usum et cultum et honores libenter amplectimur. Neque enim ullo modo officimus, quin istae quae invaluerunt et disputationes alant, et sermones ornent, et ad professoria munera ac vitae civilis compendia adhibeantur et valeant; denique, tanquam numismata quaedam, consensu inter homines recipiantur. Quinetiam significamus aperte, ea quae nos adducimus ad istas res non multum idonea futura; cum ad vulgi captum deduci omnino non possint,

die Naturwissenschaften, sondern auf alle Wissenschaften erstreckt, so umfaßt auch die meinige, die mittels Induktion voranschreitet, sie alle. Denn die Geschichte und die Tafeln zum Erfinden verfertige ich auch über den Zorn, über die Furcht, die Scham und ähnliches mehr; auch über die Dinge des politischen Lebens; ebenso über die geistigen Vorgänge des Gedächtnisses, des Zusammensetzens, der Teilung, des Urteilens und anderer; nicht weniger über das Warme, das Kalte oder das Licht, das Wachstum oder ähnliches. Nachdem die Geschichte vorbereitet und geordnet ist, soll mein Verfahren der Erklärung nicht bloß wie die gewöhnliche Logik auf die Bewegungen und Wendungen des Geistes, sondern auch auf die Natur der Dinge blicken. Ich leite den Geist so, daß er sich an die Natur der Dinge auf alle nur entsprechenden Weisen anpassen kann. Daher schreibe ich auch in der Lehre der Interpretation vieles und verschiedenes vor, das sich nach irgendeiner Seite hin auf die Art der Entdeckung entsprechend der Beschaffenheit und dem Zustand des Forschungsgegenstandes bezieht.

128.

Man würde mir Unrecht tun mit dem Bedenken, ob ich nicht danach strebe, die Philosophie, die Künste und die Wissenschaften, deren man ja bedarf, zu zerstören und zu vernichten. Im Gegenteil liegt mir ihr Nutzen, ihre Pflege und ihr Ansehen sehr am Herzen. Ich habe nichts dagegen, daß diese Wissenschaften, welche jetzt zur Geltung gekommen sind, Stoff für Disputationen geben, die Reden ausschmücken, weiter für die Bequemlichkeit der Professoren und zum Besten des politischen Lebens verwendet werden und in Geltung bleiben. Sie mögen ruhig wie gewisse Geldstücke nach Übereinkommen der Menschen im Umlauf bleiben. Ja, ich erkläre offen, daß das, was ich vorlege, für jene Dinge wenig tauglich sein wird; denn es kann der

nisi per effecta et opera tantum. At hoc ipsum quod de affectu nostro et bona voluntate erga scientias receptas dicimus quam vere profiteamur, scripta nostra in publicum edita (praesertim libri de Progressu Scientiarum*) fidem faciant. Itaque id verbis amplius vincere non conabimur. Illud interim constanter et diserte monemus; his modis qui in usu.sunt nec magnos in scientiarum doctrinis et contemplatione progressus fieri, nec illas ad amplitudinem operum deduci posse. |

CXXIX.

Superest ut de Finis excellentia pauca dicamus. Ea si prius dicta fuissent, votis simila videri potuissent: sed spe jam facta, et iniquis praejudiciis sublatis, plus fortasse ponderis habebunt. Quod si nos omnia perfecissemus et plane absolvissemus, nec alios in partem et consortium laborum subinde vocaremus, etiam ab hujusmodi verbis abstinuissemus, ne acciperentur in praedicationem meriti nostri. Cum vero aliorum industria acuenda sit et animi excitandi atque accendendi, consentaneum est ut quaedam hominibus in mentem redigamus.

Primo itaque videtur inventorum nobilium introductio inter actiones humanas longe primas partes tenere: id quod antiqua saecula judicaverunt. Ea enim rerum inventoribus divinos honores tribuerunt; iis autem qui in rebus civilibus merebantur (quales erant urbium et imperiorum conditores, legislatores, patriarum a diuturnis malis liberatores, tyrannidum debellato-

---

* Francis Bacon: Two Books of the Proficience and Advancement of Learning, 1605 (III, 259 ff.).

Fassungskraft der Menge ja nur durch seine Wirkungen und Werke verständlich gemacht werden. Daß ich es mit meiner Zuneigung und meinem guten Willen zu den herkömmlichen Wissenschaften aufrichtig meine, dafür sollen meine der Öffentlichkeit übergebenen Schriften sprechen, namentlich die Bücher über den Fortschritt der Wissenschaften. Daher will ich dies nicht weiter mit vielen Worten bekräftigen. Daran aber erinnere ich fest und bestimmt: Nach den jetzt üblichen Verfahren können weder große Fortschritte in den Lehren und in der Betrachtung der Wissenschaften gemacht werden, noch können sie zur Vermehrung der Werke herangezogen werden.

129.

Noch bleibt mir einiges über die Vortrefflichkeit des Zieles zu sagen. Hätte ich es vorher getan, so hätte es bloßen Wünschen ähnlich erscheinen können, jetzt aber, wo Hoffnung sich erhoben hat und falsche Vorurteile beseitigt sind, wird es vielleicht größeres Gewicht haben. Hätte ich schon alles vollendet und gänzlich zu Ende gebracht, und müßte ich nicht andere zur Teilnahme und Gemeinschaft an der Arbeit einladen, so würde ich von Worten dieser Art Abstand nehmen. Man könnte sie nämlich als eine Anpreisung meines Verdienstes auffassen. Allein da ich den Fleiß der anderen zu schärfen und ihren Geist zu wecken und zu entzünden habe, ist es angemessen, einiges darüber dem Nachdenken der Menschen vorzulegen.

Erstens scheint unter den menschlichen Handlungen die Einführung bedeutender Erfindungen bei weitem den ersten Platz einzunehmen, so haben schon die früheren Jahrhunderte geurteilt. Man erwies nämlich den Entdeckern göttliche Ehren, denen aber, die sich in den politischen Dingen verdient machten, den Staaten- und Reichsgründern, den Gesetzgebern, den Befreiern des Vaterlandes von dauerndem Elend, denen, wel-

res, et his similes), heroum tantum honores decreverunt. Atque certe si quis ea recte conferat, justum hoc prisci saeculi judicium reperiet. Etenim inventorum beneficia ad universum genus humanum pertinere possunt, civilia ad certas tantummodo hominum sedes: haec etiam non ultra paucas aetates durant, illa quasi perpetuis temporibus. Atque status emendatio in civilibus non sine vi et perturbatione plerumque procedit: at inventa beant, et beneficium deferunt absque alicujus injuria aut tristitia.

Etiam inventa quasi novae creationes sunt, et divinorum operum imitamenta; ut bene cecinit ille:

> „Primum frugiferos foetus mortalibus aegris
> Dididerant quondam praestanti nomine Athenae;
> Et RECREAVERUNT vitam, legesque rogarunt.“*

Atque videtur notatu dignum in Solomone; quod cum imperio, auro, magnificentia operum, satellitio, famulitio, classe insuper, et nominis claritate, ac summa hominum admiratione floreret, tamen nihil horum delegerit sibi ad gloriam, sed ita pronuntiaverit: *Gloriam Dei esse, celare rem, gloriam regis, investigare rem**.*

Rursus (si placet) reputet quispiam, quantum intersit inter hominum vitam in excultissima quapiam Europae provincia, et in regione aliqua Novae Indiae maxime fera et barbare: ea | tantum differre existimabit, ut merito *hominem homini Deum esse****,* non solum propter auxilium et beneficium, sed etiam per status comparationem, recte dici possit. Atque hoc non solum, non coelum, non corpora, sed artes praestant.

---

* Lukrez: De Rerum Natura VI, 1–3. Mehrfache Änderungen im Wortlaut.

** Sprüche Salomonis 25, 2.

*** Mögliche Quelle: Aurelius Symmachus, Buch VIIII, CXIIII (CIIII), Ed. Seeck, S. 266, wo der Spruch Caecilius Commicus zugeschrieben wird.

che die Tyrannen verjagten und ähnlichen, zollte man nur die
Ehren von Heroen. Man wird, wenn man die Sache gründlich
erwägt, gewiß dieses Urteil der vergangenen Zeit gerecht finden. Denn die Wohltaten der Erfinder können dem ganzen
menschlichen Geschlecht zugute kommen, die politischen hingegen nur den Menschen bestimmter Orte, auch dauern diese nur
befristet, nur über wenige Menschenalter, jene hingegen für alle
Zeiten. Auch vollzieht sich eine Verbesserung des politischen
Zustandes meistens nicht ohne Gewalt und Unordnung, aber
die Erfindungen beglücken und tun wohl, ohne jemandem ein
Unrecht oder ein Leid zu bereiten.

Die Erfindungen sind gleichsam neue Schöpfungen und sind
Nachahmungen der göttlichen Werke, wie der Dichter so treffend singt:

„Den hungrigen Sterblichen hatte fruchttragende Saaten
einst das berühmte Athen zuerst unter allen gegeben,
neues Leben geschaffen und Gesetze zu Grund gelegt.“

Auch ist bemerkenswert, daß selbst Salomo in der Blüte seiner Macht, wo Gold, prächtige Bauwerke, Dienerschaft und
Mannschaften, eine Flotte, der Ruhm seines Namens und die
höchste Bewunderung der Menschen ihm zuteil ward, dennoch
in all dem sich nicht selbst den Ruhm zuerkannte, sondern aus-
rief: „Der Ruhm Gottes sei, die Dinge zu verhüllen, des Königs
Ruhm, die Dinge zu ergründen.“ Man erwäge doch auch einmal
den großen Unterschied zwischen der Lebensweise der Menschen in einem sehr kultivierten Teil von Europa und der in
einer sehr wilden und barbarischen Gegend Neu-Indiens. Man
wird diesen Unterschied so groß finden, daß man mit Recht
sagt: „Der Mensch ist dem Menschen ein Gott“, dies nicht bloß
wegen der Hilfe und Wohltaten, sondern auch angesichts der
Verschiedenheit seiner Lebenslage. Und diese Verschiedenheit
bewirken nicht der Himmel, nicht die Körper, sondern die
Künste.

Rursus, vim et virtutem et consequentias rerum inventarum notare juvat: quae non in aliis manifestius occurrunt, quam in illis tribus quae antiquis incognitae et quarum primordia, licet recentia, obscura et ingloria sunt: Artis nimirum Imprimendi, Pulveris Tormentarii, et Acus Nauticae. Haec enim tria rerum faciem et statum in orbe terrarum mutaverunt: primum, in re literaria; secundum, in re bellica; tertium, in navigationibus: unde innumerae rerum mutationes sequutae sunt; ut non imperium aliquod, non secta, non stella, majorem efficaciam et quasi influxum super res humanas exercuisse videatur, quam ista mechanica exercuerunt.

Praeterea non abs re fuerit, tria hominum ambitionis genera et quasi gradus distinguere. Primum eorum, qui propriam potentiam in patria sua amplificare cupiunt; quod genus vulgare est et degener. Secundum eorum, qui patriae potentiam et imperium inter humanum genus amplificare nituntur; illud plus certe habet dignitatis, cupiditatis haud minus. Quod si quis humani generis ipsius potentiam et imperium in rerum universitatem instaurare et amplificare conetur, ea proculdubio ambitio (si modo ita vocanda sit) reliquis et sanior est et augustior. Hominis autem imperium in res, in solis artibus et scientiis ponitur. Naturae enim non imperatur, nisi parendo.

Praeterea, si unius alicujus particularis inventi utilitas ita homines affecerit, ut eum qui genus humanum universum beneficio aliquo devincire potuerit homine majorem putaverint; quanto celsius videbitur tale aliquid invenire, per quod alia omnia expedite inveniri possint? Et tamen (ut verum omnino dicamus) quemadmodum luci magnam habemus gratiam, quod per eam vias inire, artes exercere, legere, nos invicem dignos-

Weiter hilft es, die Kraft, den Einfluß und die Folgen der Erfindungen zu beachten; dies tritt am klarsten bei jenen dreien
hervor, die im Altertum unbekannt waren und deren Anfänge,
wenngleich sie in der neueren Zeit liegen, doch dunkel und ruhm-
los sind: die Buchdruckerkunst, das Schießpulver und der Kompaß. Diese drei haben nämlich die Gestalt und das Antlitz der
Dinge auf der Erde verändert, die erste im Schrifttum, die
zweite im Kriegswesen, die dritte in der Schiffahrt. Zahllose
Veränderungen der Dinge sind ihnen gefolgt, und es scheint,
daß kein Weltreich, keine Sekte, kein Gestirn eine größere Wirkung und größeren Einfluß auf die menschlichen Belange aus-
geübt haben als diese mechanischen Dinge.

Es gehört zur Sache, drei Arten oder Grade des Ehrgeizes bei
den Menschen zu unterscheiden. Bei der ersten ist man darauf
aus, die eigene Macht in seinem Vaterlande zu vermehren, dies
ist die gewöhnliche und teilweise unedle Art; bei der zweiten
strebt man dahin, des Vaterlandes Macht und Herrschaft über
das menschliche Geschlecht zu erweitern; diese Art ist gewiß
würdiger, reizt aber zu stärkerer Begierde; erstrebt nun jemand,
die Macht und die Herrschaft des Menschengeschlechtes selbst
über die Gesamtheit der Natur zu erneuern und zu erweitern,
so ist zweifellos diese Art von Ehrgeiz, wenn man ihn so nennen
kann, gesünder und edler als die übrigen Arten. Der Menschen
Herrschaft aber über die Dinge beruht allein auf den Künsten
und Wissenschaften. Die Natur nämlich läßt sich nur durch
Gehorsam besiegen.

Weiter! Schon der Nutzen einer einzelnen Erfindung hat die
Menschen so erregt, daß sie den Erfinder, der das gesamte Menschengeschlecht durch eine Wohltat sich ergeben machte, für
einen Menschen höherer Art gehalten haben. Um wieviel erhabener wird es nun erscheinen, etwas zu entdecken, wodurch
alles andere leichter erfunden werden kann! Um die Wahrheit
zu sagen, ich bin dem Lichte sehr dankbar, weil wir dadurch die
Wege finden, die Künste üben, lesen und uns gegenseitig erken-

cere possimus; et nihilominus ipsa visio lucis res praestantior
est et pulchrior, quam multiplex ejus usus: ita certe ipsa contemplatio rerum prout sunt, sine superstitione aut impostura,
errore aut confusione, in seipsa magis digna est, quam univer-
sus inventorum fructus.

Postremo siquis depravationem scientiarum et artium ad ma-|
litiam et luxuriam et similia objecerit; id neminem moveat.
Illud enim de omnibus mundanis bonis dici potest, ingenio,
fortitudine, viribus, forma, divitiis, luce ipsa, et reliquis. Recu-
peret modo genus humanum jus suum in naturam quod ei ex
dotatione divina competit, et detur ei copia: usum vero recta
ratio et sana religio gubernabit.

CXXX.

Jam vero tempus est ut artem ipsam Interpretandi Naturam
proponamus: in qua licet nos utilissima et verissima praecepisse
arbitremur, tamen necessitatem ei absolutam (ac si absque ea
nil agi possit) aut etiam perfectionem non attribuimus. Etenim
in ea opinione sumus; si justam Naturae et Experientiae Historiam praesto haberent homines, atque in ea sedulo versarentur,
sibique duas res imperare possent; unam, ut receptas opiniones
et notiones deponerent; alteram, ut mentem a generalissimis et
proximis ab illis ad tempus cohiberent; fore ut etiam vi propria
et genuina mentis, absque alia arte, in formam nostram Interpretandi incidere possent. Est enim Interpretatio verum et
naturale opus mentis, demptis iis quae obstant: sed tamen

nen können; aber dennoch ist die Betrachtung des Lichtes selbst eine weit vortrefflichere und beglückendere Sache als sein mannigfacher Nutzen. Ebenso ist gewiß auch die Betrachtung der Dinge, wie sie sind, ohne Aberglauben oder Betrug, ohne Irrtum oder Verwirrung, in sich selbst ungleich würdiger als alle Früchte der Erfindungen.

Wenn endlich jemand den Verfall der Wissenschaften und Künste der Bosheit, dem Luxus und ähnlichem zur Last legt, so möge dies niemanden beeindrucken. Denn dies läßt sich von allen irdischen Gütern sagen: vom Verstand, der Tapferkeit, den Körperkräften, der Gestalt, dem Reichtum, selbst vom Licht und dem übrigen. Das Menschengeschlecht mag sich nur wieder sein Recht über die Natur sichern, welches ihm kraft einer göttlichen Schenkung zukommt. Mag ihm das voll zuteil werden. Die Anwendung wird indes die richtige Vernunft und die gesunde Religion lenken.

130.

Es ist nun an der Zeit, die Kunst der Interpretation der Natur selbst darzubieten. Wenn ich auch der Auffassung bin, darin das Nützlichste und Wahrste vorzuschreiben, so behaupte ich doch weder, daß sie absolut notwendig sei und daß ohne sie rein gar nichts getan werden könnte, noch daß sie bereits vollkommen sei. Denn ich bin folgender Ansicht: Hätten die Menschen eine gediegene Geschichte der Natur und der Erfahrung vorliegen und machten sich mit ihr eifrig vertraut und könnten sie sich noch zu zweierlei aufraffen – einmal, den überkommenen Meinungen und Begriffen zu entsagen, sodann den Geist von den allgemeinsten und ihnen am nächsten liegenden Grundsätzen zur Zeit noch fernzuhalten –, dann könnte es geschehen, daß sie aus eigener und redlicher Kraft des Geistes, ohne fremde Anleitung, auf meine Art der Interpretation stoßen. Sind diese Hindernisse entfernt, dann ist die Interpretation das

omnia certe per nostra praecepta erunt magis in procinctu, et multo firmiora.

Neque tamen illis nihil addi posse affirmamus: sed contra, nos, qui mentem respicimus non tantum in facultate propria, sed quatenus copulatur cum rebus, Artem inveniendi cum Inventis adolescere posse, statuere debemus.

wahre und natürliche Werk des Geistes, doch wird gewiß durch meine Vorschriften alles zugänglicher und weit zuverlässiger.

Dabei behaupte ich keineswegs, daß ihnen nichts mehr hinzugefügt werden könne. Im Gegenteil. Da ich ja den Geist nicht bloß in seiner eigenen Fähigkeit, sondern gerade in seiner Verknüpfung mit den Dingen berücksichtige, muß ich einräumen, daß die Kunst des Erfindens mit den Erfindungen erstarken kann.